Frederik Hetmann
Reisender mit schwerem Gepäck

»So wie ein Alchimist den Stein der Weisen
Hast Du das Wort, hast Du den Wert gesucht
Drum wirst Du in des Welt-Erhalters Kreisen
Als einer der Gerechtesten gebucht . . .«

Paul Mayer, *Walter Benjamin*

Frederik Hetmann

Reisender mit schwerem Gepäck

Die Lebensgeschichte des
Walter Benjamin

Frederik Hetmann (d.i. Hans-Christian Kirsch), geboren 1934
in Breslau, aufgewachsen in Frankfurt/Main, Berlin, Schlesien,
Thüringen und Schweden. Er studierte Pädagogik und
Volkswirtschaft, später Philosophie und Politische Wissen-
schaften. Heute lebt er als freier Schriftsteller in Limburg (Lahn).
Er schreibt sowohl für Jugendliche als auch für Erwachsene. Im
Programm Beltz & Gelberg erschienen von ihm u.a. *Rosa L. Die
Geschichte der Rosa Luxemburg und ihrer Zeit; Georg B. oder
Büchner lief zweimal von Gießen nach Offenbach und wieder
zurück* sowie *Bettina und Achim. Die Geschichte einer Liebe.*
In der Reihe Biographie veröffentlichte er außerdem *Drei Frauen
zum Beispiel. Die Lebensgeschichte der Simone Weil, Isabel Burton
und Karoline von Günderrode; So leicht verletzbar unser Herz.
Die Lebensgeschichte der Sylvia Plath; Bis ans Ende aller Straßen.
Die Lebensgeschichte des Jack Kerouac; Schlafe, meine Rose.
Die Lebensgeschichte der Elisabeth Langgässer; Solidarität ist die Zärtlichkeit
der Völker. Die Lebensgeschichte des Ernesto Che Guevara*
und zuletzt *»Old Shatterhand, das bin ich«.
Die Lebensgeschichte des Karl May.*

www.beltz.de
© 2004 Beltz & Gelberg
in der Verlagsgruppe Beltz · Weinheim Basel
Alle Rechte vorbehalten
Neue Rechtschreibung
Lektorat: Frank Griesheimer
Umschlaggestaltung: Dorothea Göbel
Bildnachweis im Anhang
Satz und Bindung: Druckhaus »Thomas Müntzer«, Bad Langensalza
Druck: Druckhaus Beltz, Hemsbach
Printed in Germany
ISBN 3 405 80924 7
1 2 3 4 5 08 07 06 05 04

Inhalt

Prolog   7

I. Bis über die Grenze   15

II. Die langen Stunden vor dem Nichts   36

III. Die Zeit davor   63

IV. Die dunkle Nacht des Exils   212

V. Nachspiele   262

VI. Benjamins Aktualität   270

Zeittafel   277

Bibliographie   280

Quellenverzeichnis   283

Prolog

>Es (ein Kulturgut) ist niemals ein Dokument der Zivilisation, ohne zugleich ein solches der Barbarei zu sein.«

Benjamin, 7. *These zur Geschichte*[1]

Kaum eine Rezension, kaum ein Essay in diesen Jahren, die sich nicht mit einem Zitat aus dem Werk Walter Benjamins schmücken, womit deren Verfasser anzudeuten versuchen, dass sie sich auf der Höhe ihrer Zeit, genauer der Zeitmoden, befinden.

Doch solch vordergründige Benutzung einiger Gedankensplitter Benjamins verstellt den Blick sowohl auf sein Denken als auch auf sein Lebensschicksal, das auf tragische Weise beispielhaft war für das Schicksal nicht weniger jüdischer Intellektueller aus Deutschland in den Zwanzigerjahren und während des Zweiten Weltkriegs. Benjamins Lebenslauf war vom Unglück überschattet. Am überzeugendsten bringt dies ein Satz von Theodor W. Adorno auf den Punkt, der auf den Zusammenhang zwischen Leid und Erkenntnis verweist: »Er war nicht das Talent, das in der Stille sich bildet. Aber das Genie, das, verzweifelt gegen den Strom schwimmend, zu sich selbst kam.«[2]

Dies bedenkt auch, dass Benjamins Lebensweg ein möglicher Schlüssel zu seinem Denken sein kann – ein Denken, das von erstaunlicher Aktualität ist, doch auf den ersten Blick als vieldeutig und gegen rasche Einsicht verschlossen erscheint.

Eine zentrale Frage im Werk Benjamins lautet: Was lässt sich über den Verlauf der Geschichte sagen? Oder konkreter: Hat die Menschheit trotz aller Kriege und anderer Gewalttaten noch eine Zukunft? Und welches wären die notwendigen geistigen Voraussetzungen, um von heute aus zu einem zukünftigen Leben ohne Not und Verfolgung beizutragen?

Kurz vor seinem tragischen Ende gelangte Benjamin noch zu entscheidenden Aussagen zu diesem Thema. Sein Vorschlag besteht darin, mit einer besonderen Art von Geschichtsbewusstsein die Vergangenheit zu betrachten und daraus Konsequenzen für die Gegenwart und die Zukunft zu ziehen.

Wir werden sehen, wie er entdeckt und darstellt, dass die Wurzeln der Probleme des 20. und auch des 21. Jahrhunderts sich schon im 19. Jahrhundert abzeichnen und dort vor allem in der Fortschrittsgläubigkeit und in der Verherrlichung und Glorifizierung der Warenwelt liegen. Waren dienen seither nicht mehr nur allein zur Befriedigung eines Lebensbedürfnisses, sondern sie sind zu magisch verklärten Gegenständen geworden. Dies ist heute für jeden spürbar, der sich auch nur für eine Viertelstunde die Fernsehwerbung an-

schaut. Doch Benjamin hat auf einleuchtende und phi-
losophisch fundierte Weise beschrieben, wie es zu dieser Verzauberung der Warenwelt gekommen ist und
welche Konsequenzen sie für unser Denken und unser
Weltverhältnis hat.

Walter Benjamins Bedeutung als Philosoph bestand
in seiner Fähigkeit, zwei scheinbar so weit voneinander
entfernt liegende philosophische Systeme wie das des
Marxismus und das der jüdischen Mystik zu einer offenen Philosophie der Zukunft zu verbinden. Man
kann dies, je nach eigenem Standpunkt, positiv oder
negativ deuten.

Eine besondere Eigenart seines Denkens ist, dass es
sich mit unscheinbaren Dingen beschäftigt und die in
ihnen verborgen liegende Bedeutung auf geradezu
zauberhafte Weise enthüllt. Er legt Zusammenhänge
frei, auf die wir allein nie gekommen wären, weil sie
sich nur unter der Eigenart – oder soll man sagen: unter dem Eigensinn? – seiner besonderen Sichtweise of-
fenbaren. Man hat von Benjamins mikroskopischem
Blick gesprochen. Man hat sein Vorgehen auch mit
der Fähigkeit umschrieben, das Unscheinbare so zu
deuten, wie es die Psychoanalyse in Bezug auf Träume
tut.

Allemal in der Liebe – aber nicht nur dort – vom
Unglück verfolgt, war Benjamin jemand, der vielleicht
gerade durch das Unglück sich veranlasst sah, Einsichten in den Zustand menschlicher Existenz zu gewin-

nen. *Für den nordischen Menschen ist weniges so bezeichnend als dies, daß, wenn er liebt, er vor allem und um jeden
Preis mit sich selbst allein sein muss, sein Gefühl vorerst
selbst betrachten, genießen muß, ehe er zu der Frau geht und
es erklärt.*[3]

Solche Feststellungen charakterisieren auch das Wesen dessen, der sie trifft. Und es ist eine Radikalität
gegen sich selbst in ihnen enthalten, die etwas über
den Wert des Denkens für den Menschen aussagt, der
sie niederschreibt.

Mit Benjamin begegnen wir einem Sammler. Sammeln, so erklärt er, sei die Leidenschaft von Kindern
für Dinge, die keinen Warencharakter, also keinen
Geldwert haben, und das Hobby reicher Leute, die genug besitzen, um nichts Nützliches mehr zu brauchen.
Beide könnten es sich leisten, die *Verklärung der Dinge*
zu ihrer Sache zu machen.

Benjamins besondere Leidenschaft galt dem Sammeln von Büchern. Als leidenschaftlicher Reisender
war er auch ein *Flaneur*, jener Typ des Intellektuellen,
»der vorwärtsschreitet und zugleich verweilt« und den
er als bezeichnend für das Paris des 19. Jahrhunderts
und für die Zeit des Dichters Charles Baudelaire beschrieben hat. Benjamin war jemand, der lässig durch
fremde Städte schlenderte und dabei ihre Eigenart zu
entdecken suchte. Bücher erinnerten ihn an die Städte,
in denen er Bücher entdeckt hatte. Städte lernte er auf
besondere Art auf der Suche nach Büchern kennen.

Das Sammeln von Büchern war ihm wichtiger, als sie zu lesen. Er war ein echter Bibliophiler im Sinn der folgenden von Hannah Arendt überlieferten Episode: Ein Bewunderer der großen Bibliothek des französischen Schriftstellers Anatole France soll diesen einmal gefragt haben: »Und haben Sie das wirklich alles gelesen?« Worauf er zur Antwort bekam: »Nicht ein Zehntel. Oder speisen Sie täglich von Ihrem Sèvres?« (Sèvres ist eine französische Porzellan-Manufaktur, deren Erzeugnisse sehr kostbar sind.)

Betrachten wir nun eine jener geheimnisvoll-verdichteten Aussagen von Walter Benjamin näher – und gewöhnen wir uns daran, dass viele seiner Sätze merkwürdig und vieldeutig sind: *In einer Liebe suchen die meisten ewige Heimat. Andere, sehr wenige aber, das ewige Reisen.*[4]

Heißt das nun, dass man nur in der Liebe eine Heimat findet? Ist die Liebe ein Vorwand, um auf Reisen zu gehen, oder ist Heimat für sehr wenige – und damit meint Benjamin wohl auch sich selbst – nur im ewigen Reisen zu finden? Oder sollen diese zwei Sätze gleich eine ganze Vielzahl von Meinungen und Erkenntnissen ausdrücken? Es bliebe dann uns Lesern überlassen, sie alle zu erwägen und zu entscheiden, welche Aussage gerade für uns zutrifft. Wir wären aufgefordert, die Sätze wie ein Kaleidoskop zu drehen, zu bewegen, um dann zu entscheiden, bei welcher Perspektive wir anhalten müssten, um den jeweils zutreffenden Hinweis zu erhalten.

Auch stößt man bei Benjamin auf Sätze, die allein durch die Präzision ihres sprachlichen Ausdrucks jene blitzlichtartige Erhellung bewirken, die man Erkenntnis nennen könnte.

Gaben müssen den Beschenkten so tief betreffen, daß er erschrickt.[5] Oder: *Glücklich sein heißt ohne Schrecken seiner selbst inne werden können.*[6] Diese Sätze charakterisieren auch sehr die Person Benjamins. Die Großzügigkeit, mit der er schenkte, wird von seinen Freunden und Bekannten gerühmt. Allerdings dürfte er der Welt, aber auch seiner selbst meist eher mit Schrecken innegeworden sein.

In *Einbahnstraße*, einem Buch Walter Benjamins, findet sich der Text *Die Technik des Schriftstellers in dreizehn Thesen*. Die ersten vier dieser Thesen lauten:

I. Wer an die Niederschrift eines größeren Werkes zu gehen beabsichtigt, lasse sich's wohl sein und gewähre sich nach erledigtem Pensum alles, was die Fortführung nicht beeinträchtigt.

II. Sprich vom Geleisteten, wenn du willst, jedoch lies während des Verlaufes der Arbeit nicht daraus vor. Jede Genugtuung, die du dir hierdurch verschaffst, hemmt dein Tempo. Bei der Befolgung dieses Regimes wird der zunehmende Wunsch nach Mitteilung zuletzt ein Motor der Vollendung.

IV. Meide beliebiges Handwerkszeug. Pedantisches Beharren bei gewissen Papieren, Federn, Tinten ist von Nutzen. Nicht Luxus, aber Fülle dieser Utensilien ist unerläßlich.[7]

Was geschieht in diesen Sätzen? Es wird – und auch das ist typisch für Benjamins Denken und Schreiben –

mit ungewöhnlichen, aber höchst genau wiedergegebenen Eindrücken ein Raum geschaffen, der eine Einsicht enthält, die man bisher übersehen hat und von deren Wichtigkeit man vielleicht auf den ersten Blick noch nicht überzeugt ist, die sich aber beim zweiten, dritten Lesen und Überdenken als zwingend richtig erweist. »Was Benjamin sagte und schrieb«, so Theodor W. Adorno, »klang, als käme es aus dem Geheimnis. Seine Macht aber empfing es durch Evidenz.«[8]

Manchen Leser mögen Benjamins Denken und seine Art der sprachlichen Darstellung zunächst befremden, doch so viel sei versprochen: Man kann sich an sie gewöhnen. Und bei längerem Umgang färbt sie vielleicht gar gewinnträchtig die eigene Wahrnehmungsfähigkeit ein.

Aber auch auf dies sei hingewiesen: Voraussetzungslos ist Benjamins Denken nicht zu haben. An vielen Stellen wird in diesem Buch versucht werden, die nötigen Voraussetzungen mitzuliefern. Doch durchgängig und vollständig wird das nicht möglich sein. Walter Benjamin kann als Repräsentant einer Epoche gelten, in der ein umfassendes Wissen in Geschichte, Philosophie, Kunstgeschichte, Ästhetik, Literatur zumindest für einen Menschen mit höherer Schulbildung noch eine Selbstverständlichkeit war. Daran hat sich inzwischen einiges geändert.

Wer sich also auf Benjamins Denken einlässt, muss darauf gefasst sein, Schwierigkeiten des Begreifens zu begegnen. Wer solche Herausforderungen scheut, dem ist von der Beschäftigung mit Benjamins Werk eher abzuraten, wer sie sucht, wird für seine Anstrengung mit dem belohnt werden, was man ohne Übertreibung als eine neue Sicht der Welt umschreiben kann.

I. Bis über die Grenze

Nur wer die eigene Vergangenheit als Ausgeburt des Zwanges
und der Not zu betrachten müßte, der wäre fähig,
sie in jeder Gegenwart
aufs höchste für sich wert zu machen.

Walter Benjamin[1]

»'s ist Krieg«

Im Mai 1940, als Hitlers Armeen rasch gegen Paris hin
vorstoßen, beginnt ein großer Exodus aus der Stadt.
Mit der Eisenbahn, mit Autos, Pferdefuhrwerken, auf
dem Fahrrad oder zu Fuß, die nötigsten Habseligkei-
ten in Handwagen oder in Bündeln auf dem Rücken
mit sich führend, fliehen mehr als zwei Millionen
Menschen vor den deutschen Truppen aus der französischen Metropole. Zusammen mit fünf bis sechs Millionen Belgiern, Nord- und Ostfranzosen, die ebenfalls
eine panische Angst vor den Deutschen erfasst hat, for-
mieren sie sich zu einem schier endlosen, chaotischen
Flüchtlingszug in den Süden des Landes.

Unter diesen Flüchtlingen befindet sich auch Walter
Benjamin. Ihm, der schon eine Internierung hinter

sich hat, sind dieses Mal das Spießrutenlaufen durch
Sammelstellen, die Entwürdigung auf den Transporten
und die bedrückenden Zuständen in einem der Lager
erspart geblieben. Französische Freunde haben, wie
schon 1939, für ihn interveniert.

Sein Ziel ist zunächst der Wallfahrtsort Lourdes,
denn die kleine Stadt in den Pyrenäen liegt nahe der
französisch-spanischen Grenze. Zudem befindet sich
nicht weit entfernt das Lager Gurs, in dem seine
Schwester Dora Benjamin festsitzt. Gurs[2] ist ein Internierungslager, offiziell »camps de concentration« genannt. Es ist während des Spanischen Bürgerkrieges
eingerichtet worden. Nun sind dort so genannte
»feindliche Ausländer« eingesperrt. Gurs, das bedeutet:
drei Kilometer Baracke an Baracke, Hunger, Entzug
der Freiheit, Warten auf das Ungewisse. Dora wird
kurz nach der Ankunft Benjamins in Lourdes freigelas-
sen und lebt dann vorübergehend mit ihrem Bruder
zusammen. Später wird sie sich in die Provence flüch-
ten und von dort in die neutrale Schweiz entkommen
können.

Das Zimmer, das Benjamin in Paris in der Rue
Dombasle bewohnt hat, ist weitgehend leer geräumt.
Notizen, Manuskripte, die Exzerpte zu einer als *Passa-*
gen-Werk bezeichneten Arbeit hat er bei seinem Freund
George Bataille in der Bibliothèque Nationale deponiert. Sein Lieblingsbild *Angelus Novus* von Paul Klee
hat er aus dem Rahmen geschnitten und in eines der

in Paris hinterlassenen Gepäckstücke gesteckt.³ Nur ein wichtiges Manuskript, das Vermächtnis seines Lebens als Philosoph, trägt er in einer Aktentasche bei sich.

In Lourdes, im Sommer 1940, erscheint ihm sein Schicksal höchst fraglich. In einem Stil, der an die Prosa Franz Kafkas erinnert, mit dem er sich in letzter Zeit wieder eindringlich beschäftigt hat, heißt es in einem Brief nach Übersee: *Die völlige Ungewissheit über das, was der nächste Tag, was die nächste Stunde bringt, beherrscht seit vielen Wochen meine Existenz. Ich bin verurteilt, jede Zeitung (sie erscheinen hier nur auf einem Blatt) wie eine an mich ergangene Zustellung zu lesen und aus jeder Radiosendung die Stimme des Unglücksboten herauszuhören. Mein Bestreben, Marseille zu erreichen, um dort beim Konsulat meine Sache zu plädieren, war umsonst. Für Ausländer ist seit längerem keine Ortsveränderung zu erwirken. So bleibe ich auf das angewiesen, was Ihr von draußen bewirken könnt.*⁴

»Wo liegt Paris / Paris dahier / den Finger drauf: das nehmen wir!«

Am 14. Juni 1940 ziehen Truppen der deutschen Wehrmacht in Paris ein. In der Folge werden zahlreiche deutsche Intellektuelle, die Hitler-Deutschland nicht verlassen haben, sich in Paris vergnügen – teils als Soldaten, teils als Zivilisten. »Es kamen Ernst Jünger

und Carlo Schmid; der eine übersetzte die Abschieds-
briefe erschossener Geiseln, der andere Baudelaire. Die
Schriftstellerin Ina Seidel brachte die Sorge um einen
Schwiegersohn mit, der Hofastrologe eines Nazibon-
zen war. Friedrich Sieburg (Publizist und Verfasser von
Büchern über Paris), glänzt in den Salons, (der be-
rühmte Schauspieler) Heinrich George mit *Kabale und
Liebe* und Herbert von Karajan mit dem *Tristan*. Carl
Schmitt hält Vorträge über die völkerrechtliche Bedeutung des Unterschieds von Land und Meer. Man speist
erlesen bei Prunier, geht abends ins Tabarin und sonntags in die Madeleine.«[5]

Mitte August 1940 gelingt es Benjamin dann doch
noch, Marseille zu erreichen. Eine neue Zeit der Ungewissheit, des Wartens auf eine Fluchtmöglichkeit,
beginnt.

Wer ist dieser Mann, der da vom Wirbel einer geschichtlichen Katastrophe mitgerissen wird? Man könnte ihn als eine Art von Privatgelehrtem bezeichnen, als
einen Philosophen, aber es wäre auch möglich, ihn als
Publizisten, als Kritiker, als Übersetzer vorzustellen.
Eigentlich ist er von alledem etwas und manches mehr.

Augenscheinlich ist es sein Schicksal, in entscheidenden Momenten seines bisherigen Lebens das Unglück
geradezu magisch anzuziehen. Freunde nennen ihn
weltfremd, wissen aber auch um seine Fähigkeit, brillant
und originell zu denken und zu schreiben. Er ist schwer
krank. Die Ärzte haben eine Herzmuskelentzündung

diagnostiziert. Beim Gehen muss er alle drei Minuten eine Pause einlegen. So ist es ein Wunder, dass er die Folge von Katastrophen, die ihm seit der Machtübernahme durch die Nationalsozialisten im Jahre 1933 widerfahren sind, bis hierher durchgestanden hat.

Nun ist er endgültig auf der Flucht. Auf der Flucht aus dem geliebten Europa in noch weitere Ferne. Er hat sich entschlossen, in dieses – wie er es in einem Brief nennt – *verdammte Amerika* zu fahren, sofern das überhaupt noch möglich ist. Dort drüben gibt es inzwischen wieder das »Institut für Sozialforschung« und die Zeitschrift *Archiv für Sozialgeschichte.* Der Direktor des Instituts, das aus Frankfurt über Genf in die USA emigriert ist, heißt Max Horkheimer. Mit ihm ist Benjamin seit den zwanziger Jahren bekannt und befreundet. Ebenfalls Mitarbeiter des Instituts drüben ist ein anderer Philosoph, mit dem Benjamin sich verbunden fühlt – Theodor Wiesengrund Adorno. Ihn hat Benjamin in den zurückliegenden Jahren als eine Art Schüler betrachtet, aber in letzter Zeit hat der Schüler es sich herausgenommen, auf eine Art und Weise Kritik an Benjamins Arbeit zu üben, die manchmal eine gewisse Verstimmung bei ihm aufkommen lässt. Adornos Lebensgefährtin ist die schöne Gretel Karplus, der sich Benjamin mit Problemen anvertraut, die er mit Horkheimer und Adorno nicht zu erörtern wagt. In der Zeitschrift des Instituts für Sozialforschung hat Benjamin einige Aufsätze publiziert. Verbunden fühlt er sich diesen beiden Männern, dieser Frau und den übrigen Mitarbeitern des Instituts in der Neuen Welt nicht zuletzt in der Suche nach Erkenntnis darüber, warum die Menschheit nach den Errungenschaften seit der Epoche der Aufklärung, anstatt in einen wahrhaft humanen Zustand einzutreten, in einer neuen Art von Barbarei zu versinken droht. Nur die monatlichen Überweisungen des Instituts und Zuwendungen aus Gretel Karplus' Vermögen in Deutschland haben in den letzten Jahren Benjamins Überleben als Emigrant in Frankreich ermöglicht.

Wenn es hart auf hart kam, hat er sich zu seiner geschiedenen Frau Dora geflüchtet, die in San Remo eine Pension betrieb, aber kürzlich mit ihrem gemeinsamen Sohn vor den Deutschen nach England geflohen ist. Trotz schwieriger Postverbindungen ist es Max Horkheimer gelungen, indem er an eine von Genf aus die Interessen des Instituts vertretende Mitarbeiterin telegrafierte, Benjamin mitteilen zu lassen, dass für ihn auf dem US-Konsulat in Marseille ein Besuchervisum deponiert ist. Zudem hat Horkheimer schon am 6. August in Los Angeles das für die Einreise in die USA unbedingt notwendige Affidavit, eine eidesstattliche Erklärung, abgegeben, in der betont wird, dass Benjamin sich in »drohend bevorstehender Gefahr« befinde und er, Horkheimer, sich dafür verbürge, dass im Fall von Benjamins Einreise von diesem alle gesetzlichen Bestimmungen der USA beachtet würden.

In Marseille halten sich in diesen Monaten des Jahres 1940 Zehntausende von Flüchtlingen auf in der Hoffnung, irgendwie nach Übersee ausreisen zu können. Um ihre Flucht zu bewerkstelligen, kommen die Bedrängten auf die abenteuerlichsten Einfälle.

»Es ist wohl kaum notwendig zu sagen, dass niemand unehrenhaft handelte, wenn er seine Identität verbarg, um den Mördern zu entkommen«, kommentiert Alfred Kantorowicz, ein anderer Emigrant, später diese Versuche. »Nobelpreisträger, Dichter, Professoren, Senatspräsidenten, Geistliche, Fürsten, Prinzen, Minister, Exzellenzen waren damals dankbar, wenn sie als Müller oder Meier, Dupont oder Duran passieren konnten.«[6]

In Marseille trifft Benjamin mehrere alte Freunde und Bekannte, unter anderem den Publizisten Siegfried Kracauer und Fritz Fraenkel, einen Arzt, der in Deutschland mit Benjamins Schwester im Bereich der Sozialfürsorge zusammengearbeitet hat. Auch Arthur Koestler, einem der deutschen Emigranten, die nach dem Zusammenbruch der Republik und dem Sieg Francos aus dem Spanischen Bürgerkrieg nach Paris geflohen waren und nun abermals auf der Flucht sind, begegnet er hier wieder. Doch das Hotel, in dem Benjamin wohnt, hält er selbst vor guten Bekannten geheim. Zu groß ist die allgemeine Furcht vor Gestapo-Agenten, die selbst hier schon Nachforschungen anstellen.

Auf dem US-Konsulat erfährt er, dass er zwar ein Besuchervisum für die USA samt einem Transitvisum für Spanien und Portugal erhalten kann, er braucht aber, um Frankreich zu verlassen, auch ein französisches Ausreisevisum. Dafür sind die französischen Behörden zuständig, die zum Teil mit der deutschen Wehrmacht und der Gestapo kollaborieren.

Um dieses Hindernis zu umgehen, fasst Benjamin einen gewagten Plan. Im Marseiller Untergrund machen Passfälscherzentralen ein gutes Geschäft. Ein gestempelter Entlassungsschein aus einem Internierungslager ist für 1000 bis 1500 Francs erhältlich, der so genannte Fremdenausweis kostet je nach Qualität zwischen 5000 und 20 000 Francs.

Benjamin befindet sich anders als während seines Aufenthalts in Paris zu diesem Zeitpunkt nicht in unmittelbarer finanzieller Not. Während der Monate seiner Internierung 1939 hat das Institut für Sozialforschung in den USA die ihm monatlich von dort zukommende Summe weiter überwiesen.

Ein Ausreisevisum lässt sich zwar auch durch Bestechung nicht beschaffen, wohl aber kauft Benjamin für sich und seinen Bekannten Fritz Fraenkel die Papiere von zwei Matrosen, an deren Stelle die beiden Männer auf einem Frachtschiff nach Portugal anheuern wollen. Doch ehe der Frachter ausläuft, fliegt der Schwindel auf. Die Fremdenpolizei holt sie von Bord, und die beiden können froh sein, dass man sie nicht in ein Internierungslager steckt.

Es ist nicht der einzige wahnwitzige Fluchtplan, der in

diesen Tagen erwogen wird. Auch Heinrich Mann, seine Frau Nelly, ihr Neffe Golo Mann und Franz und Alma Werfel überlegen verzweifelt, wie man aus Frankreich entkommen könnte. Man plant, in einem kleinen Boot über das Mittelmeer nach Nordafrika zu fahren. Der Schriftsteller Lion Feuchtwanger, der auch mit in der Runde diskutiert, ist dagegen. Er findet, wie Heinrich Mann in seinen Memoiren *Die Welt von gestern* berichtet, das ganze Unternehmen zu improvisiert. Was für ein Roman wäre das, wenn auf hoher See unser gemietetes Schiffchen von einem feindlichen Fahrzeug aufgehalten würde und die untersuchte Ladung ergäbe nur drei geschlachtete Hammel, aber sechs noch lebende Emigranten? Mäßig erfunden, schwach komponiert, lautet das Schlussverdikt Feuchtwangers. Doch so weit kommt es dann gar nicht. Als das gemietete Fischerboot bereits mit Lebensmitteln beladen ist, wird es beschlagnahmt.

Verzweifelt grübelt unterdessen auch Benjamin über andere Fluchtwege nach. Die einzige einigermaßen sichere Route scheint über die Pyrenäen von Frankreich nach Spanien zu führen.

Überliefert ist ein Treffen Benjamins mit Arthur Koestler, bei dem zwischen den beiden Emigranten erörtert wird, was man tun solle, wenn man den Deutschen in die Hände falle. Beide sind für diesen Fall zum Freitod entschlossen. Benjamin besitzt 50 Morphiumtabletten, die er, wie er Koestler berichtet, in Paris bei einem Pokerspiel, bei welchem sie statt Geld der Einsatz eines

Spielers waren, gewonnen hat. Die eine Hälfte tritt er Koestler ab, die andere behält er. Diese Menge, so erklärt er Koestler, sei ausreichend, um selbst ein Pferd umzubringen. In diesem und anderen Gesprächen mit deutschen Emigranten äußert Benjamin die Meinung, der Zweite Weltkrieg werde in einem Gaskrieg enden und damit das Ende der Zivilisation bringen.[7]

In Marseille trifft Benjamin auch Hans Fittko, einen Lagergenossen aus dem Internierungslager Vernuche, wieder. Fittko hat eine abenteuerliche Zeit hinter sich. Wie Benjamin ist er im vergangenen Winter entlassen worden. Seine Frau Lisa, die man in das berüchtigte Lager von Gurs deportiert hatte, ist von dort geflohen. Auf Umwegen hat sich das Ehepaar wiedergefunden. Hans ist es gelungen, sich nach dem Waffenstillstand einen Entlassungsschein der französischen Armee zu beschaffen. Bei der Entlassung bekam er wie üblich tausend Francs und einen Regenmantel ausgehändigt. Danach hat für die Fittkos die Jagd nach den Visa begonnen. Sie besitzen jeder einen tschechischen Pass. Aber der ist eigentlich nichts mehr wert, da die CSSR in ihrer alten Form inzwischen nicht mehr besteht. Auf dem chinesischen Büro, so haben Fittkos gehört, bekomme man angeblich ein chinesisches Visum. Nach langem Schlangestehen haben sie den begehrten Stempel mit chinesischen Schriftzeichen für hundert Francs erworben – nur um dann von Freunden, die des Chinesischen kundig sind, zu hören, was die fremden Schriftzeichen tatsächlich bedeuten: »Dem Inhaber dieses Dokuments ist es strengstens verboten, unter irgendwelchen Umständen und zu irgendeinem Zeitpunkt chinesisches Territorium zu betreten!«

Neue Pläne müssen geschmiedet werden. Einen Bekannten von Hans Fittko hat es nach Perpignan verschlagen. Von dort ist es nicht weit zur französisch-spanischen Grenze. Aber, so schreibt der Bekannte verschlüsselt, für das Wort »Pässe« das Wort »Schuhe« einsetzend, mit tschechischen Schuhen würden die Franco-Spanier niemanden ins Land lassen. Da eröffnet sich unverhofft eine Möglichkeit, an Papiere zu kommen. Ein Sergeant im Fort Charles stellt gegen Zahlung von zweihundert Francs ein *Certificat de Démobilisation et Route de Marche* aus. Das Papier bescheinigt, dass man französischer Staatsbürger ist, wohnhaft in Nordafrika und somit ein Anrecht darauf besitzt, kostenlos in seinen Heimatort zurückzukehren, und das heißt, ein nach Casablanca auslaufendes Schiff benutzen zu dürfen. Allerdings ist, wie sich dann herausstellt, die Zahl derer, die auf einen Schiffsplatz warten, groß. Also hat man sich zu einer Doppelstrategie entschlossen. Die im Besitz dieses Repatriierungspapiers befindlichen Männer der Familie Fittko werden die Passage nach Casablanca abwarten, die Frauen hingegen sollen den Weg über Spanien nehmen. Lisa Fittko ist schon ausgeschickt worden, um den Fluchtweg über die Pyrenäen zu erkunden. Im letzten Augenblick platzt die

Möglichkeit, den Repatriierungsschein zu bekommen. Der Sergeant, der dieses Dokument so großzügig ausgestellt hat, wird verhaftet, und alle Männer, die die Polizei mit dem Papier im Hafen antrifft, werden ebenfalls festgenommen.

Von Port-Vendres aus ist es Lisa unterdessen gelungen, Kontakt zu Monsieur Azéma aufzunehmen, dem den Emigranten wohlgesinnten sozialistischen Bürgermeister von Banyuls, dem letzten Ort vor der französisch-spanischen Grenze. Der bisher benutzte Fluchtweg aus Frankreich nach Spanien über Cerbère wird inzwischen von Gendarmen streng bewacht. Aber es gibt noch die »Route Lister«, so benannt nach einem General der spanischen republikanischen Armee. Solange Azéma noch Bürgermeister von Banyuls ist, wird dieser Fluchtweg begehbar bleiben. Was danach geschieht, lässt sich schwer vorhersehen.

Auf der Route Lister sind zuvor mit Hilfe des aus Amerika gesteuerten »Emergency Rescue Commitee« schon Heinrich Mann, seine Ehefrau Nelly, Golo Mann sowie Franz Werfel und Alma Mahler-Werfel sicher nach Spanien und von dort nach Portugal und in die USA gelangt. Auch Lion Feuchtwanger hat bei seiner Flucht aus Frankreich diese Route benutzt.

All dies erfährt Benjamin im Gespräch mit Hans Fittko, dem er seine bedrängte Lage geschildert hat. Fittko rät ihm, zu Lisa zu fahren, die ihm beim Grenzübertritt nach Spanien helfen soll.

In Marseille hat Benjamin auch Hannah Arendt getroffen. Auch sie ist dem Lager in Gurs entkommen
und wartet auf eine Möglichkeit, Frankreich zu verlassen. Ihrem Ehemann Heinrich Blücher ist Benjamin
zu Beginn seiner Internierung 1939 im Stade de Colombe in Paris begegnet. In Marseille übergibt Benjamin Hannah Arendt ein Manuskript, das er als sein
philosophisches Vermächtnis betrachtet: Die Thesen
Über den Begriff der Geschichte.

Zusammen mit Henny Gurland, geb. Schoenstaedt
und deren sechzehnjährigem Sohn Joseph gelingt es
ihm, am 24. September 1940 mit dem Zug bis nach
Port-Vendres zu kommen und sich dort zu Lisa Fittko
durchzufragen.

Um eine Aktentasche[8]

Es ist früher Morgen, als Benjamin an die Tür des
Dachzimmers klopft, das Lisa in Port-Vendres, einem
Hafenort an den Ausläufern der östlichen Pyrenäen,
bewohnt. Mit der vollendeten Höflichkeit eines Groß-
bürgers erklärt er: »Ihr Herr Gemahl hat mir beschrieben, wo ich Sie finden würde. Er sagte, Sie würden
mich über die Grenze bringen.«

Da Lisas Zimmer so winzig ist, bittet sie ihn, im Bistro am Marktplatz auf sie zu warten. Sie überlegt sich,
ob ihr Mann in Marseille den Brief schon erhalten ha-

ben mag, in dem sie ihm mitgeteilt hat, dass sie nun seit ein paar Tagen einen relativ sicheren Weg über die Grenze kennt. Jedenfalls erscheint es ihr eine Selbstverständlichkeit, dem »alten Benjamin«, wie sie ihn vor sich selbst nennt, zu helfen. Er hat ihr erklärt, dass noch zwei weitere Personen, eine Frau und ein Jugendlicher, mit hinüber wollen.

Vom Bistro aus, wo sie dann auch auf Henny Gurland und deren Sohn trifft, unternimmt Lisa, um ungestört mit ihm reden zu können, mit Benjamin einen Spaziergang. Sie erklärt ihm, dass die leichtere Route an der Friedhofsmauer von Cerbère entlang, die viele Flüchtlinge bisher benutzt hätten, jetzt von der Garde mobile bewacht werde: möglicherweise auf Anweisung der Kundt-Kommission, einer Gestapo-Abteilung, die in dem von der deutschen Wehrmacht noch unbesetzten Teil Frankreichs inzwischen tätig geworden ist. Sie beschreibt Benjamin genauer den Verlauf jenes sicheren Weges, der Route Lister, den ihr Bürgermeister Azéma genannt hat. Er verläuft weiter westlich im Gebirge, wo der Gebirgskamm höher ist. Also ist der Anstieg anstrengender. Benjamin erwähnt seine Herzbeschwerden und sagt: »Aber das macht nichts. Wenn der Weg nur sicher ist. Ich werde eben langsam gehen müssen.«

Lisa gibt ihm zu verstehen, dass sie keineswegs eine erfahrene Grenzgängerin sei. Orientieren müsse man sich an einer Wegskizze, die der Bürgermeister aus dem Gedächtnis gezeichnet habe. Sie erzählt Benjamin etwas von einer Hochebene mit sieben Pinien, die man rechts liegen lassen müsse, und dass man an einem Weinberg vorbei zum Kamm gelange. »Verstehen Sie, Walter, die Sache ist nicht ohne Risiko.«

»Nicht zu gehen wäre das eigentliche Risiko«, antwortet Benjamin.

An diesem Tag wagen sie es nicht, die acht Kilometer von Port-Vendres nach Banyuls mit dem Zug zu fahren. Die Kontrollen sind schärfer geworden. Sie gehen auf einem steinigen Pfad zu Fuß dorthin.

Der Bürgermeister bespricht mit ihnen noch einmal den Weg. »Gehen Sie heute erst einmal bis zur Lichtung. Kehren Sie dann um, und überprüfen Sie noch einmal, ob meine Skizze stimmt. Dort oben gibt es einen Gasthof. Ich würde Ihnen raten, dort zu übernachten und kurz nach vier sich unter die Bauern zu mischen, die in die Weinberge zur Arbeit gehen.«

»Und wie weit ist es bis zu dieser Lichtung, die Sie erwähnten?«, fragt Benjamin den Bürgermeister.

»Eine Stunde, bestimmt nicht mehr als zwei Stunden.«

»Ein schöner Spaziergang«, sagt Benjamin, und als sie gehen, fügt er auf Französisch hinzu: »Ich bin Ihnen unendlich verpflichtet, Herr Bürgermeister.«

Zusammen mit Henny und Joseph legen Lisa Fittko und Benjamin an diesem Tag probeweise etwa ein Drittel der Wegstrecke bis zur Grenze, eben bis zu der erwähnten Lichtung, zurück.

Benjamin trägt eine schwere Aktentasche.

»Soll ich Ihnen die Tasche ein Stück abnehmen?«, fragt Lisa Fittko, als sie sieht, wie er sich damit abschleppt.

»Danke, nicht nötig.«

»Warum haben Sie sie überhaupt mitgenommen?«

»Weil sich darin das Allerwichtigste befindet, was ich besitze. Mein neues Manuskript. Es muss gerettet werden. Es ist wichtiger als meine eigene Person.«

Nach etwa drei Stunden erreichen sie die Lichtung. Sie rasten eine Weile.

Als sie wieder aufbrechen und zurückgehen wollen, sagt Benjamin: »Ich werde über Nacht hier bleiben. Ich erwarte Sie dann morgen früh an dieser Stelle.«

Lisa ist verblüfft. »Wie . . . ! Das geht nicht«, stößt sie hervor. »Es gibt wilde Tiere hier. Sie können von Schmugglern ausgeraubt werden. Sie haben keinen Proviant. Es wird kalt in der Nacht.«

»Das werde ich überstehen.«

»Bitte, Herr Benjamin!« Sie redet ihn diesmal nicht wie unterwegs mit dem Vornamen an, sondern ist ganz förmlich.

»Es ist besser so«, erwidert er knapp.

Sie merkt, dass er sich nicht umstimmen lassen wird. »Dann bleibe ich auch hier«, erklärt sie.

»Wollen Sie mich vor den wilden Tieren hier schützen?«, sagt Benjamin sanft und lächelnd.

Zusammen mit den beiden anderen macht Lisa sich nun an den Abstieg. Sie begreift »den alten Benjamin«

nicht. Ist er nur wegen dieser schweren Aktentasche so eigensinnig oder will er dort oben ganz bewusst krepieren? Ein rätselhafter Mensch. Seine Sprechweise klingt immer ein wenig so, als müsse er sich entschuldigen, dass es ihn überhaupt gibt.

Als sie am nächsten Morgen mit Frau Gurland und deren Sohn wieder zur Lichtung heraufkommt, ist Benjamin erstaunlicherweise noch am Leben. Er hat große dunkelrote Flecken um die Augen, die vielleicht – so denkt sie sich es – von seiner Herzkrankheit herrühren.

Natürlich bemerkt er, dass die anderen ihn genau mustern. »Ach die Flecken«, sagt er, »das hat nichts zu bedeuten. Das kommt vom Tau. Die Ränder des Brillengestells verfärben sich.«

Sie müssen nun noch weiter hinauf. Der Weg führt steil zwischen Geröllblöcken hindurch, und Benjamin bleibt hin und wieder eine Minute stehen, um sich auszuruhen. Lisa erklärt er, das habe er sich heute Nacht so ausgedacht. »Ich muss eine Pause machen, bevor ich erschöpft bin.«

Lisa und der Sohn von Frau Gurland tragen abwechselnd die Aktentasche, die Lisa Fittko unerhört schwer vorkommt.

Der Pfad führt durch einen Weinberg. An den Rebstöcken hängen schon fast reife Trauben. Benjamin macht die Steigung sehr zu schaffen. Joseph und Lisa fassen ihn unter.

Nach vier Stunden erreichen sie einen schmalen Bergrücken und beschließen, eine längere Rast einzulegen, um etwas zu essen.

»Sagen Sie, Herr Benjamin«, fragt Joseph Gurland, als sie sich gesetzt haben, »was für ein Manuskript ist eigentlich in dieser verdammten Aktentasche, mit der wir uns so abschleppen?«

Benjamin sieht ihn an, blinzelt, wiegt den Kopf und antwortet dann: »Es fällt mir sehr schwer, junger Freund, Ihnen das detailliert darzustellen.«

»So detailliert muss es nicht sein«, erwidert Joseph lässig.

»Tja«, antwortet Benjamin, »man könnte sagen: eine Anweisung, was geschehen müsste, damit die gegenwärtige Barbarei wenigstens zurückgedrängt wird.«

»Und was müsste geschehen?«

»Die Menschen müssten endlich aufwachen.«

»Ich bitte Sie, mir das etwas genauer zu erklären.«

»Denken ist lebenslanges Aufwachen. Besser kann ich es Ihnen auch nicht erklären. Der Rest steht eben auf diesen Blättern[9], mit denen wir uns so abschleppen.«

»Und wenn wir nicht aufwachen, ich meine, nicht denken, wie Sie sagen?«

»Dann wird der so genannte Fortschritt zum geistigen Untergang der Welt durch ebendiesen Fortschritt führen.«

»Aber Fortschritt heißt doch, dass es den Menschen besser geht.«

»Das ist eben die Frage«, sagt Benjamin. »Ist dir vertraut, wer Baudelaire war? Ein französischer Dichter aus dem 19. Jahrhundert, und bei ihm kann man lesen . . .« Er zitiert nun, ohne zu stocken, aus dem Gedächtnis. »Was mich betrifft, der ich manchmal bei mir selbst fühle, wie hilflos Propheten sind, so weiß ich, dass ich kein ärztliches Mitleid haben werde. Verloren in dieser verachtenswerten Welt, abgestoßen von den Massen, bin ich ein Ermüdeter, dessen rückwärts gewandter Blick in der Flucht der Jahre einzig Missbrauch und Enttäuschung erkennt und vor sich nur einen Sturm, der nichts Neues bringt.«

»Halten Sie sich auch für einen Propheten?«

Auf Benjamins Gesicht zeigt sich ein melancholisches Lächeln. »Das wohl kaum. Aber für jemanden, der denkt – ja gewiss!«

Als die vier Wanderer den Gipfel erreicht haben, sehen sie auf beiden Seiten Meer. Sie befinden sich nun schon auf spanischem Territorium. Lisa Fittko betrachtet die kleine Gruppe und überlegt sich, dass sie umkehren sollte.

Sie kommen an einem Tümpel vorbei. Benjamin kniet sich nieder und will trinken.

Lisa reißt ihn an den Schultern zurück. »Das Wasser ist nicht sauber! Wollen Sie sich Typhus holen?«

»Entschuldigen Sie«, sagt Benjamin, »aber ich muss jetzt trinken. Wenn ich jetzt nicht trinke, werde ich vielleicht nicht durchhalten.«

»Aber von der brackigen Brühe werden Sie sich den Tod holen!«

»Schon möglich. Aber wie Sie gesagt haben: Das Schlimmste, was passieren kann, ist, dass ich an Typhus sterbe – nachdem ich die Grenze überschritten habe. Doch dann ist das Manuskript jedenfalls in Sicherheit.«

Er trinkt.

Der Weg verläuft jetzt nicht allzu steil bergab.

»Dort unten liegt Port-Bou. Die Straße führt Sie direkt zur spanischen Grenzstation«, erklärt Lisa ihren Schützlingen. »Sie zeigen dort Ihre Papiere vor. Sobald Sie den Einreisestempel haben, fragen Sie sich nach dem Bahnhof durch und nehmen den nächsten Zug nach Lissabon. Ich muss jetzt umkehren. Adieu und viel Glück!«

Lisa Fittko wartet noch, bis sie ganz sicher ist, dass die drei auf der richtigen Straße laufen. Dann wendet sie sich um und macht sich auf den Weg zurück nach Frankreich.

Der Rest ist rasch berichtet: Die drei Flüchtlinge melden sich an dem kleinen Häuschen der spanischen Zollstation. Eben ist bei den Beamten eine neue Verfügung aus Madrid eingetroffen. Ohne ein gültiges französisches Ausreisevisum darf niemand Spanien betreten. Auch die in Marseille ausgestellten Transitvisa sind plötzlich ungültig. Gegenüber allem Flehen der Gruppe schütteln die spanischen Beamten nur unerbittlich den Kopf. Die Anordnung könne möglicherweise bald wieder aufgehoben werden. Jetzt aber sei sie gültig. Nein, die Flüchtlinge müssten zurück nach Frankreich.

»Aber sehen Sie nicht, wie erschöpft wir alle sind?«, sagt Frau Gurland. Am elendsten von allen wirkt Benjamin.

»Nun«, erklärt der spanische Beamte, »Sie werden Gelegenheit haben, sich über Nacht in einem Hotel der Stadt auszuruhen. Morgen bringen wir Sie dann zurück. Ich habe zwar durchaus Mitgefühl für Ihre unglückliche Lage, aber ich muss mich an meine Vorschriften halten.«

Sie merken alle, der Beamte wird seine Meinung nicht mehr ändern.

Das Haus, in dem Benjamin die Nacht verbringt, heißt Hotel Francis. Es liegt in der Avenida de General Mola 4 und gehört einem Sr. Suner. Man gibt ihm das Zimmer 4 im zweiten Stock. Drei spanische Polizisten bewachen die Ausgänge des Hauses. Sie sollen die Flüchtlinge am Morgen bis zum französischen Grenzposten begleiten.

Als Benjamin sein Zimmer bezogen hat, beurteilt er seine Lage endgültig als hoffnungslos und beschließt, von den 25 Morphiumtabletten Gebrauch zu machen.

II. Die langen Stunden vor dem Nichts

»Aber nicht nur ihnen, den
Mördern, wächst die Kraft unserer
ermordeten Freunde zu. Sondern auch uns, den
zufällig noch Überdauernden.
Furchtbar füllt sich der Saal der Toten (Keiner
trat selbst durchs Tor. Sie werden
über die Schwelle geschoben.) Aber in
uns, den spärlich Gewordenen und täglich
spärlicher Werdenden, sammelt sich
täglich dichter das
Vermächtnis der Toten.«

Günther Anders, *Das Vermächtnis*[1]

Das bucklichte Männlein meldet sich wieder

Ich stelle mir vor, Walter Benjamin liege in dem Hotelzimmer in Port-Bou auf dem Bett. Er habe hinreichend
viel Morphiumtabletten geschluckt und sie mit Limona-
de heruntergespült. (Zitronenlimonade, wie wir wissen,
denn diese wird später auf der Hotelrechnung erscheinen.) Er wartet auf den Tod, der ihm wenigstens ersparen
wird, dass ihn die Nazis erniedrigen und quälen.

Bei seinen Studien über Drogen hat er in der einschlägigen Literatur gelesen, dass Morphium, noch dazu in einer solchen Menge, neben seiner schmerzunterdrückenden Wirkung auch die Eigenschaft habe, halluzinatorische Angstzustände hervorzurufen. Nun fürchtet er, in Katastrophenträume zu versinken. Dem muss er entgegenwirken. Er will mit klarem Bewusstsein sein Ende finden.

Wo hat die Katastrophe begonnen?

Er denkt an das bucklichte Männlein aus dem Lied von Clemens Brentano in *Des Knaben Wunderhorn*, die Symbolgestalt für sein persönliches Unglück:

Das buckliche Männlein

Will ich in mein Gärtlein gehn,
will mein' Zwiebeln gießen,
steht ein bucklicht Männlein da,
fängt als an zu niesen.

Will ich in mein Küchel gehn,
will mein Süpplein kochen,
steht ein bucklicht Männlein da,
hat mein Töpflein brochen.

Will ich in mein Stüblein gehn,
will mein Müslein essen,
steht ein bucklicht Männlein da,
hat's schon halber gessen.

Will ich auf mein Boden gehn,
will mein Hölzlein holen,
steht ein bucklicht Männlein da,
hat mir's halber g'stohlen.

Will ich in mein Keller gehn,
will mein Weinlein zapfen,
steht ein bucklicht Männlein da,
thut mir'n Krug wegschnappen.

Setz ich mich ans Rädlein hin,
will mein Fädchen drehen,
steht ein bucklicht Männlein da,
läßt mirs Rad nicht gehen.

Geh ich in mein Kämmerlein,
will mein Bettlein machen,
steht ein bucklicht Männlein da,
fängt als an zu lachen.

Wenn ich an mein Bänklein knie,
will ein bißlein beten,
steht ein bucklicht Männlein da,
fängt als an zu reden:

»Liebes Kindlein, ach, ich bitt,
bet fürs bucklicht Männlein mit!«

Es kommen ihm die Worte seiner Mutter in den Sinn: Ungeschick lässt grüßen. Auch einige Sätze über Märchen, die er einmal geschrieben hat, fallen ihm jetzt wieder ein: *Das Märchen gibt uns Kunde von den frühen Veranstaltungen, die die Menschheit getroffen hat, um den Alp, den der Mythos auf ihre Brust gelegt hatte, abzuschütteln. Es zeigt uns in der Gestalt des Dummen, wie die Menschheit sich gegen den Mythos »dumm stellt«, es zeigt uns in der Gestalt des jüngsten Bruders, wie ihre Chancen mit der Entfernung von der mythischen Urzeit wachsen; es zeigt uns in der Gestalt dessen, der auszog, das Fürchten zu lernen, daß die Dinge durchschaubar sind, vor denen wir Furcht haben.*[2]

Durchschaubar. Das war die Parole seines Lebens: Die Dinge durchschaubar machen. In seinem Buch *Einbahnstraße* hat er geschrieben: *Glücklich sein heißt ohne Schrecken seiner selbst inne werden können.*

Ja, darum geht es jetzt. Sich erinnern und wenigstens für sich selbst die Dinge seines Lebens durchschaubar machen.

Begonnen hat die Kette des Unglücks schon an jenem 3. September 1939, einem Sonntag. Benjamin ist zu diesem Zeitpunkt siebenundvierzig Jahre alt, ein in Paris lebender, aus Deutschland stammender Emigrant, Jude, von den Nazis ausgebürgert, seit eineinhalb Jahren Mieter einer Einzimmerwohnung in der Rue Dombasle 10 – im 7. Stock, gleich neben dem Liftschacht, was gerade im Sommer eine starke Belästigung zur Folge hat. Er sieht sich gezwungen, die Geräusche des Aufzuges mit dem Straßenlärm, der durch das geöffnete Fenster hereindringt, zu neutralisieren. Und gegenüber wohnt ein Maler, der den ganzen Tag falsch vor sich hinpfeift . . .

Eine traurige Nachricht

In jenem Frühsommer 1939 erhält Benjamin die Nachricht, dass der nach Amerika emigrierte Schriftsteller Ernst Toller, einer der engagiertesten Autoren im Kampf gegen den Faschismus, Selbstmord begangen hat. Toller ist ein überzeugter Pazifist gewesen. Deswegen hat er es auch abgelehnt, mit der Waffe in der Hand in den Internationalen Brigaden für das Überleben der spanischen Republik und gegen die auf den Sturz der Demokratie hinarbeitenden Militärs zu kämpfen. Stattdessen hat er versucht, weltweit Geld für die zivilen Opfer des Bürgerkriegs zu sammeln. Er hat eine halbe Million Dollar zusammengebracht. Die endgültige Niederlage der Republik aber macht es unmöglich, die Spenden jenen, für die sie in Spanien gedacht sind, zukommen zu lassen. Was bleibt, ist die Hilfe für die etwa 400 spanischen Flüchtlinge in Frankreich.

Tollers Sekretärin ist die aus Deutschland stammende Ilse Klappe. Mit ihr ist der Amerikaner William

Burroughs, um ihr die Emigration in die USA zu ermöglichen, eine Scheinehe eingegangen. Eines Tages, als Ilse etwas verspätet vom Lunch in Tollers Büro kommt, hat ihr Arbeitgeber sich im Badezimmer mit dem Gürtel seines Bademantels erhängt.

Die Ursachen für seine Verzweiflungstat: Obwohl er einer der erfolgreichsten Theaterautoren der zwanziger Jahre in Deutschland war, hat er am Broadway nie ein Stück zur Aufführung bringen können. Schon 1938 hatte sich die Ehefrau von dem immer stärker zu Depressionen neigenden Mann getrennt. Kurz vor seinem Tod im Mai 1939 hat er noch überlegt, ob er nicht nach Europa zurückkehren solle. Der Mann, der Tausende von Dollars für die Hungerhilfe zusammengebettelt hat, ist zu diesem Zeitpunkt selbst nahezu mittellos.

Im *Berliner Lokalanzeiger*, einer gleichgeschalteten Zeitung aus dem Deutschen Reich, die Benjamin in Paris liest, könnte er folgende Notiz gefunden haben: »Der berüchtigte kommunistische Schriftsteller und Verfasser von zahlreichen Hetzstücken, Ernst Toller, hat jetzt die Konsequenzen aus seinem verpfuschten Leben gezogen. In New York, wohin er im Laufe seines Emigrantenlebens verschlagen worden ist, hat er sich im Hotel erhängt.«

Benjamin selbst arbeitet zu dieser Zeit an einem Essay über den französischen Dichter Baudelaire. In jenen Tagen schreibt er einen Brief an seinen Freund Gershom Scholem in Jerusalem, in dem er von den Einwänden der Mitarbeiter des Instituts für Sozialforschung in New York gegen eine frühere Version des Baudelaire-Essays berichtet. Auch ein anderer Aufsatz, über den Typus des Flaneurs, des beobachtend durch die Großstadt schlendernden Müßiggängers, hat bei den Leitern des Instituts Max Horkheimer und Theodor W. Adorno jenseits des großen Teiches nicht ungeteilte Zustimmung gefunden. Immerhin haben sie Benjamin signalisiert, dass sie die Arbeit in der Zeitschrift des Instituts veröffentlichen wollen, wenn er gewisse Änderungen vornimmt. Ob er will oder nicht, er wird darauf eingehen müssen, denn von den monatlichen Überweisungen, die aus Amerika kommen, lebt er.

Im Mai dieses Jahres ist das Geld knapp geworden. So knapp, dass Benjamin den Verkauf seines Lieblingsbildes *Angelus Novus*, eine lavierte Tuschfederzeichnung mit farbiger Kreide von Paul Klee, hat erwägen müssen. 1920 hat er das Aquarell, das einen Engel mit überproportioniertem Kopf und beschwörend seitwärts ausgestreckten Flügeln darstellt, für 1000 Reichsmark in München erworben. Seitdem hat es sich für ihn mit vielerlei Bedeutung aufgeladen. 1921 hat er eine geplante Zeitschrift, die »sich jedwede Buhlerei um die Gunst des Publikums versagen« und deren Mitarbeiterkreis auf eine Elite weniger Auserwählter beschränkt sein sollte, nach dem Bildtitel benennen wollen. Auch sein Erklärungsversuch für den Gang der Geschichte ist von dem Bild inspiriert. Wohl deshalb hat er es dann doch nicht übers Herz gebracht, das Kunstwerk wegzugeben. Er stellt sich vor, von dem Angelus Novus gehe eine Art magische Schutzfunktion aus, derer er gerade jetzt, da der Krieg ausgebrochen ist, besonders bedürftig ist.

Benjamin – Kafka

Nicht nur mit Baudelaire und dem *Angelus Novus* von Paul Klee hat sich Benjamin in den Jahren des Exils immer wieder beschäftigt, sondern auch mit dem Werk von Franz Kafka. Schon 1915 hat er erstmals Texte von Kafka gelesen. In Paris hat er einen Essay über ihn geschrieben. Die Kafka-Biografie von Max Brod wird für ihn Anlass, in einem langen Brief an Gershom Scholem sich mit Brods Darstellung kritisch auseinander zu setzen. Er erkennt in Kafkas Werk eine Ellipse, deren Brennpunkte mystische Erfahrungen und Erfahrungen des modernen Großstadtmenschen bilden. Entsprechend auch sein Bild vom *modernen Staatsbürger, der sich einem unübersehbaren Beamtenapparat ausgeliefert weiß, dessen Funktion von Instanzen gesteuert wird, die den ausführenden Organen selber, geschweige dem von ihnen Behandelten ungenau bleiben.*[3] Benjamin entdeckt bei Kafka aber auch eine Ähnlichkeit zur Vorstellungswelt der modernen Physik. Er belegt dies mit einem

Zitat aus A.S. Eddingtons *Weltbild der Physik*, einem Text, über den er an Scholem schreibt, man meine in diesem Text Kafka zu hören:

»Ich stehe auf der Türschwelle, im Begriff, ein Zimmer zu betreten. Das ist ein kompliziertes Unternehmen. Erstens muss ich gegen die Atmosphäre ankämpfen, die mit einer Kraft von 1 Kilogramm auf jeden Quadratzentimeter meines Körpers drückt. Ferner muss ich auf einem Brett zu landen versuchen, das mit der Geschwindigkeit von 30 Kilometern in der Sekunde um die Sonne fliegt; nur ein Bruchteil einer Sekunde Verspätung und das Brett ist bereits meilenweit entfernt. Und dieses Kunststück muss fertig gebracht werden, während ich an einem kugelförmigen Planeten hänge, mit dem Kopf nach außen in den Raum hinein, und ein Ätherwind von Gott weiß welcher Geschwindigkeit durch alle Poren meines Körpers bläst. Auch hat das Brett keine feste Substanz. Drauftreten heißt auf einen Fliegenschwarm treten. Werde ich nicht hindurchfallen? [. . .] Wahrscheinlich ist es leichter, dass ein Kamel durch ein Nadelöhr gehe, denn ein Physiker eine Türschwelle überschreite. [. . .] Vielleicht wäre es weiser, er fände sich damit ab, nur ein gewöhnlicher Mensch zu sein, und ginge einfach hindurch, anstatt zu warten, bis alle Schwierigkeiten sich gelöst haben, die mit einem wissenschaftlich einwandfreien Eintritt verbunden sind.«[4]

Ein paar Absätze weiter in dem Brief an Scholem folgen dann Sätze, die die bewusstseinsmäßige Verwandtschaft der beiden Männer, die sich direkt nie begegnet sind, noch deutlicher werden lassen. Benjamin über Kafka: *Da ist keine Lehre, die man lernen, und kein Wissen, das man bewahren könnte. Was im Flug erhascht sein will, das sind Dinge, die für kein Ohr bestimmt sind.*

Auch ein weiterer Satz aus diesem Brief wirkt wie eine Beschreibung von Benjamins eigener Seelenlage. Kafka sei die genaue Ergänzung einer Epoche, die sich anschicke, die Bewohner dieses Planeten in erheblichem Maße abzuschaffen. Und: *Die Erfahrung, die der des Privatmannes Kafka (/Benjamin) entspricht, dürfte von großen Massen wohl erst gelegentlich dieser ihrer Abschaffung zu erwerben sein.*[5]

Benjamin weiß 1939, wenn die Deutschen Frankreich besetzen, ist er verloren. Er hat an Scholem in Jerusalem mit der Bitte um eine Einladung geschrieben. Die Reaktion des Freunds ist zögerlich gewesen. Verständlich – so findet er auch selbst, wenn er an das denkt, was er sich 1930 geleistet hat. Schon damals ist der Plan gefasst worden, Scholem nach Jerusalem zu folgen. Aber er hat ihn nicht ausgeführt.

Benjamins Hoffnung ruht nun ausschließlich auf dem Institut für Sozialforschung in New York, wo Horkheimer und Adorno, wie er hofft, die nötigen Papiere für eine Emigration in die USA beschaffen werden. Am 6. August 1939 schreibt er an Stephan Lackner, einen Sprachwissenschaftler, er habe auf dem amerikanischen Konsulat nachgefragt und erfahren, dass ein Besuchervisum jederzeit ausgestellt werden könne, sofern das Institut ihm bestätige, dass er in den USA über Barmittel verfügt. Das Problem sind die Reisekosten. Wieder ist in dem Brief davon die Rede, das Gemälde von Klee zu verkaufen, für das er schätzungsweise 10 000 Francs zu erlösen hofft. Vom Zustandekommen der Reise in die USA hänge viel für ihn ab, denn *so gut wie alle Menschen, die einen Begriff von meiner Arbeit haben, sind derzeit drüben.*[6]

Doch auch für den Fall, dass es ihm gelingt, ist er voller Zweifel. Kann er in den USA leben? Er, der Paris als die Hauptstadt Europas betrachtet!

Frisches Stangenbrot und jüdisches Wünschen

Am Sonntag, dem 3. September 1939, nach dem Aufstehen, geht Benjamin erst einmal zum Bäcker, um frisches Stangenbrot zu kaufen. Es gehört dies zu dem geringen Luxus, den er sich trotz seiner bedrängten finanziellen Lage wenigstens am Sonntag leistet.

An der Backsteinmauer ein paar Meter von dem Bäckerladen entfernt nimmt er das dort neuerdings angeklebte Plakat durchaus wahr, verdrängt aber die darin ergehende Aufforderung gleich wieder.

Der Text verpflichtet alle deutschen und österreichischen Männer, sich umgehend mit einer Wolldecke im Stade Olympique Yves-du-Manoir in Colombes, einem nordwestlichen Vorort von Paris, einzufinden.

Bei Benjamin, dessen Bewusstsein geradezu mikroskophaft auf scheinbare Nebensächlichkeiten reagiert, hat die Aufforderung, eine Wolldecke mitzubringen, ein höhnisches Auflachen hervorgerufen.

Er hat sein Baguette gekauft, und als er es in seinem Zimmer verzehrt, zu einem Kaffee ohne Milch, tiefschwarz, wie er ihm wegen seines akuten Herzleidens eigentlich verboten ist, fällt ihm eine chassidische Geschichte ein.

In einem kleinen Dorf in Russland sind die Chassiden, Angehörige einer jüdischen Sekte, nach dem Sabbat in der Schänke versammelt und erzählen sich gegenseitig, was ihr größter Wunsch ist. Alle haben einen Wunsch genannt. Der eine wünscht sich Geld, ein anderer einen Schwiegersohn, ein Dritter eine neue Hobelbank; bleibt nur noch ein armseliger Bettler aus der Fremde übrig, den niemand weiter kennt. Sie fordern ihn auf, auch er solle sagen, was er sich am meisten wünscht. Nun, sagt er, ich möchte ein König sein und auf einem Schloss wohnen. Des Nachts kommt dann der Feind, überwältigt die Wachen, dringt in das Schloss ein. Aus dem Schlaf hochgeschreckt, hat er keine Zeit, sich mehr anzuziehen als das Hemd, er muss die Flucht antreten, über Berg und Tal, ohne Rast und Ruh wird er gejagt, bis er sich endlich gerettet auf jenem Schemel in der Ecke der Kneipe nieder-

47

lassen kann. Das, sagt er, wünsche er sich. Die anderen schütteln verständnislos die Köpfe. »Und was hättest du von all dem?«, fragt einer.

»Ein Hemd«, ist die Antwort.[7]

Ein Hemd, denkt Benjamin, oder eine Wolldecke.

Interniert

Am nächsten Tag geht Benjamin wie immer am Vormittag in die Bibliothèque Nationale und fährt mit der Niederschrift von Exzerpten fort, aus denen er seine umfangreiche Arbeit, das so genannte *Passagen-Werk*, aufbauen will. Er selbst nennt die Arbeitsmethode, die er anwendet, eine *literarische Montage*[8]. Was er sich mit diesem Projekt vorgenommen hat, ist in etwa dies: Aus der Betrachtung konkreter Dinge wie Korsetts, Staubwedel, roten und grünen Kämmen, Kragenknöpfen von längst abgelegten Hemden, aus den lädierten Überresten aus der Frühzeit der Industriekultur des 19. Jahrhunderts, *aus einer Welt geheimer Affinitäten*, will er herauslesen, wie die Ware zum Fetisch geworden ist, wie damals die Voraussetzungen für jenen Geschichtsverlauf gelegt worden sind, den er und seine Zeitgenossen als vom Faschismus Verjagte und Verfolgte jetzt miterleben. Kennzeichnend in diesem Zusammenhang sind für ihn die seinerzeit in Paris errichteten so genannten »Passagen«, die Vorläufer der späteren Warenhäuser, in deren Schaufenstern vor allem die neuesten Erzeugnisse des Textilhandels für den durch die Stadt Spazierenden sich werbewirksam ausstellen lassen.

Im ersten Band des *Kapitals* von Karl Marx hat er den Ansatzpunkt für seine Denkrichtung gefunden. Dort heißt es: »Eine Ware erscheint auf den ersten Blick ein selbstverständliches triviales Ding. Ihre Analyse ergibt, dass sie ein sehr vertracktes Ding ist, voll metaphysischer Spitzfindigkeiten und theologischer Mucken. Soweit sie Gebrauchswert ist, ist nichts Mystisches an ihr . . . Die Form des Holzes wird verändert, wenn man aus ihm einen Tisch macht: Nichtsdestoweniger bleibt der Tisch Holz, ein ordinäres sinnliches Ding. Aber sobald er als Ware auftritt, verwandelt er sich in ein sinnlich übersinnliches Ding. Er steht nicht nur mit seinen Füßen auf dem Boden, sondern er stellt sich allen anderen Waren gegenüber auf den Kopf und entwickelt aus seinem Holzkopf Grillen, viel wunderlicher, als wenn er aus freien Stücken zu tanzen begänne.«[9]

In dem französischen Zeichner und Karikaturisten Granville meint Benjamin den *Zauberpriester*[10] des Fetischs Ware ausgemacht zu haben. Im Sinne seines Satzes *Ich habe nichts zu sagen. Nur zu zeigen*[11] sind für ihn gerade zeitgenössische Bilder auch Beweisstücke für eine an Dingen orientierte Gesellschaftsanalyse.

Auf dem Weg zur Bibliothek sind jene Plakate, die die aus Deutschland und Österreich stammenden Ausländer in jenes Stadion beordern, nicht zu übersehen gewesen und haben Benjamin jeweils mit Schrecken erfüllt. Aber erst nach zwei Tagen ist er schließlich mit einem Koffer, der neben Toilettensachen und Wäsche seine wichtigsten Manuskripte enthält, und mit einer Wolldecke, hinaus ins Stadion gefahren.

Dort herrschen katastrophale Verhältnisse. Es haben sich schon am ersten Tag zwei- bis dreitausend Menschen eingefunden. Als Benjamin sich dort meldet, sind es schon um die fünftausend. Die »Behausung« ist eine Tribüne, zwar mit einem Dach versehen, aber an den Seiten und nach vorne offen. Leere Konservendosen ersetzen die Waschbecken; die Toiletten sind kotverschmierte Fässer, auf deren glitschigem Rand man balancieren muss. Am Morgen gibt es eine warme braune Brühe, bei der es sich um Kaffee handeln soll. Mittags und abends werden für je vier Mann ein Laib Brot und eine Büchse mit Fleisch ausgeteilt. Für die Masse von Menschen gibt es einen einzigen Wasserhahn zum Waschen und Trinken. Das Wetter ist herbstlich. Ab und zu fällt Regen, manchmal kommt aber auch die Sonne durch. Einige der Internierten haben ein Buch mitgebracht, das die Runde macht. Noch begehrter sind Zeitungen. Jeder will wissen, wie der Krieg verläuft. Die meisten Internierten unterhalten sich damit, dass sie Karten spielen.

Benjamin sitzt – er weiß nicht, wie lange – unbeweglich auf einer der Bänke. Am Morgen des zweiten

Tages kommt ein junger Mann auf ihn zu, stellt sich ihm als Max Aron vor und erklärt, er habe ihn seit gestern Nachmittag beobachtet, schon da habe er so regungslos dagesessen. Er mache sich Sorgen um ihn, ob er ihm mit irgendetwas helfen könne. Habe er denn überhaupt etwas gegessen, getrunken, nachts wenigstens eine Weile geschlafen? Benjamin nennt seinen Namen. Nein, momentan brauche er nichts. Er erklärt, er sei Schriftsteller, habe Proust ins Deutsche übersetzt. Und oh Wunder, dieser Max Aron weiß, wer Proust ist. Aron und andere schlagen Benjamin vor, eine »Viererschaft« zu bilden – für den Laib Brot und die Konservenbüchse am Mittag und am Abend –, was er dankbar annimmt.

Immer mehr Menschen treffen ein und werden auf die beiden Seite der Tribüne aufgeteilt, darunter sind auch einige Männer, die Benjamin kennt, auch Bekannte von Max Aron, so unter anderem ein Mitglied der orthodoxen Gemeinde in der Rue Cade. Als die jüdischen Feiertage näher rücken, ist klar, dass sie in dieser trostlosen Umgebung, ohne Thorarolle und Schofar (Widderhorn), ohne Kerzen und ohne auch nur einen Raum für den Gottesdienst, werden feiern müssen. Herr Munk hat eine Sardinenbüchse mitgebracht, Max Aron besitzt noch etwas Schokolade und ein paar Äpfel. Eine zweite Konservenbüchse kann er eintauschen, und so feiern sie Donnerstag und Freitag Rosch Haschana, das jüdische Neujahrsfest.

Der Gottesdienst findet in einer Ecke der Tribüne statt, umgeben von Kartenspielern, die ihr Blatt ansagen.

Am Freitag, ausgerechnet am Sabbat, wird das Stadion evakuiert. Niemand weiß, wohin es geht, Benjamin bittet Aron, ihm beizustehen. Selbstverständlich, sagt Max. Sie lassen sich für die letzte Gruppe einteilen. Es wird Sonntagmorgen, bis man sie zu den Bussen führt. Die Stadt ist menschenleer, nur an den »Halles«, den Markthallen, ist etwas Betrieb. Benjamin hat Max auf architektonische Besonderheiten aufmerksam gemacht. »Vielleicht, dass wir Paris zum letzten Mal sehen«, bemerkt er traurig. Am Gare d'Austerlitz werden sie mit unbekanntem Ziel verladen. Am frühen Nachmittag kommen sie in Nevers an. Es folgt ein Fußmarsch über fünf Kilometer zu dem verlassenen kleinen Schloss de Vernuche. Im Hof sind schon Soldaten dabei, für sie ein Essen zu kochen, die erste richtige Mahlzeit seit langem. Das Gebäude selbst dürfen sie erst bei Einbruch der Dunkelheit betreten. Sie richten sich, so gut es eben geht, für die Nacht ein. Benjamin und Aron, der eine Taschenlampe besitzt, finden einen kleinen Raum unter einer Wendeltreppe und beschließen, das Gelass als ihr Privatzimmer zu betrachten. Am Morgen steigt Aron über die Wendeltreppe nach oben. Auf dem Boden findet er eine alte Emailschüssel und drei alte Bücher, ausgerechnet in Deutsch, zwei Ullstein-Bücher mit Schachaufgaben und berühmten Spielen und einen Band mit Aufsätzen über griechische Kultur. Während die übrigen Internierten in Zimmern zu zehnt wohnen, hat Benjamin dank seines jungen fürsorglichen Freundes eine Art Privatgemach.[12] Unten am Gebäude fließt ein Bach vorbei. Nachdem Max diese Waschstelle erprobt hat, überredet er Benjamin, dort ebenfalls zu baden. Inzwischen hat der junge Mann mit Hilfe von Kordeln und Brettern einen kleinen Tisch und ein behelfsmäßiges Bücherregal hergestellt.

Nach dem Mittagessen erscheint der Kommandant zur Inspektion und fragt, als er an dem Zimmer unter der Treppe vorbeikommt: »Was machen Sie denn da?«

»Wir sind dabei, uns hier einzurichten«, antwortet Max.

Darauf der Kommandant: »Kommt gar nicht in Frage! Räumen Sie das hier und gehen Sie in die Zimmer zu den anderen.« – Aber er kommt nie mehr nachsehen, ob seine Anordnung auch durchgeführt worden ist.

So bleiben die beiden ungleichen Männer in ihrem Raum unter der Treppe zusammen. Max Aron, der gesetzestreue Jude, betet dreimal am Tag und lässt keinen Sabbat verstreichen, ohne die üblichen Rituale wenigstens anzudeuten. Benjamin hört von ihm einige Midraschin[13] und revanchiert sich mit chinesischen Geschichten. Inzwischen ist auch die Nachricht von einem Pakt zwischen Nazideutschland und den Sowjetrussen bis zu den Internierten vorgedrungen. Diese Meldung verändert Benjamins Vorstellung vom denkbaren Lauf der Geschichte. Es zerbricht damit seine große Hoffnung, die Russen könnten Hitler Widerpart bieten.

Rauchen und Melancholie

Unter den Internierten in Vernuche gibt es einen Mann, zu dem Walter Benjamin bald ein besonderes Vertrauensverhältnis entwickelt. Er heißt Hans Fittko, ist Journalist gewesen und wegen angeblicher geistiger Urheberschaft eines Mordes an einem SA-Mann, der tatsächlich aber von seinen Kumpanen von hinten erschossen worden ist, in Deutschland in Abwesenheit zum Tode verurteilt worden. Fittko ist zunächst von Berlin nach Prag geflüchtet. Dort hatte er Artikel und Flugblätter gegen die Nazis verfasst, die nach Deutschland eingeschmuggelt wurden. In Prag hatte er auch Lisa, eine junge deutsche Antifaschistin, kennen gelernt und geheiratet. Beide werden schließlich auf Lebzeiten aus der Tschechoslowakei ausgewiesen und gehen in die Schweiz, von wo aus sie weiter antifaschistische Literatur nach Baden und Württemberg einschmuggeln. Später arbeiten sie von Holland aus und bringen Flugblätter und Kampfschriften nach Friesland. Bei Ausbruch des Krieges 1939 sind sie in

Frankreich und sitzen dort wie so viele Antifaschisten und Juden in der Falle. Lisa ist mit den Frauen im Eissportpalast in Paris interniert worden. Hans ist wie Benjamin über das Stade Colombe nach Vernuche gekommen.

Eines Tages erzählt Benjamin Hans Fittko, er habe sich nun entschlossen, endgültig das Rauchen aufzugeben, aber die Qualen, die er durchmache, seien schrecklich.

»Falscher Zeitpunkt«, erklärt ihm Fittko.

»Gewiss haben Sie Recht«, erwidert Benjamin sanft.

»Ich habe Sie beobachtet. Mir scheint, dass Sie mit den Widrigkeiten des äußeren Lebens noch schlechter fertig werden als die meisten anderen.«

»Mag sein«, sagt Benjamin und zuckt hilflos mit den Schultern. »Die Widrigkeiten kommen mir manchmal vor wie Wölfe, die einen Wanderer in der Einsamkeit einer Schneewüste anfallen.«

»Ich verstehe«, sagt Fittko. »Darf ich Ihnen eine Erfahrung vermitteln, die mir geholfen hat?«

»Ich bitte darum.«

»Um Krisen zu überstehen und den Verstand nicht zu verlieren, ist folgende Grundregel zu beachten: Immer nach Erfreulichem suchen und nicht nach zusätzlichen Härten.«

»Tja«, sagt Benjamin mit einem Auflachen, »Sie sind ein Tatmensch und ein Optimist. Ich bin damit beschäftigt zu denken, und ich bin ein Melancholiker.«[14]

Der Krieg kommt näher

Der Feldzug der deutschen Wehrmacht gegen Polen wird am 1. Oktober 1939 mit dem Einmarsch der deutschen Truppen in Warschau beendet. Am 12. Oktober werden die ersten Juden aus Deutschland nach Polen deportiert. Seit dem 28. Oktober müssen Juden in der Öffentlichkeit den gelben Stern tragen. Am 8. November scheitert in München ein Attentatsversuch auf Hitler.

In Nevers hat sich das Lagerleben inzwischen eingespielt. Hier gibt es dreimal am Tag eine Mahlzeit, elektrische Leitungen sind verlegt, Latrinen gebaut worden. Benjamin trägt sich mit dem Plan, eine Lagerzeitung herauszugeben. Freilich vor allem, um den Redaktionsmitgliedern das Privileg einer Armbinde zu verschaffen, mit der man das Lager ungehindert verlassen und ein Bistro in der Stadt besuchen kann. Vorbild für seine Pläne sind ihm einige internierte Filmleute, die sich diese Vergünstigung damit ergattert haben, dass sie dem Lagerkommandeur weismachten, sie wollten einen patriotischen Film drehen. Vorträge werden gehalten, beispielsweise über den Unterschied zwischen Freud und Jung, Lenin und Trotzki, und literarische Matineen finden statt, bei denen etwa Hans Sahl[15] eigene Gedichte vorträgt. Benjamin selbst spricht über den Begriff der Schuld und liest systematisch die *Confessions* von Rousseau. Als sein junger Freund Max

Aron ihn fragt, welche Schlüsse er daraus ziehe, erklärt ihm Benjamin, er habe vor, den Text mit den Tagebüchern des zeitgenössischen Schriftstellers André Gide zu vergleichen, um zu beweisen, wie sich die Aura bei Gide aufgelöst habe. Max, der Musiker ist und gelegentlich mit dem Lagerchor auf dem Dachboden probt, hat keine Ahnung, was mit »Aura« gemeint ist. Benjamin erklärt es ihm geduldig. Wahrscheinlich ohne dass Aron danach viel klüger ist als zuvor, denn gerade dieser Begriff gilt bis heute – nachdem ganze Bücher zu seiner Erklärung verfasst worden sind[16] – als einer der vieldeutigsten in Benjamins Denken. Im Übrigen hat Benjamin während der Zeit in Nevers außer einem Traumprotokoll nichts geschrieben. Diesen Text in französischer Sprache sendet er an Gretel Adorno nach New York. Es ist in ihm davon die Rede, dass er, Benjamin, das Lesen von Zeichen und den Anblick des Körpers einer sehr schönen Frau intuitiv als eins erfahren habe. Er habe danach stundenlang nachts vor Glück wach gelegen.

Unterdessen sind Benjamins Freunde und Bekannte bestrebt, bei den Regierungsstellen durchzusetzen, dass er aus dem Internierungslager entlassen wird. Für ihn eingesetzt hat sich vor allem die Schriftstellerin Adrienne Monnier. Benjamin ist zum ersten Mal 1930 auf sie aufmerksam geworden. Er hat ihre in der Zeitschrift *Nouvelle Revue Française* unter Pseudonym erschienenen Gedichte gelesen und gelobt. Durch Vermittlung eines Bekannten lernten sie sich persönlich kennen, und Benjamin hatte in Paris häufig die von Adrienne Monnier geleitete »Maison des Amis des Livres« besucht, einen Treffpunkt der Literaten in der Rue de l'Odéon, gegenüber von Sylvia Beachs Buchhandlung »Shakespeare & Company« gelegen. Adrienne Monnier hat sich an den Direktor der Europa-Abteilung des französischen Außenministeriums am Quai d'Orsay gewandt. Außerdem hat sich der französische PEN-Club für ihn eingesetzt. Hier war es der vorübergehend im Gästehaus des PEN untergebrachte deutsche Schriftsteller Hermann Kesten, der zu seinen Gunsten intervenierte.

Am 25. November 1939 kommt Benjamin frei und kann nach Paris zurückkehren. In einem Brief an Max Horkheimer, der in den USA bemüht ist, die für Benjamins Übersiedlung nötigen Papiere zu beschaffen, schreibt Benjamin, er empfinde eine außerordentliche Müdigkeit, die ihn zwinge, auf der Straße häufig eine Weile stehen zu bleiben, um Kraft zu schöpfen. Es sei wohl eine nervöse Störung, die wieder vergehen werde.

Er ist in ein verwandeltes Paris zurückgekehrt. Bei Verdunklung, Kerzenschein und Taschenlampenlicht am Abend, Sirenen und großem Aufgebot von Militär in den Straßen versucht er, wieder zu einem geregelten und einigermaßen normalen Tagesablauf zurückzufinden, den er für produktive Arbeit braucht. Zudem lernt er nun Englisch. Allerdings lehnt er es bei einem Zusammentreffen mit seiner Ex-Ehefrau Dora am Jahreswechsel 1939/40 ab, sich wie sie nach England in Sicherheit zu bringen. Stattdessen verlängert er für das beginnende Jahr seinen Leseausweis für die Nationalbibliothek. Er macht zwar weitere Exzerpte für das *Passagen*-Manuskript, aber ab Februar 1940 beschäftigt ihn vor allem die Abfassung jener Thesen *Über den Begriff der Geschichte*[17], ein Text, von dem an anderer Stelle noch ausführlich die Rede sein wird. Der Schock über den Pakt zwischen Hitler und Stalin hat wohl den Anstoß zur ersten Niederschrift gegeben. Thematisch hat sich aber der Text schon über die Jahre hin in Benjamins Denken vorbereitet. Wie stark die Formulierungen von Ereignissen der Jahre 1939 und 1940 bestimmt sind, erweist sich beispielsweise in der X. These. Da ist von den *Politikern* die Rede, *auf die die Gegner des Faschismus gehofft hatten, die nun am Boden liegen und ihre Niederlage mit dem Verrat an der eigenen Sache bekräftigen.* Das Schicksal der Unterdrückten in der Vergangenheit lehre, dass der Ausnahmezustand, den Benjamin und seine Zeitgenossen erleben, die Regel sei. Daraus erwachse für den Denkenden die Verpflichtung, zu einem Begriff der Geschichte zu kommen, der dieser Erkenntnis entspreche.

Als Möglichkeit, zu einer solchen Einstellung zu gelangen, schlägt Benjamin in der I. These eine Kombination zwischen der Methode des »historischen Materialismus« und der der Theologie vor, eine Verbindung, die seither in beiden Lagern, dem der Marxisten und dem des Judentums, Befremden hervorruft.

Die Thesen richten sich in ihrem Kern gegen den so genannten Historismus, also gegen die seit dem 19. Jahrhundert in der akademischen Welt weit verbreitete Form der Geschichtsbetrachtung, die, so Benjamin, nur zeigen wolle, wie es gewesen sei, und zudem von einem nahezu blinden Fortschrittsglauben beherrscht werde; die Thesen zielen damit aber auch gegen den Fortschrittsglauben in der marxistischen Geschichtsphilosophie. Die Sozialdemokraten werden – wohl im Hinblick auf ihre Rolle in der Weimarer Republik – beim Namen genannt, gemeint aber ist auch der (»Vulgär«-)Marxismus: *Er will nur die Fortschritte der Naturbeherrschung, nicht die Rückschritte der Gesellschaft wahrhaben. Er weist schon die technokratischen Züge auf, die später im Faschismus begegnen werden.*[18]

Das ist zwar keine offene, aber für Politisch-Interessierte wohl verständliche Kritik an der Entwicklung in der Sowjetunion unter Stalin.

Gretel Adorno erbittet im Februar 1940 von Walter Benjamin eine Erklärung zu seiner »Theorie des Fortschritts«. Richtiger wäre es, von einer Kritik des Fortschritts zu reden. Bei einem Treffen im Mai 1937 scheint Benjamin ihr gegenüber eine diesbezügliche Bemerkung gemacht zu haben. Er antwortet Gretel Adorno im Mai 1940. Man spürt, wie die persönliche und internationale Lage, die sich für ihn beide als hoffnungslos darstellen, ihn jetzt drängen, das niederzulegen, womit er sich schon lange beschäftigt hat.

Was Deine Frage nach Aufzeichnungen betrifft, die etwa auf das Gespräch unter den Bäumen der marronniers zurückgehen möchten, so fiel ihr Eingang in eine Zeit, da solche Aufzeichnungen mich beschäftigt haben. Der Krieg und die Konstellation, die ihn mit sich brachte, hat mich dazu geführt, einige Gedanken niederzulegen, von denen ich sagen kann, daß ich sie an die zwanzig Jahre bei mir verwahrt, ja, vor mir selber verwahrt gehalten habe. Auch ist dies der Grund, aus dem ich selbst Euch kaum flüchtigen Einblick in sie gegeben habe. Das Gespräch unter den marronniers war eine Bresche in diesen zwanzig Jahren. Noch heute händige ich sie Dir mehr als einen auf nachdenklichen Spaziergängen eingesammelten Strauß flüsternder Gräser denn als eine Sammlung von Thesen aus. In mehr als einem Sinne ist der Text, den du erhalten sollst, reduziert.[19]

Am 9. April 1940 fallen deutsche Truppen in Dänemark und Norwegen ein. Am 10. Mai beginnt der deutsche Angriff gegen Holland, Belgien und Frankreich. Am 3. Juni erlebt Paris einen deutschen Luftangriff; elf Tage später rücken die deutschen Truppen in Paris ein. Kurz darauf bildet Marschall Pétain, Kriegsheld des Ersten Weltkriegs, in Vichy ein Kabinett. Am 22. Juni kommt es zu einem Waffenstillstand zwischen Frankreich und Deutschland. Der Artikel 19, Absatz 2 des Waffenstillstandsvertrages hebt das Asylrecht in ganz Frankreich auf. Alle Personen deutscher Abstammung sind danach auszuliefern, wenn die deutsche Regierung sie namentlich anfordert.

In seinem Hotelzimmer in Port-Bou, am Vorabend seines bereits angeordneten Rücktransports nach Frankreich, erscheint Benjamin schließlich als einzige Option, die ihm bleibt, der Selbstmord. Zumindest zweimal zuvor ist er mit dem Gedanken umgegangen, sich das Leben zu nehmen, und hat sich dann doch anders entschieden. Jetzt ist dieser Schritt die einzige Möglichkeit an Freiheit, die ihm geblieben ist. Von vielen seiner Freunde und Bekannten ist zudem die Vermutung geäußert worden, dass die tiefste Ursache für den Entschluss, sich das Leben zu nehmen, darin zu sehen sei, dass Stalin sich mit Hitler arrangiert hatte. Man könnte dafür den Begriff der »historischen Erschöpfung« prägen.

III. Die Zeit davor

»Einmal dämmert Abend wieder,
Nacht fällt nieder von den Sternen,
Liegen wir gestreckte Glieder
In den Nähen, in den Fernen.

Aus den Dunkelheiten tönen
Sanfte kleine Melodeien,
Lauschen wir uns zu entwöhnen,
Lockern endlich wir die Reihen.

Jene Stimmen, naher Kummer –:
Jene Stimme jener Toten,
Die wir vorgeschickt als Boten
Uns zu leiten in den Schlummer.«

Hannah Arendt, *W.B.*[1]

Da liegt er und wartet

Träge Zeit. Zeit, die so langsam fließt. Da liegt er nun
in diesem Hotel in Port-Bou in langen Stunden des
Abends und der Nacht und wartet auf den Tod.

Immer wieder, wenn die Erinnerung für einen Augenblick keine neuen Bilder anschwemmt und in ihm Leere entsteht, versucht er zu erwägen, ob es richtig war, den Tod zu suchen. Gewiss, in den letzten Jahren sind ihm viele, zu viele, einen Menschen zermürbende Ereignisse widerfahren. Aber die Ermüdung, die Abnutzung, die Bedrängnisse haben nicht erst mit dem Ausbruch des Zweiten Weltkrieges begonnen. Allein die Tatsache, als Jude geboren zu sein, bedeutet in dieser Epoche – oder vielleicht schon immer? – Unglück.

Ohne ein übergroßes Maß an Selbstmitleid bei Benjamin anzunehmen, lässt sich vermuten, dass er in diesen letzten Stunden die Empfindung hatte, sein ganzes Leben habe unter dem Vorzeichen von Unglück gestanden. Gleichzeitig wird er aber auch gewusst haben, dass genau dies eine Voraussetzung für die Erkenntnisse gewesen ist, die ihn befähigten, seine Zeit und ihre Ereignisse durchschaubar zu machen.

Die Erinnerung führt ihn noch einmal zurück, er erinnert sich an Menschen, an Freunde, an Lieben, will auch gewisse Erkenntnisse noch einmal reflektieren . . .

Zurück, nicht nur bis in die Zeit in Paris, sondern zum Anfang, bis zu seiner Geburt, seiner Kindheit will er noch einmal gehen. Sich derart weit zurückzuerinnern erscheint ihm jetzt, als lade er sich eine schwere Last auf. Aber er weiß auch, er kann sie nur dann endgültig abwerfen und schließlich leicht werden und so dem Nichts entgegentreiben, wenn er diese Last abermals schultert.

Herkommen

Geboren wurde er unter dem Namen Walter Bendix Schoenflies Benjamin am 15. Juli 1892 in Berlin, Magdeburger Platz 4.

Der Name Schoenflies soll an den Großvater der Mutter, Moritz Schoenflies, erinnern. Dieser Vorfahr hat Aufzeichnungen zur Familiengeschichte verfasst, die nicht nur im Hinblick auf die Vorfahren Walter Benjamins, sondern auch für die Situation der deutschen Juden im 19. Jahrhundert von Bedeutung sind.

Moritz, dessen Vorname wohl ursprünglich Moses gelautet haben dürfte, verlässt nach dem Tod seines Vaters mit dreizehn Jahren die Schule und kommt in Landsberg an der Warte in die Lehre. Den Juden der preußischen Provinz Posen haben die Hardenbergschen Reformen von 1812 nicht wie anderswo in Preußen die vollen Bürgerrechte gebracht. Dennoch ist Moritz Schoenflies dank seiner Tüchtigkeit mit fünfundzwanzig Jahren in der Lage, ein Tabak-und-Cigarren-Fabrik-Geschäft zu eröffnen. Später übergibt er es seinem Sohn, Georg Schoenflies (1841–1894), der es in Berlin erfolgreich weiterführt und als Soldat an den Kriegen, die Preußen führt, teilnimmt, was sein Vater voller Stolz erwähnt.

Moritz Schoenflies vermerkt über die Erfahrungen eines jüdischen Geschäftsmannes drei Generationen vor Walter Benjamin: »Mit meinen zehnjährigen Ersparnissen etablierte ich mich 1837 (mit meinem Geschäft); 2 $^1/_2$ Jahre später trat ich in den Ehestand. Nicht wie jetzt, wo Chausseen, Eisenbahnen, Telegrafen, Geldinstitute das Geschäft erleichtern und ausdehnungsfähiger machen, hatte ich damals neben ungünstigen Verkehrsverhältnissen auch mit einer mächtigen Konkurrenz zu kämpfen, auch Revolution und Kriege wirkten inzwischen nicht vorteilhaft, doch ist es mir gottlob gelungen, viele Schwierigkeiten zu überwinden.«[2]

Voller Stolz erwähnt Moritz Schoenflies seine Integration in die Kreise des Besitzbürgertums: »Obgleich meine starke Familie außer meiner Frau auch mich in vielen Beziehungen in Anspruch nahm und meine Geschäftszeit mir wenig andere Zeit ließ, blieb ich von Gemeindeämtern nicht verschont; bei der jüdischen Gemeinde einige Jahre Rendant, seit 1847, 16 Jahre Repräsentant und 4 Jahre Vorsitzender des Vorstandes; außerdem seit 1849 (1851) bis heute noch, ununterbrochen Stadtverordneter, Vorstandsmitglied mehrerer Vereine; was hier nur aus dem Grund erwähnt sei, um den Umschwung in der politischen und bürgerlichen Gesetzgebung zu kennzeichnen, welcher seit meiner Lehrzeit bis zu meiner Niederlassung und weiterhin sich vollzogen hat.«[3]

So viel zur Familie mütterlicherseits. Die Vorfahren väterlicherseits stammen aus dem Rheinland und aus angrenzenden Gebieten, sodass sich in ihm, Walter Benjamin, wie sein Freund Gershom Scholem schreibt, »die beiden Hauptzweige des deutschen Judentums charakteristisch verbunden haben«.[4]

Der Vater, Emil Benjamin, ist 1856 in Köln geboren, hat in seiner Heimatstadt den Beruf eines Bankkaufmanns erlernt und kommt als junger Mann für einige Jahre nach Paris. Ende der achtziger Jahre des 19. Jahrhunderts übersiedelt er nach Berlin. Er lernt dort die um dreizehn Jahre jüngere Pauline Elise Schoenflies kennen, die er 1891 heiratet. Aus der Ehe gehen außer Walter noch zwei weitere Kinder, nämlich Georg (1895–1942) und Dora (1901–1946), hervor. In Walter Benjamins eigenen Texten über seine Kindheit werden die Geschwister kaum erwähnt.

Geheimname – Engel und Revolutionär

Nicht nur um des Kuriosums willen, sondern zur Charakterisierung von Walter Benjamins Persönlichkeit ist hier noch von einer weiteren Namengebung zu berichten. Benjamin hat ihr als Erwachsener 1933 eine weit reichende Bedeutung beigemessen. Vielleicht ist sie aber auch von ihm mystifizierend im Fieber eines Malariaschubs erfunden worden.

Als ich geboren wurde, kam meinen Eltern der Gedanke, ich könnte vielleicht Schriftsteller werden. Dann sei es gut, wenn nicht jeder gleich merke, daß ich Jude sei. Darum gaben sie mir außer einem Rufnamen noch zwei weitere, ausgefallene Namen, an denen man weder sehen konnte, daß ein Jude sie trug, noch daß sie ihm als Vornamen gehörten. Weitblickender konnte vor vierzig Jahren ein Elternpaar sich nicht erweisen.[5]

Obwohl Benjamin selbst die beiden Namen nicht nennt, lassen sie sich erschließen. Sie lauten Agesilaus Santander, was als Anagramm von Angelus Satanas, das ist der abgefallene revoltierende Engel Luzifer, von Gershom Scholem dechiffriert worden ist. Es ist also ein Name, wie der Freund kommentiert, »der die angelischen (engelhaften) und dämonischen Lebenskräfte in engster Verbindung aneinanderschließt«.[6]

Davon abgesehen, dass die Eltern bei der Geburt des Kindes bestimmt nicht erwogen haben, dass es später Schriftsteller werden könnte, verrät dieses Spiel mit den Namen typische Aspekte von Benjamins Wesen. Damit ist nicht nur die offen liegende Verbindung von zwei Gegensätzen gemeint. Es offenbart sich hier Benjamins Lust an Verrätselung, der wir in seinem Denken und der Eigenart seiner Diktion wiederbegegnen. Die geheimen Namen zeigen schließlich auch seine Verbundenheit mit jüdischer Religiosität.

Einen solchen geheimen Namen geben jüdische Eltern ihrem männlichen Kind bei der Beschneidung. Es ist gewissermaßen dessen religiöser Name, der beim Gottesdienst in der Synagoge verwendet wird. Unter diesem Namen schließlich wird der Betreffende bei seiner Bar-Mizwa nach Vollendung des dreizehnten Lebensjahres zum ersten Mal zur Thoralesung aufgerufen. Hinfort gilt er als mannbares Mitglied der Gemeinde. Für Benjamin aber, so Gershom Scholems Interpretation, habe der Name auch noch zum *Angelus Novus* von Paul Klee in Verbindung gestanden und somit mystische Bezüge gehabt, von denen hier später noch zu reden sein wird.

Gute Adressen

Die Stadt, in der Walter Benjamin geboren wird, ist das Berlin der Gründerjahre, eine Stadt, die in den Jahrzehnten um die Jahrhundertwende im Grunde neu entsteht. Berlin hat sich von der Residenz preußischer Könige in eine europäische Metropole verwandelt. Das historische Berlin ist mit der Anlegung von »Durchbruchstraßen« weitgehend untergegangen. Die Häuserfassaden in den Stadtvierteln des gehobenen Bürgertums sind von einer Stilvielfalt, in der neogotische, barocke und klassizistische, ja sogar maurische Elemente auftauchen. Die Einwohnerzahl hat sich zwischen 1871 und 1892 fast verdoppelt und erreicht 1905 die Zwei-Millionen-Grenze. Arbeiter und kleine Angestellte, die mehr als die Hälfte der Einwohnerschaft ausmachen, leben eingepfercht in den berüchtigten Berliner Mietskasernen.

Während Walter Benjamins Kindheit ziehen die Eltern innerhalb der Stadt mehrmals um. Zunächst in die Kurfürstenstraße 154, dann in die Cramerstraße 3; dort wohnen sie, während Walter das Gymnasium besucht. Schließlich 1912 in die Nettelbeckstraße 24, alles Adressen in dem vom gehobenen Bürgertum bewohnten Viertel südwestlich von Tiergarten und Zoo, dem so genannten »alten Westen«. Später lassen sie sich im damals außerhalb von Berlin gelegenen Bezirk Grunewald in der Delbrückstraße 23 ein burgähnliches Villenhaus bauen. Der Vorort ist mit einem Schnellbus, dem »rasenden Moses«, mit dem Stadtzentrum Berlins verbunden.

Der Vater ist wohlhabend. Er ist zunächst Teilhaber und Auktionator im Kunstauktionshaus Lepke in der Kochstraße. Später zieht er sich aus dieser Firma zurück und beteiligt sich an verschiedenen Unternehmen, von denen zu erwarten ist, dass sie gute Gewinne abwerfen, so an einem medizinischen Warenhaus, einer Aktiengesellschaft für Bauausführungen und einer Zentrale für Weinvertrieb. Seit 1910 ist er Mitglied eines Konsistoriums, das den Berliner Eispalast betreibt.

Loggien und Karyatiden

Ein Urbild der Stadt und der bürgerlichen Gesellschaft, das Walter Benjamin seine ganze Kindheit und Jugend über wahrgenommen und später im Sinn einer Allegorie verstanden hat, sind die so genannten Loggien. Nichts habe, wird Benjamin später erklären, seine Kindheit so geprägt *als der Blick in die Höfe, von deren dunklen Loggien eine für mich die Wiege war, in die die Stadt den neuen Bürger legte.*[7]

Loggien sind – in dem Sinn, wie Benjamin den Begriff gebraucht – jene Gebäudeteile, die aus der eigentlichen Häuserfront hervortreten, zum Beispiel Erker und überdachte Balkone, die oft von Karyatiden abgestützt werden.

Karyatiden – als Figuration aus der Architektur Griechenlands übernommen – sind Symbolfiguren, die an den Fassaden zum Schmuck angebracht sind und vorstehende Hausteile abstützen. Noch heute prägen diese architektonischen Verzierungen das Stadtbild Berlins, so weit die Häuser aus dem 19. und frühen 20. Jahrhundert den Bombenkrieg überstanden haben.

Wie häufig bei Benjamin steht hinter der realen Bedeutung eines Gegenstands oder Begriffs eine von ihm vollzogene Erweiterung, in der sich dann erst der Sinn erschließt. Beträchtliches Spezialwissen setzt voraus, dass mit den Loggien der Berliner Kindheit auch auf jene Loggia del Bigalo im Florenz des 14. Jahrhunderts

angespielt wird, geschaffen, um dort Findelkinder ab-
zulegen, zugleich aber auch auf die Loggien der Fürs-
tenhöfe des Barock, aus denen Könige und Adelige
Schauspielen zusahen. Der Loggia wird von Benjamin
sowohl die Bedeutung einer Wiege zugeordnet als
auch die eines Mausoleums, einer Totenwohnung. Damit wird angedeutet, der bürgerlich Geborene sei eine
Totgeburt, der Bürger sei ein nicht mehr lebendiger
Mensch. So wird das Bild der Loggia für Benjamin zur
Allegorie für seine Klassenzugehörigkeit und für das
Schicksal des Bürgers überhaupt, ein gesellschaftliches
Schicksal, das das Individuum erkennen und dem es
standhalten muss.

Reformjuden

Die Benjamins sind Juden. Die Mutter ist offenbar liberal gesinnt, der Vater mehr orthodox orientiert.

Liberal meint hier ein Bewusstsein im Sinn des so
genannten »Reformjudentums«, einer Bewegung, die
im Kampf der Juden um ihre Emanzipation und im
Zug der Assimilation an die Kultur der Länder, in denen sie lebten, entstanden war. Gershom Scholem
stellt dazu fest: »Schätzungsweise betrug in der uns be-
schäftigenden Periode der Anteil der gesetzestreuen
Juden, d. h. derjenigen, die sich in ihrer Lebensführung
mehr oder weniger der jüdischen Tradition konform

verhielten, 20 Prozent der Gesamtzahl der Juden in Deutschland. Die übrigen Juden hatten diese Tradition in ihrem persönlichen Leben ganz oder doch überwiegend abgeschafft.«[8]

Reformjudentum bedeutete unter anderem: Man ging barhäuptig in die Synagoge, und zwar sonntags, nicht am eigentlichen Sabbat. Nur wenige Mitglieder dieser reformjüdischen Gemeinden verstanden noch Hebräisch. Die Übernahme europäischer, nicht-traditioneller Musik war ein weiterer Schritt der kulturellen »Annäherung« an die mitteleuropäischen Länder. Für das Reformjudentum bezeichnend war auch, dass in den Gebetsbüchern der betreffenden Gemeinden Hinweise auf eine Rückkehr der Juden ins Gelobte Land und auf die Ankunft des Messias am Ende der Zeiten gestrichen worden waren. An die Stelle dieser fundamentalen Glaubenssätze war »eine allgemeinmenschliche Erlösungsidee«[9] getreten. Bezeichnend für die Aufweichung der streng-jüdischen Tradition und die Annäherung an die kulturellen Gewohnheiten der gesellschaftlichen Mehrheit ist, dass bei den Reformjuden nicht nur jüdische Feiertage und der Sabbat gefeiert wurden, sondern auch Weihnachten, was ihnen von Seiten der zionistischen Glaubensgenossen die spöttische Bezeichnung »Weihnachtsjuden« eintrug.

Bürgerliche Wohnungen

In Räumen, die mit dem überladenen Mobiliar der Gründerzeit angefüllt sind, führen die Benjamins das Leben einer wohlhabenden Familie des Großbürgertums mit Dienstmädchen, Kinderfrauen, Hausunterricht für die Kinder und einer Sommerwohnung in Potsdam. Bei Abendgesellschaften wird das gute Geschirr angeboten und die Hausfrau legt ihren kostbaren Schmuck an. Später wird Benjamin dieser gesellschaftlichen Atmosphäre, die er in der eigenen Familie erlebt hat, die Bezeichnung *bürgerliches Pandämonium* geben.

Heute kann man sich nur schwer eine Vorstellung von der überladenen, auf ein Kind auch verschreckend wirkenden Ausstattung einer solchen Behausung machen. Benjamin hat sie samt der Assoziation, die sie bei ihm auslöste, so beschrieben: *Vom Möbelstil der zweiten Hälfte des neunzehnten Jahrhunderts gibt die einzig zugängliche Darstellung und Analyse zugleich eine gewisse Art von Kriminalromanen, in deren dynamischem Zentrum der Schrecken der Wohnung steht. Die Anordnung der Möbel ist zugleich der Lageplan tödlicher Fallen, und die Zimmerflucht schreibt dem Opfer die Fluchtbahn vor. [. . .] Viel interessanter als der landschaftliche Orient in den Kriminalromanen ist jener üppige Orient in ihrem Interieur, der Perserteppich und die Otomane, die Ampel und der edle kaukasische Dolch.*[10]

Die Sätze, die dann folgen, kann man durchaus als Porträt des Vaters Emil Benjamin, aus der Perspektive des Kindes, ansehen: *Hinter den schweren gerafften Kelims feiert der Kaufherr seine Orgien mit Wertpapieren, kann sich als morgenländischer Kaufherr, als fauler Pascha im Khanat des faulen Zaubers fühlen, bis jener Dolch im silbernen Gehänge überm Diwan eines schönen Nachmittags seiner Siesta und ihm selbst ein Ende macht.* [11]

In solchen Räumen in den Wohnungen des »alten Westens« fühlt sich das Kind isoliert und eingeengt: *Mein Clan bewohnte diese beiden Viertel damals in einer Haltung, die gemischt war aus Verbissenheit und Selbstgefühl und die aus ihnen ein Getto machte, das er als sein Leben betrachtete. In dieses Quartier Besitzender blieb ich eingeschlossen, ohne um etwas anderes zu wissen.* [12]

Woher das Geld kommt, weiß man nicht

In einer Familie dieser Gesellschaftsschicht bleibt deren wirtschaftliche Grundlage allen außer dem Vater ein tiefes Geheimnis. Einkommen und Vermögen sind vernebelte Bereiche. Der tägliche Haushaltsbedarf wird von Lieferanten ins Haus gebracht. Gewisse Gebrauchsgegenstände tauchen mit dem Vater aus der Außenwelt auf. Sein Auktionshammer wird für den Sohn zum Wahrzeichen der Macht des Familien-Imperators. Nur durch den anderen Tonfall, wenn er telefoniert, durch Drohungen und Donnerworte gegenüber den Untergebenen und durch eine aggressive

Körperhaltung des Vaters vermittelt sich dem Kind eine gewisse Vorstellung von dessen beruflicher Tätigkeit, vom Wesen der so anderen »Geschäfts«-Welt.

Eingeführt wird das Bürgerkind in die weiteren Bereiche der Stadt zuerst auf Spaziergängen mit dem Kindermädchen in den Tiergarten. Als mythologisch besetzte Figuren erscheinen ihm die dort betrachteten Denkmäler von Friedrich Wilhelm III. und der Königin Luise.

Bei den Einkäufen in der Stadt entsteht im kindlichen Bewusstsein eine Ahnung davon, was es mit der Welt des Konsums auf sich hat: *In der Schmach eines neuen Anzuges standen wir da, aus den Ärmeln sahen die Hände heraus wie schmutzige Preistafeln und in der Konditorei erst wurde uns besser und wir fühlten dem Götzendienst uns entronnen, der unsere Mutter vor den Idolen erniedrigte, deren Namen Mannheimer waren, Herzog und Israel, Gerson, Adam, Esders und Mädler, Emma Bette, Bud und Lachmann. Eine Reihe unerforschlicher Massive, nein von Höhlen − das war »die Stadt«.*[13]

Schule

Ein besonders trauriges Kapitel sind die Erfahrungen, die das Kind Walter Benjamin mit Lehrern und der Schule macht.

Zunächst erhält Walter in einer kleinen Gruppe von Kindern Privatunterricht. Bezeichnend ist die Erinne-

rung, die sich mit dem Namen der ersten Lehrerin He-
lene Pufahl verbindet. *Das P, mit dem er anhob, war das P
von Pflicht, von Pünktlichkeit, von primus; das f hieß folgsam,
fleißig, fehlerfrei, und was das l am Ende anging, war es die
Figur von lammfromm, liebenswert und lernbegierig. So wäre
diese Unterschrift, wenn sie wie die semitischen aus Konsonan-
ten allein bestanden hätte, nicht nur Sitz der kalligrafischen
Vollkommenheit gewesen, sondern die Wurzel aller Tugend.*[14]

Auf die Privatlehrerin Fräulein Pufahl folgt ein Herr
Knoche, der Walter auf den Eintritt ins Gymnasium
vorbereiten soll. Ihm ist der Junge ganz allein ausgesetzt. Die Nachricht, dass der Lehrer einmal für den
nächsten Tag abgesagt habe, schreibt der Schüler Walter Benjamin der Auswirkung einer Zauberformel zu.
Später lernte er Knoche als Musiklehrer in vielen *Prü-
gelintermezzi* fürchten.

Als bezeichnend für das Vertröstetwerden der Jugendlichen auf ein späteres vollwertiges Menschsein als Erwachsene erscheint dem Jungen ein anderes Erlebnis
mit Knoche. Der Lehrer hat nach der Bedeutung einer
Liedzeile aus *Wallensteins Lager* von Friedrich von Schil-
ler gefragt: »... im Felde, da ist der Mann noch was
wert, da wird das Herz noch gewogen.« Nachdem von
den Schülern keine Antwort kommt, sagt der Lehrer:
»Das werdet ihr mal verstehen, wenn ihr groß seid.«

Zu Ostern 1902 ist Walter Benjamin in den gymna-
sialen Zweig der Kaiser-Friedrich-Wilhelm-Schule am
Savigny-Platz aufgenommen worden. Die Schule muss

für ihn ein Horror gewesen sein. Schon in der Beschreibung ihrer Architektur spiegeln sich seine Alpträume: *Dem Baumeister, der die Kaiser-Friedrich-Schule gebaut hat, muss etwas wie märkische Backsteingotik vorgeschwebt haben. Jedenfalls ist sie aus roten Ziegeln errichtet und bevorzugt Motive, wie man sie aus Stendal oder Tangermünde kennt. Alles ist engbrüstig, hochschultrig ausgefallen. Der ganze Bau, der hart am Stadtbahngelände aufsteigt, ist von altjüngferlicher, trauriger Sprödigkeit. Mehr noch als den Erlebnissen, die ich in seinem Inneren hatte, ist es wahrscheinlich diesem seinem Äußeren zuzuschreiben, daß ich keine einzige heitere Erinnerung an ihn bewahre.*

Vor den Lehrern die Mütze abziehen zu müssen, wenn man am Morgen darauf wartet, ins Schulgebäude eingelassen zu werden, erscheint Walter als etwas Entwürdigendes. Auch das Treppenhaus der Schule bleibt ihm als ein Ort bedrohlicher Vorgänge in Erinnerung. Dort sieht er sich in einer Herde, in einen Wald von Waden und Füßen eingekeilt, *schlechten Ausdünstungen aller Körper, die sich eng an den meinen schoben, ausgeliefert.*[15]

Die Schulzucht – darunter fallen Prügel, Platzwechsel innerhalb des Klassenraums und Arrest – ist Thema seiner Klagen. Beim Sportfest der Schule, das in der Nähe des Lehrter Bahnhofs stattfindet, stört ihn nicht nur der *massige Betrieb*[16]. An das Spielfeld grenzt der Exerzierplatz einer Kaserne, was bei dem Schüler Benjamin die Angstvision auslöst, sofern er es auch nur einen Augenblick an der nötigen Wachsamkeit fehlen lassen würde, werde er in einen Soldaten verwandelt werden.

Bestürzend, und zugleich ein Hinweis auf die ausgeprägte Sensibilität des Heranwachsenden, sind die Wahrnehmungen des Schülers Benjamin beim Zuspätkommen in der Schule: *Unhörbar rührte ich die Klinke an. Die Sonne trennte den Flecken, wo ich stand. Da schändete ich meinen grünen Tag, um einzutreten. Niemand schien mich zu kennen, auch nur zu sehen. Wie der Teufel den Schatten des Peter Schlemihl hatte der Lehrer mir meinen Namen zu Anfang der Unterrichtsstunde einbehalten. Ich sollte nicht mehr an die Reihe kommen. Leise schaffte ich mit bis zum Glockenschlag. Aber es war kein Segen dabei.*[17]

Tabus und Ungeschick lassen grüßen

Langsam lernt der Junge auch die kleinen und großen Verheimlichungen und Lügen der Erwachsenen durchschauen. So, wenn der Vater am Bett des Sohnes in größter Ausführlichkeit vom Tod eines Vetters berichtet, aber die Tatsache, dass dieser an Syphilis erkrankt war, schamvoll verschweigt.

Schon in diesen Jahren stellt sich Walter Benjamins Ungeschicklichkeit in praktischen Dingen heraus. Gewisse Missgeschicke, wie sie sich wohl bei jedem Heranwachsenden ereignen, überhöht er geradezu mythologisch. Er schreibt sie dem Treiben des bucklichten Männleins aus dem Liedtext von Clemens Brentano zu. Bei dem Männlein in dem Lied führt dessen körperliche Behinderung dazu, dass es sich für seine Entstellung durch allerlei Schabernack an seiner Umwelt rächt. In Walter Benjamins Vorstellung tritt bei ihm selbst an die Stelle der körperlichen Behinderung eine Unfähigkeit, die Dinge des praktischen Lebens zu bewältigen. Doppeldeutig, wie solche Bilder bei ihm immer sind, ist der Schabernack, den das Männlein ihm spielt – und nicht eigentlich er selbst – für gewisse Ungeschicklichkeiten verantwortlich. Die Mutter drückt das in dem tadelnden Satz aus: »Ungeschick lässt grüßen.« Walter aber weiß, dass wieder einmal jenes Männlein im Spiel gewesen ist.

Er [gemeint ist das bucklichte Männlein] *sah nur immer mich. Er sah mich im Versteck und vor dem Zwinger des Fischotter, am Wintermorgen (wenn es dem Kind so schwer wurde aufzustehen) und vor dem Telefon im Küchenflur, am Brauhausberge mit den Faltern und auf meiner Eisbahn bei der Blechmusik.*[18] Das sind die frühen Halluzinationen eines Menschen, der sich sein Leben lang vom Unglück verfolgt glaubt.

Das Wunder des Lesens

Trotz dieser Aussagen darf man sich Walter Benjamins Kindheit nicht als ausschließlich traurig und freudlos vorstellen. Besonders Bücher werden dem Heranwachsenden zu Gegenständen, über denen er Freude empfindet und die er als eine Art von Wunder wahrnimmt – eine Prägung, die für das spätere Leben und den Büchersammler und Autor ihre Konsequenzen haben wird. Büchergeschenke haben bei ihm als Kind und Jugendlichem geradezu fantasmagorische Zustände ausgelöst: *Und so hatte ich denn auch kaum alljährlich auf dem Weihnachtstisch den letzten Band des »Neuen deutschen Jugendfreundes« gefunden, als ich mich ganz hinter die Brustwehr seines wappengeschmückten Deckels zurückzog und mich in die Spionen- und Jagdgeschichte vortastete, in welcher ich die erste Nacht zubringen sollte. Es gab nichts Schöneres, als in dieser Durchmusterung des Geschichtenlabyrinths die unterschiedlichen Luftströme, Düfte, Helligkeiten und Geräusche auszuwittern, die aus seinen verschiedenen Kammern und Gängen kamen. Denn wirklich zogen sich die längeren Geschichten, vielfältig unterbrochen, um als Fortsetzungen wieder aufzutauchen, als unterirdische Gänge durch das Ganze. Und was tat es, wenn die Aromate, die aus den Stollen in die Höhe stiegen, in der wir Globen oder Wasserräder blitzen sahen, sich mit dem Duft des Pfefferkuchens vermengten oder ein Weihnachtslied die Glorie um das Haupt von Stephenson[19] wob, das im Halt zweier Seiten wie ein Ahnenbild durch den Türspalt auftauchte, oder der Duft des Pfefferkuchens sich mit dem eines sizilianischen Schwefelbergwerkes verband, das auf einem Vollbild uns plötzlich wie auf einem Fresko entgegenschlug.[20]*

Erotik

Zwei Episoden erotischer Erfahrungen in der Pubertät sind von Walter Benjamin selbst überliefert worden. 1912 sitzt der Vater im Konsortium des so genannten »Eispalastes« in Berlin. Das Gebäude beherbergt unter anderem die erste künstliche Eisbahn. In dem Hallen-bau finden aber auch Varietévorstellungen statt. Als der Vater den Sohn zu einer Veranstaltung dorthin mit-nimmt, sieht der Junge *eine Hure in einem weißen, sehr eng anliegenden Matrosenanzug*, die seine erotischen Fan-tasien jahrelang beschäftigen wird.

Die zweite von ihm selbst erwähnte Episode ist eher grotesk: Der Junge soll, da er selbst den Weg nicht kennt, mit einem Verwandten in die Synagoge zum Gottes-dienst gehen. Nachdem er von daheim fortgegangen ist, fällt ihm ein, dass er die Adresse des Verwandten verges-sen hat. Benjamin erzählt davon so: *Während ich noch so herumirrte, überkam mich plötzlich und genau zu gleicher Zeit einerseits der Gedanke: viel zu spät, die Zeit ist längst verpasst, du schaffst es nie – andererseits das Gefühl, wie durchaus gleich das alles sei, wie gut man die Dinge könne laufen lassen, wie sie mochten: und diese beiden Bewusstseinsströme flossen unauf-haltsam zu einem großen Lustgefühl zusammen, das mich mit blasphemischer Gleichgültigkeit gegen den Gottesdienst erfüllte, der Straße aber, auf der ich mich befand, so schmeichelte, als hätte sie mir damals schon die Kupplerdienste zu verstehen gegeben, welche sie später den erwachenden Trieben leisten sollte.*[21]

Reformschule

Krankheiten wie Masern, Windpocken und häufig wiederkehrende Fieberanfälle, hinter denen wohl auch ein gehöriges Maß an Schulunlust steckt – in einem Schuljahr fehlt er beispielsweise 173 Stunden im Unterricht –, mögen für die Eltern der Grund gewesen sein, ihren Sohn 1905 in das Landschulheim Haubinda in Thüringen zu geben, wo er dann zwei Jahre bleibt.

Auf dieser Schule gelten plötzlich ganz andere Werte als jene, die dem Schüler zuvor nahe gebracht worden sind: Walter Benjamin muss von der Reformschule begeistert gewesen sein, später schildert er Haubinda als eine Art heiligen Ort: *Auf einer sehr sanften Höhe steht ein Haus. [. . .] Das Haus ist Haubinda, wo Schüler leben. Man nennt es einen Fachwerkbau, seine gleichgültige Höhe, die blicklos über den Wäldern der Ebene steht, ist der Thron. Dahinter steht dann (nie darfst du ihn vergessen) der Wald. Dahinter liegen Dörfer mit Namen, die vom Ende der Welt her sind.*[22]

Auf dieser Schule begegnet Benjamin Werken und Zielvorstellungen, für die es sich einzutreten und zu kämpfen lohnt. Haubinda spielt in der damals gerade aufkommenden Reformschulbewegung eine wichtige Rolle. Gegründet von Hermann Lietz, unterrichten dort unter anderen der später als Publizist tätige Theodor Lessing und Gustav Wyneken, der die Fächer Deutsch und Philosophie gibt und dessen Persönlichkeit Benjamin stark beeindruckt.

Nach Konflikten mit dem Schulgründer in Haubinda ruft Wyneken zusammen mit Paul Geheeb, dem
späteren Gründer der Odenwaldschule, die »Freie
Schulgemeinde Wickersdorf« ins Leben. Unter ihren
Schülern befinden sich die späteren Schriftsteller Bru-
no Frank, Erich von Mendelsohn und Wilhelm Speyer. Vor allem durch Speyers Roman *Der Kampf der Ter-
tia*, dessen Verfilmung später auch von Benjamin
rezensiert werden wird, sind wir über die freie und
den Wünschen von Jugendlichen entgegenkommende
Atmosphäre dieser Schule gut unterrichtet. Schon
Haubinda, 1901 unter dem Motto »Wahrheit, Treue,
Arbeit, Tapferkeit« gegründet, gilt in der Pädagogik
dieser Zeit als ausgesprochen avantgardistisch. Rückblickend ließe sich diese Bewertung in Frage stellen,
meint Momme Brodersen, einer der Benjamin-Bio-
graphen, und verweist auf die von »Idealismus und
Chauvinismus nur so strotzende Programmatik der
Lietz'schen Landerziehungsheime [. . .], denen sich
schon bald ein kaum verhohlener Antisemitismus hin-
zugesellt«.[23]

Für einen Jugendlichen, der aus einem Gymnasium
in Berlin, das nach traditionellen pädagogischen Vorstellungen geführt wurde, an diese Schule kommt,
mag sich das anders dargestellt haben. Immerhin bieten
die Landschulen eine Alternative zu der Rohrstock-
pädagogik der öffentlichen Lehranstalten Preußens. Es
gibt dort bereits eine Schülervertretung, musische In-

teressen werden gefördert und der Werkunterricht soll eine Vorstellung von den Berufsbedingungen bei Handwerk und Arbeiterschaft vermitteln.

Nach seinem Ausscheiden in Haubinda gründet Wyneken dann auf den Saalfelder Höhen des Thüringer Waldes in Wickersdorf die »Freie Schulgemeinde«, die zum Mekka der Reformschulbewegung wird. Im Aufsichtsrat sitzt unter anderem der Berliner Verleger Samuel Fischer. Dieser »Schulversuch« stellt eine Weiterentwicklung und Radikalisierung des Schulmodells in Haubinda dar.

Benjamin, für den Wyneken in den Jahren bis zum Ersten Weltkrieg eine »Führerpersönlichkeit« bleibt, dürfte Haubinda und Wickersdorf auch nach seiner Rückkehr an eine Schule alten Typus weiter genau beobachtet haben. Das Leben in den Gebäuden eines ehemaligen Gutshofes in Wickersdorf schildert der Kulturwissenschaftler Ulrich Groben als »spartanisch; morgens war Waldlauf und kaltes Duschen, vormittags Unterricht und nachmittags Arbeitseinsatz. Askese sollte die Köpfe frei machen für die Begegnung mit dem ›objektiven Geist‹. Die Musik von Bach und Bruckner, die Dichtungen des Schweizers Carl Spitteler und von Stefan George gehörten zum (elitehaft) eng begrenzten Kanon. Experimente und Selbermachen waren pädagogische Prinzipien. Innerhalb der strengen Tageseinteilung gab es ein Maß an Selbstbestimmung wie nirgendwo sonst, auch war Wickersdorf die Wiege der

Koedukation. In der Schulgemeinde, ihrem Parlament, hatten Lehrer und Schüler gleiches Stimmrecht in allen wichtigen Fragen. Strafen gab es nicht. Wyneken und seine Mitarbeiter förderten und forderten die Bereitschaft, etwas Besonderes zu leisten, den Willen zur Exzellenz.«

Benjamin hat sich in Haubinda wohl gefühlt. In der Konzeption der beiden Reformschulen kommt für ihn eine ganz neue Vorstellung von Jugendleben in Sicht, für die er in den folgenden Jahren werbend eintritt. An der Schule überkommener Art und deren Verhältnis zu den Jugendlichen kritisierte er: *Fern von der Schule hat bisher sich der bessere Teil unserer Jugend abgespielt, fern von einer Schule, die dieser Jugendlichkeit keine Achtung entgegengebracht und ihr keine Ideale gegeben hat, die da glaubt, so genannte »Dummenjungenstreiche« und kindisches Betragen gegen den Lehrer seien Äußerungen wahrer Jugendlichkeit.*[24]

Ostern 1907 kehrt Benjamin an die Kaiser-Wilhelm-Schule in Berlin zurück. Der enge Kontakt zu Wyneken bleibt weiter bestehen. Unter der Aufsicht des Pädagogen erscheint die von Georg Gretor unter dem Pseudonym George Barbizon[25] herausgegebene (Schüler-)Zeitschrift *Der Anfang.* In ihr veröffentlicht Benjamin im Sommer 1910 erste Gedichte und Aufsätze unter dem Decknamen »Ardor« (je nach Bedeutungszusammenhang zu übersetzen mit Glut, Funkeln, Flitzen, Leidenschaft oder Liebe).

Die Grundhaltung in diesen frühen literarischen Versuchen ist bezeichnend für die Auflehnung einer Jugend gegen ein saturiertes, fortschrittsgläubiges und spießiges Bürgertum vor dem Ersten Weltkrieg, dessen als bedrückend empfundene Konventionen und Erziehungsgrundsätze in Schule und Universität von der Kunst und Literatur her und mit einem eigenständigen Jugendleben überwunden werden sollen. Dabei ist dieser Jugendprotest unpolitisch, sogar national-konservativ, was vor allem die Zustimmung zum aufblühenden Militarismus angeht.

Anfang 1912 legt Benjamin an der Kaiser-Wilhelm-Schule das Abitur ab. Insgesamt werden seine Leistungen als durchschnittlich gut beurteilt. Die Griechisch-Arbeit – die Aufgabe besteht in der Übersetzung eines Textes von Plato – misslingt zwar, die schlechte Note kann aber in der mündlichen Prüfung ausgeglichen werden. Die Note in Latein ist »gut«, die in Mathematik »genügend«, die in Deutsch »sehr gut«. Das Thema des mündlichen Abituraufsatzes lautet: »Kann von Grillparzers ›Sappho‹ gesagt werden, dass der Dichter mit Goethes Kalbe[26] gepflügt habe?«. Unter »Schreiben«, also in Handschrift, weist das Zeugnis Benjamins ein »ungenügend« auf. Als möglichen Berufsweg verzeichnet das Zeugnis die Absicht des Abiturienten, Literatur und Philosophie zu studieren.

Studium und Studentenbewegung

Schon im April 1912 beginnt Benjamin sein Studium in Freiburg im Breisgau. Von einem fröhlichen Studentenleben nach dem Motto des Studentenliedes *Gaudeamus igitur!* (»Darum lasst uns fröhlich sein!«) – ist nichts überliefert, überhaupt sind seine Angaben über die Atmosphäre an den Universitäten, die er besucht, eher spärlich. Für sein Studium hat er sich strenge Erkenntnisziele gesetzt. In Freiburg hört er vor allem philosophische und pädagogische Vorlesungen. Die Unzufriedenheit über den nach seinen Vorstellungen verknöcherten Lehrbetrieb macht sich in einem Vers im Brief an einen Freund Luft. Er reimt: *Die Wissenschaft ist eine Kuh / Sie macht: muh. / Ich sitze im Hörsaal und höre zu.*

Von Freiburg aus unternimmt Benjamin zu Pfingsten eine Reise, zu der der Vater, offenbar als Belohnung für das bestandene Abitur, das Geld spendiert hat. Die Route führt ihn mit mehreren seiner ehemaligen Klassenkameraden zunächst nach Luzern und von dort allein nach Mailand, Verona, Padua und Venedig.

Später wird er feststellen, von den größten Wünschen seines Lebens habe er den nach weiten, vor allem aber langen Reisen zuerst erkannt.[27]

Entstanden sei sein Fernweh zunächst beim Betrachten der Ansichtskarten seiner Großmutter mütterlicherseits, deren Sammlung wie kein Abenteuerbuch der Knabenjahre diese Lust angestachelt habe.

Schon in seiner Studentenzeit sind Reisen Anlässe, aus den dabei gemachten Erfahrungen literarische Texte zu gewinnen. Nicht das direkte Erleben, sondern dessen literarische Formgebung ist ihm entscheidend. Allerdings fällt die Umformung seiner ersten literarischen Reiseerlebnisse doch recht banal aus. Zu Recht stellt einer seiner Biographen fest, hier schreibe ein »ziemlich verwöhnter, reaktionärer, bornierter, sehr deutscher junger Mann«, und konstatiert einen Widerspruch zu Benjamins vehementen Angriffen gegen deutsche Bildungsphilister in seinen Artikeln über Schule und Erziehung zur gleichen Zeit.[28]

Es ist die Haltung eines Romantikers, die in dem Italien-Text durchschimmert. Unterwegs Ekel über proletenhaft sich aufführende, spuckende, betrügende und bettelnde Leute, über laute, schmutzige und nur ausnahmsweise gesittete Italiener. Wieder in Freiburg: Sehnsucht nach dem Süden.

Während die Lehrer an der Universität eher nörgelnd beschrieben werden, ist und bleibt Wyneken, der nun in Wickersdorf ausgeschieden ist und als Vortragsreisender seinen Lebensunterhalt verdient, der Übervater oder wie es wörtlich heißt: *das entscheidende geistige Erlebnis.*[29]

Wyneken versucht, die Hochschule als Ort für seine Indoktrination der nachwachsenden Lehrergeneration zu benutzen. In Freiburg entsteht eine in diesem Sinn besonders aktive Gruppe. Benjamin selbst wird in verschiedenen studentischen Verbänden und Kreisen tätig, in denen er sich um die Verbreitung des Wynekenschen Gedankengutes bemüht. So unter anderem im Präsidium der »Freien Studentenschaft«, der Interessenvertretung nichtkorporierter Studenten in Berlin, und in dem so genannten »Sprechsaal«, einer kleinen Wohnung, die Benjamin zusammen mit dem Kommilitonen Ernst Joel gemietet hat. In ihr treffen sich Jugendliche und diskutieren über ihr Lebensgefühl und ihre Probleme.

Eine in einer Auflage von 10 000 Exemplaren gedruckte Propagandaschrift enthält Reden Gustav Wynekens und Ludwig Gurlitts und einen Artikel von Benjamin mit der Überschrift *Die Schulreform eine Kulturbewegung.*

In diese Zeit fällt auch Benjamins erste Auseinandersetzung mit dem Zionismus, jener von dem Wiener Publizisten Theodor Herzl vor allem unter dem Eindruck der Dreyfuß-Affäre[30] in Frankreich und der Pogrome in Osteuropa entwickelten Forderung nach der Gründung eines jüdischen Staates. Herzl war bei der Analyse der Stellung der Juden in der modernen Gesellschaft zu der Ansicht gelangt, dass die Judenfrage eine nationale Frage sei und sich nur als solche lösen lasse.

Auf einem Kongress in Basel 1897 hatte er die zionistische Weltorganisation ins Leben gerufen. Damals war das »Basler Programm« angenommen worden, in dem es hieß: »Der Zionismus strebt die Schaffung einer öffentlich-rechtlich gesicherten Heimstätte für das jüdische Volk in Palästina an.«

Benjamins Auseinandersetzung mit dem Zionismus wird angeregt von zwei von dessen Programm überzeugten Freunden. Zum einen durch Kurt Tuchler, der ihn auf einer Reise nach Stolpemünde für die Ideen Herzls zu gewinnen versucht. Zum anderen durch Ludwig Strauß, dem späteren Schwiegersohn Martin Bubers, mit dem Benjamin im Mai 1913 Paris besucht und dabei eine besondere Vorliebe für die französische Hauptstadt bei sich entdeckt. Er fühle sich, so erklärt er, dort heimischer als in Berlin.

In den Briefen, die er später mit Strauß wechselt, versucht er von seiner bisherigen Lebenserfahrung her seinen Standpunkt gegenüber dem Zionismus zu begründen. Im Elternhaus sei er liberal erzogen worden. Für das Judentum empfinde er nicht viel mehr als eine unbestimmte Pietät, freilich sei ihm der Antisemitismus bekannt, doch sehe er im Zionismus nicht den von vielen erkannten Ausweg. Für ihn bedeute die Tatsache, Jude zu sein, nur die Zugehörigkeit zu einer Kulturgemeinschaft, nicht zu einem Volk. Er erwähnt seine starke Abneigung gegen gottesdienstliche Vorgänge. Wenn er in Berlin die neue Synagoge in der Oranienburger Straße besuche, nehme er bei sich eine Haltung wahr, die er blasphemische Gleichgültigkeit nennen müsse. Er finde, der Zionismus gebe nicht die nötigen Antworten auf die Probleme, die sich in der Gegenwart in den Bereichen Schule, Frauenfrage und Sozialismus stellten. Ihm, Benjamin, sei ein Nationalismus, der nicht all dies und vor allem nicht das Menschlichste und Bedeutendste durchleuchte, wertlos, er sehe darin eine gefährliche Aufforderung zur Trägheit. Deshalb werde er sich dem Zionismus prinzipiell fern halten und könne nur im Sinne eines fruchtbaren Kulturjudentums wirken.

All dies darf nicht als eine Ablehnung des Judentums schlechthin angesehen werden, wie sich noch zeigen wird, wenn Benjamin seine Geschichtsphilosophie entwickelt. Es ist vielmehr so, dass er im zivilen Bereich nicht mit der ausdrücklichen Kennzeichnung des Juden behaftet sein möchte, im geistigen Bereich sich aber sehr wohl der hervorragenden jüdischen Traditionen bewusst ist und sich in seinem Denken auf sie bezieht.

Nach der Rückkehr nach Berlin zum Winterhalbjahr 1912/13 gilt sein intensives Engagement als Student der Philosophie weiterhin der Jugendkulturbewegung. Er ist Mitbegründer der Abteilung für Schulreform und lässt sich in das Präsidium der »Freien Studentengemeinde« wählen. Auch außerhalb der Universität ist er in der Berliner Ortsgruppe des »Bundes für Freie Schulgemeinden« tätig und trifft sich häufig zu Gesprächen mit Wyneken.

Die so genannte »Jugendbewegung« besteht zu dieser Zeit aus Gruppen mit recht unterschiedlichen programmatischen Schwerpunkten. Jene, die am auffälligsten in Erscheinung tritt, ist der »Wandervogel«. Daneben gibt es die Lebensreformer, denen es um eine gesunde Ernährung geht und die die Freikörperkultur propagieren, schließlich die Schulreformbewegung. All diese Gruppen haben Berührungspunkte in ihren Überzeugungen und Zielsetzungen, grenzen sich aber auch polemisierend gegeneinander ab.

Der »Ausschuss für Schülerfahrten – Wandervogel«, wie die genaue Bezeichnung lautet, ist am 4. November 1901 im Ratskeller in Berlin-Steglitz gegründet worden. Sein Emblem, ein Fischreiher im Flug, steht für den Wunsch, aus der Enge und den Zwängen des Bürgertums, aus den muffigen Wohnungen und verhassten Schulen in die freie Natur aufzubrechen und ein selbstbestimmtes Jugendleben zu führen.

Literarisches Kultbuch für seine Anhänger ist der 1904 erschienene Roman *Peter Camenzind* von Hermann Hesse, in dem der Dichter dazu auffordert, »auf den Herzschlag der Erde zu hören, am Leben des Ganzen teilzunehmen, [...] nicht zu vergessen, dass wir nicht Götter und von uns selbst geschaffen, sondern Kinder und Teile der Erde und des kosmischen Ganzen sind«.

Der Jugendkulturbewegung der Schüler und Studenten um Wyneken geht es nicht allein um die Reform der Schulen und Universitäten, sondern sie strebt aus einem radikalen Idealismus heraus eine gesamtkulturelle Erneuerung an. Es gelte nicht allein, den überlieferten Kulturbestand weiterzugeben, sondern auch eine neue Kultur aufzubauen.

1913 studiert Benjamin wieder an der Universität Freiburg. Gründe dafür dürften gewesen sein, dass er in Berlin nicht wieder ins Präsidium der »Freien Studentenschaft« gewählt worden ist, ihn aber Wyneken gebeten hat, die in Freiburg danieder liegenden Aktivitäten der »Abteilung Schulreform« neu zu beleben. Dies geschieht vor allem in einem Literatur- und Diskussionskreis, der sich an Dienstagabenden im Akademikerheim, Friedrichstraße 29 trifft. Hier macht Benjamin die Bekanntschaft mit Christoph Friedrich Heinles, den er wegen dessen ausgeprägter lyrischer Begabung bewundert und zu dem er eine innige Freundschaft entwickelt.

1913 erscheint der bis dahin als eine Art Schülerzeitschrift handgeschrieben und hektografiert veröffentlichte *Anfang* nun als Druckerzeugnis im Verlag von Franz Pfemfert, einem Wegbereiter expressionistischer Literatur. Initiiert worden ist das Blatt ursprünglich von den Söhnen von Käthe und Karla Kollwitz, Hans und Peter. Der Ton ist von Anfang an rau und polemisch: Die Schule wird als Verdummungsanstalt hingestellt, die Lehrer gelten als Pedanten, die das Pensum durchkauen, und als Wüteriche, die die Schüler angeblich lustvoll quälen. Die Schulordnung wird eine »geistige Vergewaltigung« genannt, auch schlägt man vor, die deutschen Oberlehrer allesamt im Teutoburger Wald zusammenzutreiben und sie den germanischen Göttern zu opfern.

In Bayern wird die Zeitschrift wegen ihres aufsässigen Tones vorübergehend verboten. Das Blatt, eindeutig das Sprachrohr der Parteigänger Wynekens, löst bei den Philologenverbänden, Korpsstudenten, Offizieren, konservativen Politikern und Publizisten einen Aufschrei der Empörung aus. Nicht zuletzt die Vorstellung von jugendlicher Erotik, genauer die Aufforderung, »das große reiche gewaltige Triebleben der Jugend« nicht länger totzuschweigen oder zu tabuisieren, erregt die konservativen Gemüter.

Man kann sich vorstellen, dass den jungen Leuten, die für die Zeitschrift schrieben, die Empörung der Spießer durchaus gefiel. Man hatte jene getroffen, die man treffen wollte.

In das Jahr 1913 fällt der 100. Jahrestag des Sieges über Napoleon nach den Befreiungskriegen. Der Dichter Gerhart Hauptmann wird vom Magistrat der Stadt Breslau gebeten, dazu ein Festspiel zu schreiben, das der bekannte Regisseur Max Reinhardt inszenieren soll. Beide sind sich darüber einig, dass das Stück einen antimilitaristischen und antinationalen Tenor haben soll. Schon im Vorfeld scheint sich dagegen Widerspruch geregt zu haben. Jedenfalls sieht sich

Benjamin zu einem Brief an den Festspielausschuss veranlasst, in dem es heißt: *Das Manuskript muß in der vom Dichter festgelegten Form angenommen werden. Keiner Kommission oder behördlichen Persönlichkeit darf Einfluß auf die Ausgestaltung und spätere Inszenierung des Festspiels zugestanden werden. Die Namen Gerhart Hauptmann und Max Reinhardt müssen den Veranstaltern genügende Garantie geben, daß der Dichter in voller Erkenntnis der nationalen Bedeutung mit dem gebotenen Takt ein patriotisches Werk schaffen wird, dessen Grundton die Vaterlandsliebe ist. Billiger Hurrapatriotismus und höfisch-byzantinische Rücksichten dürfen bei diesem Werk nicht erwartet werden.*[31]

Zwar wird die Aufführung am 31. Mai 1913 in der Breslauer Jahrhunderthalle mit 2000 Darstellern vor 10 000 Zuschauern ein großer Erfolg, aber bei genauerem Hinhören merken Auftraggeber und Obrigkeit, welche Spitzen das Stück enthält. So werden bewunderte Persönlichkeiten der deutschen Geschichte wie Hegel, der Turnvater Jahn, der Freiherr vom Stein und Friedrich der Große als Personen in einem Puppenspiel dargestellt, worin allein man eine Schmähung heiliger Werte erblickt. Am meisten aber empören sich die Konservativen über Verse, die der Theaterdirektor – die Anspielung auf Goethes *Faust* war natürlich von Hauptmann bewusst gewählt worden – an die Puppe richtet, die den Marschall Blücher, Sieger in der Völkerschlacht von Leipzig, darstellt.

»Du wackrer Graukopf, lieg an deinem Ort.
Was leben bleiben soll, das sei dein Wort.
Ich schenk dir Deutschland, brenn es in sein Herz –
Nicht deine Kriegslust, aber – dein: Vorwärts!«[32]

Nun hatte Blücher zwar den Spitznamen »Marschall Vorwärts«, doch auch das Hauptorgan der Sozialdemokraten in diesen Jahren hieß *Vorwärts*. Und gewiss ist diese Anspielung von Hauptmann durchaus gewollt. – Der Skandal war da. Nach elf Vorstellungen musste das Stück abgesetzt werden.

Benjamin findet den Vorfall wichtig genug, um anzuregen, ihn in der Augustnummer des *Anfang* ausführlich zu kommentieren.

Trotz solchen Engagements ist Benjamin immer noch der Meinung, die Jugend müsse als Jugend von der Politik Abstand wahren, was in Hinblick auf die Ausrichtung des *Anfang* heißt, es müsse als *ein rein geistiges nicht ästhetisches od. sonst wie Blatt* erhalten bleiben, *fern stehend der Politik*.

Das Jahr 1913 bringt für die Jugendbewegung drei wichtige Ereignisse. Am 7. Oktober findet der »3. Kongress für Jugendbildung und Jugendkunde« in Breslau statt. Fünfhundert führende Persönlichkeiten aus den Reihen der Schulreformer kommen aus diesem Anlass zusammen. Daran schließt sich die »Erste studentisch-pädagogische Tagung« an, auf der Benjamin über *Ziele und Wege studentisch-pädagogischer Gruppen an reichsdeut-*

schen Universitäten referiert. Die Zielvorstellung der Tagung, sich auf ein gemeinsames Programm zu verständigen, scheitert. Die Breslauer Richtung besteht auf »praktischer Arbeit«, die Freiburger Gruppe, zu der Benjamin gehört, »auf geistigen Zielen«.

Um diesen Streit zu begreifen, muss man sich vergegenwärtigen, was damals unter dem Geistigen verstanden wird. Das Stichwort geht zurück auf Hegels Vorstellung vom Wirken des Geistes. Werner Fuld gibt in diesem Zusammenhang eine Hegel-Anekdote wieder. Man habe, berichtet er, Hegel einmal vorgeworfen, seine Ideen hätten keinen Boden in der Wirklichkeit. Darauf soll Hegel geantwortet haben: »Desto schlimmer für die Wirklichkeit.« Zumindest zu diesem Zeitpunkt scheint Benjamin von der unbedingten Durchsetzungskraft von Ideen überzeugt gewesen zu sein, und die Idee, für die er tätig ist und auf die er intensive Hoffnungen setzt, ist die der »Jugendbewegung«.

Kontrapunktisch dazu steht der tiefe Eindruck, der bei einem Besuch in Basel Albrecht Dürers Blatt *Melancholie* – er nennt es *ein unsagbar tiefes, ausdrucksvolles Blatt* – auf ihn macht. Er erkennt darin einen, wenn nicht den wichtigsten eigenen Wesenszug. Und vielleicht liegt hier der erste Anstoß dazu, sich intensiv nachdenkend mit diesem Seelenzustand und seinem Umfeld zu befassen, wie das später ausführlich geschehen wird.

Zwischen dem 10. und 12. Oktober nimmt Benjamin am »Ersten Freideutschen Jugendtag« teil, der auf dem Hohen Meißner im Hessischen Bergland stattfindet. Das Ereignis gilt im Nachhinein als Höhepunkt der Jugend- und Wandervogelbewegung. Das Programm der verschiedenen Bünde drückt sich in der Einladung zu dieser »Jahrhundertfeier« aus, deren erste Sätze lauten:

»Die deutsche Jugend steht an einem geschichtlichen Wendepunkt. Die Jugend, bisher aus dem öffentlichen Leben der Nation ausgeschlossen und angewiesen auf eine passive Rolle des Lernens, auf eine spielerisch-nichtige Geselligkeit und nur Anhängsel der älteren Generation, beginnt sich auf sich selbst zu besinnen. Sie versucht, unabhängig von den trägen Gewohnheiten der Alten und von den Geboten einer hässlichen Konvention, sich selbst ihr Leben zu gestalten. Sie strebt nach einer Lebensführung, die jugendlichem Wesen entspringt, die es ihr aber zugleich auch ermöglicht, sich selbst und ihr Tun ernst zu nehmen und sich als besonderer Faktor in die allgemeine Kulturarbeit einzugliedern. Sie möchte das, was in ihr an Begeisterung für höchste Menschheitsaufgaben, an ungebrochenem Glauben und Mut zu einem adligen Dasein lebt, als einen entscheidend verjüngenden Strom dem Geistesleben des Volkes zuführen, und sie glaubt, dass nichts heute unserem Volke nötiger ist als solche Geistesgesinnung.«[33]

Das Ereignis, zunächst in der Jugendbewegung enthusiastisch gefeiert, muss rückblickend kritischer gesehen werden. Letztlich ist es der Anfang vom Ende. Die Gründe liegen in der mangelnden Kompromissbereitschaft der einzelnen Gruppierungen, aber auch in der Furcht, sich nun tatsächlich politisch zu engagieren, politisch zu handeln.

Wyneken warnt zwar in seinem Schlusswort vor aggressiv-nationalistischen Tönen, spricht aber auch davon, die Welt habe Deutschland nötig, und beschwört die Jugend Deutschlands als schärfste Waffe des Weltgeistes für die Rettung der Welt. Bezeichnend für die Gesinnung der Teilnehmer des Treffens ist, dass beim Ausklang des Festes das Landsknechtlied *Ich habe Lust, im weiten Feld zu streiten mit dem Feind* gesungen wird.[34]

Hingabebereitschaft ist ein parolehaftes Stichwort der Jugendbewegung. Nach Ausbruch des Ersten Weltkrieges wird es vom Generalstab des Deutschen Kaiserreiches in seinem Sinn propagandistisch genutzt. Dies führt dazu, dass in der so genannten »Flandernschlacht« im Oktober 1914 in großer Zahl idealistisch gesinnte, aber schlecht ausgebildete Kriegsfreiwillige als Kanonenfutter in den Heldentod geschickt werden.

Benjamin selbst reagiert auf das Fest auf dem Hohen Meißner in einem Artikel *Die Jugend schwieg* durchaus kritisch-skeptisch. Wanderungen, Festgewänder, Volkstänze seien im Jahre 1913 noch nichts Geistiges.

Machtsüchtige hätten das große Wort geführt, durch Parteijargon sei das Fest verunreinigt worden. Er vermisst *Empörung gegen Familie und Schule*. Momme Brodersen kommentiert in seiner Benjamin-Biographie: »Nachdem man [in der Jugendbewegung] den Schritt in die Öffentlichkeit getan hatte, wurde sie nun umworben und vereinnahmt von Parteien, von verschiedenen Gruppen, vor allem von einer ganzen Reihe großer und kleiner Weltverbesserer, deren jeder ein von sich selbst Gesalbter war. So brach denn auch die Jugendbewegung im Gefolge der Meißner-Tagung allmählich auseinander, indem sie sich in zahlreiche, untereinander konkurrierende, bisweilen sogar verfeindete Gruppen spaltete.«[35] Brodersen kennzeichnet diese Entwicklung als in »klassisch deutscher Vereinsmanier« endend, womit man sich um jede gesellschaftspolitische Breitenwirkung gebracht habe.

Benjamin wird im Januar 1914 für das Sommersemester an der Universität Berlin wieder ins Präsidium der »Freien Studentenschaft« gewählt. Bei dieser Gelegenheit machen zwei junge Damen von sich reden, von denen die eine in Benjamins Leben eine zunehmend wichtige Rolle spielen wird. Dora Sophie Pollak überreicht ihm im Namen von Grete Radt, mit der er sich kürzlich verlobt hat, die aber nun in München studiert, einen Rosenstrauß.

Auf dem XIV. Freistudententag im Juni in Weimar stößt Benjamin auf Skepsis gegenüber seinen Vorstel-

lungen von einer zu revolutionierenden Universitäts-
ausbildung. Den Anhängern eines akademischen Bil-
dungsideals geht sein Programm zu weit. Bezeichnend
für den Eindruck, den Benjamin auf die »Traditionalis-
ten« macht, ist ein Bericht eines ihrer Parteigänger, des
Göttinger Studenten Walter A. Berendsohn: »Ein
Schüler Gustav Wynekens, Walter Benjamin, sprach
über die neue Hochschule. Es war wundervoll zu sehen, wie bei ihm, der seinen eigenen Weg im Geist
seines Lehrers gegangen ist, die Gedanken zu einem
Pol, zur höchsten Bildung hinlenkten. Nur dass er –
in der überaus anmaßenden Haltung dieser jungen
Wickersdörfer – die Hochschule, die Wissenschaft, die
Kultur der Vergangenheit völlig in Frage stellte. In ihrem neu gewonnenen Lebensgefühl vergisst diese Jugend, dass in allen dauernden Kulturerscheinungen Le-
bensgefühle von gleicher Kraft und Tiefe wie das ihre
verwirklicht sind, die Ehrfurcht fordern, so wie die
neue Jugend selbst ernst genommen werden will.«[36]

Benjamin ist entschlossen, der Gegenpartei Paroli zu
bieten, vor allem indem er bei den Neuwahlen seine
abermalige Aufnahme ins Präsidium der »Freien Studentenschaft« in Berlin abzusichern versucht. Er wird
dann schließlich auch gewählt, tritt aber das Amt für
den Winter 1914/15 nicht mehr an.

Inzwischen sind Ereignisse eingetreten, an denen
sich die Geister endgültig scheiden und die zu Benjamins Abkehr von der Jugendbewegung führen.

Der Erste Weltkrieg

Am 28. Juli 1914 erklärt Österreich Serbien den Krieg. Am 31. August macht Russland mobil. Am 1. August erfolgt die Kriegserklärung des Deutschen Reiches an Russland und Frankreich. Der deutsche Kaiser Wilhelm II. verkündet: »Ich kenne keine Parteien mehr, ich kenne nur Deutsche.« Zwei Tage später in der Fraktionssitzung der SPD-Reichstagsfraktion stimmen vierzehn Abgeordnete, darunter der Partei- und Fraktionsvorsitzende Haase, sowie Karl Liebknecht, gegen die Bewilligung der Kriegskredite. Am 4. August erklärt Großbritannien Deutschland den Krieg. Der Reichstag tritt zur Bewilligung des ersten Kriegskredites zusammen. Die SPD votiert einstimmig für die Kredite. Der Fraktionsvorsitzende, am Vortag noch ganz anderer Meinung, begründet seinen Gesinnungswandel unter anderem mit den Worten: »Es gilt Gefahr abzuwenden, die Kultur und die Unabhängigkeit unseres Landes sicherzustellen. Da machen wir wahr, was wir immer betont haben. Wir lassen das eigene Vaterland nicht im Stich.«[37]

»Der jahrelang geschürte Hass gegen den Erbfeind Frankreich«, kommentiert Werner Fuld, »entfaltet sich nun zu einer nationalen Massenpsychose. Die deutsche Jugend drängte sich begeistert von den Kasernen in die Waggons und versprach den Müttern, zu Weihnachten wieder zu Hause zu sein. Es ging längst nicht mehr um Serbien, von dem man ohnehin kaum wusste, wo es lag, sondern um die ›deutsche Kultur‹, die man den laxen Franzosen und überhaupt Europa bringen wollte.«[38]

Die Mehrzahl der Deutschen war in einen patriotischen Rausch verfallen. »Nur achtzig deutsche Professoren, darunter Albert Einstein und Max Planck, unterschrieben eine Resolution gegen die deutschen Kriegsziele, ihnen standen 300 sich begeisternd äußernde Wissenschaftler entgegen.«[39]

Vielleicht am überzeugendsten hat die damalige Stimmung im Deutschen Reich Rosa Luxemburg expressionistisch-höhnend in ihrer Julius-Broschüre beschrieben: »Rausch. Der patriotische Lärm in den Straßen, die Jagd auf die Goldautomobile, die einander jagenden falschen Telegramme, die mit Cholerabazillen vergifteten Brunnen, die auf jede Eisenbahnbrücke Berlins bombenwerfenden russischen Studenten, die über Nürnberg fliegenden Franzosen, die Straßenexzesse des spionewitternden Publikums, das wogende Menschengedränge in den Konditorein, wo ohrenbetäubende Musik und patriotische Gesänge die höchsten Wellen schlagen; ganze Stadtbevölkerungen in Pöbel verwandelt, bereit zu denunzieren, Frauen zu misshandeln und sich selbst durch wilde Gerüchte ins Delirium zu steigern, eine Ritualmordatmosphäre, in der der Schutzmann an der Straßenecke der einzige Repräsentant der Menschenwürde ist. Die Reservistenzüge werden vom lauten Jubel der nachstürzenden Jungfrauen begleitet.«[40]

In der offiziellen Erklärung der Hochschullehrer des Deutschen Reiches vom 16. Oktober 1914 heißt es: »Jetzt steht unser Heer im Kampf für Deutschlands Freiheit und damit für alle Güter des Friedens und der Gesittung nicht nur in Deutschland. Unser Glaube ist, dass für die ganze Kultur Europas das Heil an dem Sieg hängt, den der deutsche Militarismus erkämpfen wird, die Manneszucht, die Treue, der Opfermut des einträchtigen freien Volkes.«[41]

Die Bestürzung, ja Verzweiflung einer Minderheit unter der Jugend über den Hurra-Patriotismus der Mehrheit führt unter anderem dazu, dass der wohl beste Freund Benjamins, Fritz Heinle, und dessen Verlobte Rika Seligson sich im »Heim«, das den so genannten »Sprechsaal«, aber auch das »Amt für Soziale Arbeit« der Berliner Freien Studentenschaft beherbergt, mit Gas das Leben nehmen.

Benjamins Deutung des Freitods der beiden weicht allerdings von der anderer Freunde des Paares ab. Während die Mehrzahl von ihnen die Sinnlosigkeit des Krieges und Ekel über den Ausbruch des Chauvinismus als Grund ansehen, ist er der Meinung, dass die Einsicht in das Wesen der Liebe für die beiden die entscheidende Rolle bei ihrem Entschluss, aus dem Leben zu gehen, gespielt habe. Gegenüber einer Bekannten, Charlotte Wolff, äußerte sich Benjamin später: *Jede Liebe geht im Alltag kaputt; der Alltag drängt sich zwischen die Liebenden und verdünnt die Substanz der Liebe. Da keine Liebe den Kampf mit dem Leben aushalten kann, gibt es nur eine Möglichkeit, sie voll und ganz zu erhalten — den gemeinsamen Tod der Liebenden.*[42]

Der Ausbruch des Ersten Weltkrieges, der Tod des Freundes und die Haltung Wynekens, der nun im Sinn der Parteilinie der SPD die Kriegsziele des Deutschen Kaiserreiches vertritt, was in den Augen Benjamins einem Verrat gleichkommt, sind die entscheidenden Erlebnisse, mit denen der Lebensabschnitt, in dem er mit der Jugendarbeit verbunden gewesen ist, zu einem Ende kommt. Mit dazu beigetragen haben mag auch die zunehmend länger werdende Liste jener Jugendfreunde, die im Ersten Weltkrieg an der Front fallen. Benjamin ist sich einig mit Hans Reichenbach aus dem Mitarbeiterkreis des *Anfang*, der im Februar 1915 einen offenen Brief an Wyneken herausgibt. Das Schreiben gipfelt in den nahezu schmähenden Sätzen: »Ihr Alten, die ihr uns diese erbärmliche Katastrophe eingebrockt habt, ihr wagt es überhaupt noch, von Ethik zu sprechen und unserem Leben Sinn zu geben? Ihr, die ihr noch nicht einmal jedem in eurer Kulturgemeinschaft Lebenden das Recht auf persönliche Sicherheit vor den Raubtieranwandlungen seiner Mitmenschen sichergestellt habt, ihr habt das Recht verwirkt, unsere Führer zu sein.«[43]

Benjamins Brief, gehalten in einem an Stefan George

erinnernden, hochgestimmten Ton, mit dem er seinen Bruch mit Wyneken vollzieht, indem er erklärt, dass er sich nun gänzlich und ohne Vorbehalt von seinem einstigen geistigen Führer lossage, ist nicht weniger heftig und anklagend: *Sie haben den fürchterlichen, scheußlichen Verrat an den Frauen begangen, die Ihre Schüler lieben. Sie haben dem Staat, der Ihnen alles genommen hat, zuletzt die Jugend geopfert. [. . .] Sie ist Ihren irrenden Händen entfallen und wird weiter namenlos leiden. Mit ihr zu leben ist das Vermächtnis, das ich Ihnen entwinde.*[44]

Benjamin gelingt es zunächst, sich dem Dienst als Soldat zu entziehen, indem er den Ärzten der Musterungskommission seine seit der Geburt stark angeschwollenen Hände hinhält. Er wird zurückgestellt. Später hilft ihm seine Kurzsichtigkeit.

Dora Pollak

Noch zwei Semester setzt Benjamin sein Studium in Berlin fort, dann wechselt er nach München. Dabei dürfte die sich anbahnende und dann immer enger werdende Beziehung zu Dora Pollak, geb. Kellner eine ausschlaggebende Rolle gespielt haben. Dora stammt aus einer jüdischen Akademikerfamilie aus Wien. Ihr Vater, Leon Kellner, ist Anglist und überzeugter Zionist, ein enger Mitarbeiter und Ratgeber des 1904 verstorbenen Theodor Herzl. Dora ist, als Benjamin sie in

Berlin kennen lernt, mit dem journalistisch tätigen, wohlhabenden Philosophiestudenten Max Pollak verheiratet, der wie Dora selbst dem Kreis der studentischen Jugendbewegung angehört und zusammen mit Fritz Strauß die Abteilung für Schulreform und Hochschulpädagogik leitet. Pollak besitzt in Seeshaupt am Starnberger See die Villa Tambosi. Die Ehe mit Pollak ist zu jener Zeit schon in Auflösung begriffen.

Enge Freunde von Dora schildern sie als eine sehr schöne Frau, die schon durch ihr auffälliges Aussehen stets präsent gewesen sei. Doch mehr als das: »Die blonde Jüdin mit den leicht hervortretenden Augen, einem scharf geschnittenen Mund und vollen roten Lippen strahlte Vitalität und Lebensfreude aus.«[45] Gewiss sind das Eigenschaften gewesen, die den Melancholiker Benjamin angezogen haben. Von Dora selbst stammt eine Äußerung, die die düsteren Vorzeichen benennt, unter denen die Beziehung von Anfang an stehet: Benjamin habe seinerzeit jemanden gebraucht, der ihn vor dem Selbstmord bewahrte; sie ihrerseits habe mit ihm jemanden gefunden, der ihrem Leben einen Sinn gab.[46]

Genauer beleuchtet Susan Sontag die Problematik dieser Beziehung. Sie geht dabei von Benjamins eigenen Äußerungen aus und argumentiert, für Melancholiker führe das Natürliche in Form der Familie ins Sentimentale, es bedeute Einbuße der Entschlusskraft, der Freiheit, sich dem Werk zu widmen.[47]

Ein Jugendfreund und Klassenkamerad Benjamins, Herbert Belmore, äußert in seinen Lebenserinnerungen die Meinung, Dora sei eine »ambitionierte Gans«[48] gewesen; damit bezieht er sich wohl auf Doras Tätigkeit als Journalistin in den zwanziger Jahren für die *Literarische Welt* und *Die Dame*, sein Urteil scheint jedoch von stark subjektiver Abneigung geprägt. Erst recht gilt das für Belmores Vermutung, Dora habe sich erst einem reichen Mann (Pollak) und dann einem Intellektuellen, der berühmt zu werden versprach (Benjamin), an den Hals geworfen.

In die Zeit noch vor seiner Übersiedlung von Berlin nach München fällt die Bekanntschaft mit einem Menschen, der Benjamin nun vor allem als Dialogpartner über jüdische Mystik, aber auch als Freund verbunden bleiben wird. Gerhard (später Gershom) Scholem (1897–1982) ist Anhänger des so genannten »geistigen Zionismus« und als solcher auch mit Martin Buber lebenslang eng befreundet.[49] Es handelt sich dabei um jene Gruppierung in der zionistischen Bewegung, der es, mehr noch als um die Gründung eines jüdischen Nationalstaates, vor allem um die geistig-kulturelle Wiedergeburt des jüdischen Volkes zu tun ist.

Scholem hat als Jugendlicher die Schriften der Anarchisten Peter Kropotkin und Gustav Landauer gelesen, zwei rebellische Außenseiter, die für ihn zu Vorbildern werden. Nicht zuletzt unter dem Einfluss seines älteren Bruders Werner ist er zum Antimilitaristen geworden.

Als Werner Scholem wegen Landesverrats verhaftet wird, ergreift Gerhard für den Bruder Partei. Der Vater weist ihn darauf aus dem Haus. 1915 wird Gerhard wegen seiner pazifistischen Einstellung ein Jahr vor dem Abitur vom Gymnasium verwiesen. Es gelingt ihm dennoch, mit der so genannten »kleinen Matrikel« vorerst für vier Semester zu einem Studium der Mathematik zugelassen zu werden. Sein Interesse wird sich später in immer stärkerem Maße der jüdischen Mystik zuwenden – eine lebenslange Beschäftigung, aus der unter anderem der Band *Die jüdische Mystik in ihren Hauptströmungen* (1957), das Standardwerk zu diesem Thema, hervorgeht. Schon 1923 wandert Scholem nach Palästina aus. Ab 1933 ist er dort als Professor an der Hebräischen Universität in Jerusalem tätig.

Bereits 1913 ist Scholem Benjamin im Café Tiergarten begegnet, dann wieder bei einem Vortrag des expressionistischen Literaten Kurt Hiller, bei dem dieser die Historie als geistes- und lebensfeindliche Macht bezeichnet und dazu auffordert, »ohne Geschichte« zu leben. Eine weitere Begegnung mit Benjamin im Katalogzimmer der Universitätsbibliothek führt dann zu einer sehr förmlich gehaltenen Einladung von Seiten Benjamins in dessen Elternhaus in der Delbrückstraße 23, bei der sich eine lebhafte Diskussion über Geschichtsphilosophie entspinnt. So entsteht in der geistigen Auseinandersetzung eine intensive, auch starke Belastungen überdauernde Freundschaft.

Was Scholem bei Benjamin anzieht, ist gewiss dessen intellektuelle Brillanz. Schwieriger lässt sich ausmachen, was Benjamin an Scholem fasziniert hat. Vielleicht doch dessen profunde Kenntnisse in jüdischer Mystik, der sich Benjamin nie derart mit Haut und Haar ausliefert, wie es der Freund tut. Bei aller Verweigerung gegenüber einem politischen Zionismus muss bei Benjamin eine Affinität zum jüdischen theologischen Denken bestanden haben. Die sich daraus ergebenden Vorstellungen ließen sich in den Diskussionen mit dem Freund kritisch überprüfen. Gershom Scholem war es, der nach Benjamins Tod um eine vorwiegend jüdisch-messianische Lesart der Geschichtsphilosophie Benjamins gegenüber der materialistisch-marxistischen Lesart durch Theodor W. Adorno bemüht gewesen ist. In den letzten Kriegs- und den ersten Nachkriegsjahren bis 1924 ist Scholem unmittelbarer Zeitzeuge der Lebensumstände Benjamins. Auch dessen philosophische Position erschließt sich ihm in ihren Gesprächen wie kaum einem anderen Menschen. Nach Scholems Auswanderung nach Palästina bleibt, wie er den entsprechenden Abschnitt seines Erinnerungsbuches überschreibt, zwischen den Freunden »Vertrauen aus der Ferne«.[50]

München, Bern, Semmering und zurück nach Berlin

Der Lebensabschnitt Walter Benjamins vom Ausbruch des Ersten Weltkriegs bis zum Beginn der zwanziger Jahre ist bestimmt von häufigem Ortswechsel. Auch für den Rest seines Lebens wird Benjamin ein unruhig Reisender bleiben, wobei die Reiseziele in Ost und West, Süd und Nord immer auch Orte der Beobachtungen, zur Aufnahme neuer Bilder sind, realer Bilder, aus denen die als Ausdrucksmittel von Erkenntnissen für ihn so wichtigen Allegorien gewonnen werden.

Die Phase des Engagements in der Jugendbewegung ist vorüber. Die Jahre in München, in der Schweiz und in Österreich sind ein Lebensabschnitt des Sich-zurückziehens von der Agitation und dem Engagement; er ist bestimmt von Konzentration auf Lernen, Nachdenken und Konzipieren.

Zum Wintersemester 1915/16 studiert Benjamin in München. Er begegnet dort dem Dichter Rainer Maria Rilke. Er selbst hat immer eine starke Affinität zur Lyrik gehabt, hat auch selbst Gedichte verfasst, sich für die poetischen Versuche seines toten Freundes Fritz Heinle eingesetzt. Die Bekanntschaft mit Rilke scheint dazu geführt zu haben, dass Benjamin wie dieser Vorlesungen in altsüdamerikanischen Sprachen belegt. Im Übrigen bezieht Benjamin gegenüber Rilke durchaus eine kritische Position. Wenn bei Rilke die Zeile »Denn Armut ist ein großer Glanz aus Innen« steht, wirkt ein Abschnitt aus Benjamins später veröffentlichten Essays in dem Buch *Einbahnstraße* geradezu wie eine Entgegnung darauf: *Aber nie darf einer seinen Frieden mit Armut schließen, wenn sie wie ein riesiger Schatten über sein Volk und sein Haus fällt. Dann soll er seine Sinne wach halten für jede Demütigung, die ihnen zuteil wird, und so lange sie in Zucht nehmen, bis sein Leiden nicht mehr die abschüssige Straße des Grams, sondern den ansteigenden Pfad der Revolte gebahnt hat.*[51]

Geschichtsphilosophie ist weiterhin ein Thema, das Benjamin stark beschäftigt. Auch eine Vorstudie zu der späteren großen Arbeit über das Trauerspiel entsteht. Hier in München – und beim anschließenden Studium in Bern – bildet sich bei Benjamin zudem seine individuelle Vorstellung von Philosophie aus. Sie soll die Nüchternheit Kants, der die Forderung der Tiefe aus der Philosophie nicht verbannte, mit der Forderung der Romantik verbinden, das Bedingte mit dem Unbedingten zu versöhnen und sich im Hinblick auf das Höchste nicht allein aufs Gemüt zu verlassen.[52] Sie zielt, ausgehend vom Denken Kants, dieses aber in Bezug auf die Metaphysik erweiternd, auf die erkenntnistheoretische Fundierung eines höheren Erfahrungsbegriffs, der auch religiöse Erfahrungen logisch ermöglicht.[53]

Dies spiegelt sich in dem von Gershom Scholem überlieferten und zunächst eher wie ein Witz wirkenden Satz: »Eine Philosophie, die nicht die Möglichkeit der Weissagung aus dem Kaffeesatz einbezieht und explizieren kann, kann keine wahre sein.«[54] Gemeint aber ist damit, sich aller Möglichkeiten von Erkenntnis zu bedienen und auch Grenzüberschreitungen zu wagen, die von der akademischen Tradition her abgelehnt werden.

Ehe

Im persönlichen Bereich lichtet sich der Nebel, der wohl zunächst aus Rücksicht auf die bürgerliche Moral über Benjamins Beziehung zu Dora Pollak verhängt worden ist. In der Tat mögen gute Bürger das Verhältnis der beiden, vor allem die Tatsache, dass die Ehebrecher im Haus des Noch-Ehemanns zusammenwohnen, als skandalös angesehen haben. Aber die in diese Konstellation Verstrickten sind einander in der Jugendbewegung begegnet, sind miteinander bekannt, wenn nicht sogar befreundet. Offenbar macht dieses Bezugssystem es ihnen möglich, die Konflikte um die Auflösung der Ehe Doras und der Verlobung von Benjamin mit Grete Radt unkonventionell zu klären.

Unter den frühen Schriften Benjamins findet sich ein Gespräch über die Liebe, in dem seine persönlichen Vorstellungen zu diesem Thema in Form eines platonischen Dialogs entwickelt werden. Darin heißt es:

Vincent: Liebe hat kein Hausrecht. Es steht nicht geschrieben: Du sollst nicht lieben das Weib deines Nächsten. Sondern: Du sollst nicht begehren . . . Eine Ehe gibt Rechte, nicht die Liebe.

Und an anderer Stelle:

Agathon: Und die Eifersucht? Haben wir ein Recht darauf, anderen die Gegenwart, den Besitz des geliebten Wesens zu neiden?

Vincent: Dies ist nicht Eifersucht. Lässt du das hässliche Wort »Neid« fort – ja, dann dürfen wir uns nach der Nähe des Geliebten sehnen – dies ist ja ein Teil des Begehrens, von dem wir sprachen, die Sehnsucht nach körperlicher Nähe. Eifersucht ist Misstrauen.[55]

Benjamin löst seine Verlobung mit Grete Radt, deretwegen es ihn zunächst nach München gezogen hat. Grete heiratet später einen seiner Jugendfreunde. Dora Pollak lässt sich von ihrem Ehemann Max scheiden. Dieser hat das ihm gehörende Haus in Seeshaupt bei München, die Villa Tambosi, geräumt. Dora und Walter Benjamin wohnen nun dort. Der Freund Gerhard Scholem, der während der folgenden Jahre in der häufig von dramatischen Konflikten bedrohten Beziehung des Paares die Rolle eines guten Geistes spielen wird, bezieht bei einem Besuch in der Villa Tambosi Quartier. Er berichtet über diese Zeit: »Es wurde die Fiktion aufrechterhalten, dass Max Pollak nur zufällig habe verreisen müssen, während sich in Wirklichkeit die beiden Ehepartner in Scheidung befanden. Ich wurde gebeten, über den Ort meines Besuchs völliges Schweigen zu bewahren. [...] Wir stampften dann durch den Regen eine halbe Stunde bis zu dem Haus, wo ich ein herrliches und sehr schön ausgestattetes Zimmer im ersten Stock hatte, während Benjamin und die Hausherrin, die uns im Musikzimmer erwartete, in lange nicht so schönen Zimmern im zweiten Stock schliefen.«[56]

Über die Gastgeberin schreibt er: »Dora war eine ausgesprochen schöne, elegante Frau mit dunkelblondem Haar und etwas größer als Benjamin. Vom ersten Moment an brachte sie mir freundschaftliche Sympathie entgegen. Einen großen Teil der Zeit beteiligte sie sich an den Gesprächen, mit viel Verve und offenkundiger Einfühlungsgabe. Kurz, sie machte auf mich einen ausgezeichneten Eindruck. Ich verstand sofort die Situation; beide trugen ihre Neigung zu einander offenkundig zur Schau und behandelten mich als eine Art Mitverschworenen, obwohl kein Wort über die Umstände, die in ihrem Leben eingetreten waren, fiel. Der Verlobungsring Benjamins war aber von seiner Hand verschwunden. Dora erzählte von dem zionistischen Milieu ihres Elternhauses, erwähnte auch, dass ihre Geschwister Zionisten seien, nur sie stehe abseits.«[57]

Wehruntauglich hypnotisiert

Benjamin hört zu dieser Zeit zwar Vorlesungen an der Universität München, muss aber dann zu Nachmusterungen mehrmals nach Berlin zurück. Um Weihnachten 1916 wird er plötzlich »feldarbeitsverwendungsfähig« geschrieben, was bei ihm panische Angst auslöst. Dora verfügt angeblich über hypnotische Fähigkeiten, und als am 8. Januar 1917 Benjamin ein Gestellungsbefehl erreicht, wird er plötzlich von schweren Ischiasanfällen heimgesucht. Es lässt sich nicht genau klären, ob sie tatsächlich von Dora durch Hypnose suggeriert worden sind, wie Freunde der beiden behaupten, oder ob sie den Wehrunwilligen ohnedies überkommen hätten. Immerhin befindet nun eine ihn am Krankenbett im Elternhaus aufsuchende Ärztekommission endgültig, er sei kriegsuntauglich. Nach ihrer Heirat am 19. April 1917 in Berlin suchen Walter und Dora Benjamin ein Sanatorium in Dachau bei München auf. Mit dem von den dortigen Ärzten ausgestellten Attest erlangt Benjamin trotz des Kriegszustandes von den deutschen Behörden die Erlaubnis zur Ausreise und zum Aufenthalt in der neutralen Schweiz. Bis zum September 1917 hält er sich in St. Moritz auf und immatrikuliert sich für das Wintersemester in Bern, wohin er dann auch mit Dora umzieht.

Neben den Schriften Kants setzt er sich zu dieser Zeit vor allem mit der deutschen Frühromantik auseinander, woraus sich schließlich auch das Thema seiner Promotionsschrift ergeben wird. Zudem arbeitet er an einer Übersetzung der Gedichte Baudelaires und im Studium der Philosophie beschäftigen ihn sprach- und erkenntnistheoretische Probleme.

Ab Ende 1916 werden die Freundschaft mit Scholem und der geistige Austausch mit dem Freund, der nun ebenfalls in die Schweiz gekommen ist, unter anderem auch durch ihre Gespräche auf gemeinsamen Wanderungen, immer enger. Scholem ist dem Kriegsdienst zunächst nur vorläufig entkommen. Nach einem Aufenthalt in einer psychiatrischen Station eines Lazarettes, wobei eine dementia praecox bei ihm diagnostiziert worden ist, hat man ihn schließlich »beurlaubt«, und er kann in Jena weiter Mathematik und Philosophie studieren.

Erst bei einer Nachmusterung im Januar 1918 wird er als »kriegsunbrauchbar« endgültig aus dem Heer entlassen. Am 4. Mai 1918 kommt er nach Bern. Offenbar ist sich Benjamin zu diesem Zeitpunkt darüber im Klaren, dass er nun mit seinem Studium möglichst rasch zu einem Ende kommen muss. Die Eltern Doras und Walters, die zum Lebensunterhalt des jungen Paares beitragen, drängen darauf, dass ein Brotberuf in greifbare Nähe rückt. Benjamin selbst hält trotz aller Abneigung gegen den akademischen Betrieb eine Professur für einen denkbaren Berufsweg.

Als Dissertationsthema ist 1917 von ihm eine Arbeit

zu Kants Geschichtsphilosophie ins Auge gefasst worden. Dieser Plan wird dann aber wieder verworfen. Anfang 1918 enthalten Briefe an Freunde immer noch Klagen über die erfolglose Suche nach einem Dissertationsthema und über den trostlosen Zustand der gegenwärtigen Universität. Vom Wissen um den Wert der eigenen Arbeiten (*Programm der kommenden Philosophie*) und von der Einschätzung Scholems als eines verständnisvollen Freundes zeugt die Tatsache, dass Benjamin ihn schon zu diesem Zeitpunkt zu seinem Nachlassverwalter einsetzt.

Wenn man auch Gershom Scholems Äußerungen über Benjamin nicht ohne kritische Achtsamkeit aufnehmen darf, vor allem dort, wo er versucht, Benjamins Verwurzelung in der jüdischen Theologie und nicht im Marxismus festzuschreiben, sind seine Aussagen zu Benjamins Persönlichkeit in jenen Jahren wirklich erhellend. Nicht zuletzt, weil er neben Dora der Mensch ist, der mit Benjamin über längere Zeit hin ständig zusammenlebt und dem gegenüber Benjamin sich über sein Denken und seine Erkenntnisse ausspricht. Als charakterliche Eigenarten Benjamins hebt Scholem zunächst dessen »vollkommene Höflichkeit und Bereitschaft zuzuhören und zu erwidern« hervor, dann aber auch das Beharren darauf, einen »Sperrbezirk von Schweigsamkeit« um sich zu ziehen, und schließlich »eine bis ins Exzentrische gehende Geheimniskrämerei«.[58] Gegensätze in den Haltungen und

Meinungen der beiden Freunde hat Scholem in seinem Erinnerungsbuch nicht verschwiegen, so, wenn er über ein langes Gespräch berichtet, in dem diskutiert wird, »wie weit die finanzielle Ausnutzung unserer Eltern gehen dürfe«.[59]

Benjamins Haltung zur bürgerlichen Welt ist in diesem Punkt von einer Bedenkenlosigkeit, die Scholem aufbringt, die in seinen Augen schon nihilistische Züge trägt. »Moralische Kategorien erkannte er nur in der Lebenssphäre, die er um sich aufgebaut hatte, und in der geistigen Welt an. [. . .] Benjamin erklärte, Menschen wie wir seien nur ihresgleichen verpflichtet, nicht aber den Regeln einer Gesellschaft, die wir verwürfen. Mein Begriff von Redlichkeit, bei Forderungen von unseren Eltern zum Beispiel, sei gänzlich abzulehnen. Oft war, mir ganz überraschend, ein starker Schuss Nietzsche in seinen Reden. Merkwürdig bei all dem war, dass solche Auseinandersetzungen, so heftig sie manchmal geführt wurden, oft mit besonderer Herzlichkeit von Benjamins Seite endeten. Als nach einem solchen Gewitter, an dessen Schluss beide [also auch Dora] von einer ›geradezu himmlischen‹ Güte waren, Benjamin mich hinausbegleitete, hielt er meine Hand sehr lange fest und sah mich tief an. War es ein Gefühl, in hitzigen Formulierungen zu weit gegangen zu sein? War es der Wunsch, den einzigen Menschen außer Dora, der ihm in dieser Zeit seelisch und örtlich nahe stand, nicht zu verlieren?«[60]

Ein philosophisches Thema, mit dem Benjamin sich während des Studiums in München und Bern auseinander gesetzt hat und das sich von da an durch sein Werk zieht, ist die Kritik an der klassischen Kunsttheorie bei Platon und Aristoteles und die versuchte Neufassung ebendieser Theorie. Nach der damals noch weithin als gültig angesehenen Lehre, die aus der klassisch-griechischen Philosophie abgeleitet ist, bildet Kunst Wirklichkeit nach. Für Benjamin aber ist nicht die Realität, sondern das »Urbild« Gegenstand der Mimesis (Nachahmung).

Als Leser begeistern Benjamin in diesen Jahren Texte von Franz Kafka, hingegen beurteilt er die Habilitationsschrift Martin Heideggers über den Zeitbegriff in den Geschichtswissenschaften kritisch-ablehnend, ja, er bezeichnet Heideggers Vorstellung von der historischen Zeit sogar als Unsinn.[61]

Ein Kind und Kinderbücher

Am 11. April 1918 bringt Dora einen Sohn, Stefan Rafael, zur Welt. Mit der Geburt des Kindes ergibt sich für das Ehepaar ein zusätzlicher Anlass, einer von beiden geteilten Leidenschaft noch intensiver zu frönen, nämlich alte Kinderbücher zu sammeln.

Ausgangspunkt sind zunächst die eigenen Kinderbücher Benjamins, die er auf dem Dachboden des elterlichen Hauses in Berlin findet. 1918 kommt als Geburtstagsgeschenk von Dora eine Erstausgabe der Märchen Clemens Brentanos hinzu. Benjamin betrachtet seine Sammlung, die mit der Zeit bis auf 200 Exemplare, zumeist Bücher aus dem 19. Jahrhundert[62] anwächst, als Doras Besitz. So kommt sie 1940 bei Doras Übersiedlung nach London. Es erbt sie der Sohn Stefan und nach dessen Tod 1972 dessen Witwe Janet.

Benjamin hat das, was ihn an Kinderbüchern begeistert, in einem Aufsatz mit dem Titel *Kinderliteratur*[63] dargelegt. Besondere Bedeutung misst er darin den so genannten ABC-Büchern zu, weil deren Bilder den Zusammenhang von Ding und Wort herstellen: *Solche Bilder kennen Kinder wie ihre Tasche, sie haben sie genau durchwühlt und das Innerste zu äußerst gekehrt, ohne das kleinste Fetzchen oder Fädchen zu vergessen. [. . .] Es [das Kind] lernt an ihnen zugleich mit der Sprache die Schrift.*[64]

Auch was das Verhalten von Kindern, ihr Verhältnis zu Wörtern, Schrift und Büchern angeht, erweist Benjamin sich als ein Meister der Beobachtung. *»Prinz ist ein Wort mit einem umgebundenen Stern«, sagte ein Junge von sieben Jahren. Kinder, wenn sie Geschichten sich ausdenken, sind sie Regisseure, die sich vom »Sinn« nicht zensieren lassen.*[65]

Auch hier zeigt sich, wie intensiv Benjamins eigene Beziehung zur Sprache ist, auf welche Weise seine Imagination sprachlich funktioniert. Gewiss aber schildert er hier auch Erinnerungen an eigene Reaktionen auf Sprache in der Kindheit. Ebenso in dem Text *Lesendes Kind* in *Einbahnstraße*, in dem kindliches Lesevergnügen intensiv nachvollzogen wird: *Beim Lesen hält es sich die Ohren zu, sein Buch liegt auf dem viel zu hohen Tisch, und eine Hand liegt immer auf dem Blatt. Ihm sind die Abenteuer des Helden noch im Wirbel der Lettern zu lesen wie Figur und Botschaft im Treiben der Flocken. Sein Atem steht in der Luft der Geschehnisse, und alle Figuren hauchen es an. Es ist viel näher unter die Gestalten gemischt als der Erwachsene.*[66]

In den zwanziger Jahren hat sich Benjamin in einem Rundfunkvortrag noch einmal mit Kinderliteratur auseinander gesetzt.[67] Darin findet sich der bedenkenswerte Satz: *Und der Anfang des Elends in der Kinderliteratur läßt sich mit einem Worte bezeichnen: es war der Augenblick, da sie in die Hände der Spezialisten fiel.*[68]

Als Lektüre für Kinder und Jugendliche empfiehlt er neben Werken der Weltliteratur das, was er als Kolportagebücher bezeichnet. Als Beispiele für dieses Genre nennt er Dickens' *Oliver Twist* und *David Copperfield*. Solche Bücher, gerade wenn sie auch Triviales darstellen, würden dem kindlichen bzw. jugendlichen Leser ganz beiläufig die zivilisatorischen Veränderungen in der Welt aufzeigen. Er verweist in diesem Zusammenhang auf das Plädoyer Ernst Blochs für Karl May. Nicht nur Triviales, sondern auch Überforderung dürfe in Büchern für Jugendliche durchaus riskiert werden, sie mache diese nur eindrucks- und lebensvoller. Denn gerade darin enthalten sie den Talisman, der die Jugendlichen glücklich über die Schwelle des Jugendalters in das gelobte Land der Erwachsenenwelt geleite.[69]

Benjamin ist sich durchaus darüber im Klaren, dass ursprünglich im 18. und 19. Jahrhundert Pädagogen mit Hilfe der Kinderbücher ein humanistisches Bildungsprogramm, worunter sie in erster Linie Moralisierung verstanden, zu vermitteln versuchten. Er erklärt aber, dass durch die Illustrationen die Bücher eine über diese Absicht hinausgehende Wirkung entwickelt hätten. Durch sie hätten sich Künstler und Kinder über die Köpfe der Pädagogen hinweg verständigt. Dabei komme der Farbigkeit der Illustrationen eine besondere Funktion zu: *Im Farbensehen läßt die Phantasieanschauung im Gegensatz zur schöpferischen Einbildung sich als Urphänomen gewahren ... Kurz: reine Farbe ist das Medium der Phantasie, die Wolkenheimt des verspielten Kindes.*[70]

Universität Muri

Schon vor der Geburt des Sohnes sind die Benjamins im Mai 1918 nach Muri, einem Vorort von Bern, umgezogen. Zusammen mit Gershom Scholem wohnen sie dort bei einer Familie Bonanomi in Untermiete. Von

ihrem Wohnsitz hat die von den beiden Freunden gegründete »virtuelle Universität Muri« ihren Namen. Es
handelt sich um einen Studentenulk, erfunden, um die
zunehmende Verbitterung Benjamins über den Univer-
sitätsbetrieb auszugleichen. Da werden fiktive Vor-
lesungsthemen wie beispielsweise »Theodor Fontane.
Wanderungen durch Mark und Bein« erfunden oder als
Lehrgedichte camouflierte Spottverse gedichtet:

> *Terror treibt manche Theorie*
> *durch feierliche Termini.*
> *Jedes Problem: den Tod, die Zahl*
> *behandelt man transzendental.*[71]

Immerhin haben einige dieser ebenso geistreichen wie
ironisch-bissigen Texte eines intellektuellen Zwei-
Mann-Kabaretts später Aufnahme in Benjamins »Gesammelte Werke« gefunden.

Ausführlich stellt Scholem in seinem Erinnerungsbuch das Verhältnis zwischen Benjamin und seiner
Ehefrau Dora dar. Er spricht von »unvergleichlicher
Zartheit«, aber auch von »geräuschvollen Szenen« zwischen den Ehepartnern. »Dora«, so berichtet er, »war
in dieser Zeit vollbusig, zum Junonischen neigend,
sehr leidenschaftlichen Wesens und leicht aufbrausend,
ja in hysterische Ausbrüche verfallend, konnte aber
auch hinreißend liebenswürdig und liebevoll sein. In
den vielen Gesprächen mit ihnen kam die Rede nur

selten auf erotische oder sexuelle Dinge. In diesen Schweizerjahren war das um so auffälliger, als Dora solche Themen durchaus nicht vermied und mehrfach die Rede darauf brachte, ohne dass Benjamin sich sonderlich daran beteiligt hätte. Er verfocht aber jahrelang hartnäckig, auch anderen gegenüber, die seltsame These, es gebe keine unglückliche Liebe, eine Behauptung, die durch seine eigene Biographie so entschieden widerlegt wurde.«[72]

Zu einer Promotionsschrift bei Prof. Richard Herbertz wählt Benjamin im Mai 1919 das Thema *Der Begriff der Kunstkritik in der deutschen Romantik.* Herausgearbeitet wird die Vorstellung der Romantiker, dass es, ganz im Gegensatz zur späteren Auffassung ihres Wesens, die Aufgabe der Kritik sei, nicht Beurteilung, sondern einerseits Vollendung, Ergänzung, Systematisierung des Werkes, andererseits seine Auflösung im Absoluten zu vollziehen.[73]

Ziel dieser Argumentation, die sich auch gegen die von Goethe vertretene Vorstellung wendet, Kunstwerke seien autonome Gebilde, ist es, zu widerlegen, dass Kunstwerke als ein für allemal fertige Gebilde angesehen werden.[74] Hier liegt auch der Ansatz für Benjamins Polemik gegen eine mythische Verschleierung des Kunstwerkes, wie er sie dann später im Aufsatz über Goethes *Wahlverwandtschaften* exemplarisch entwickeln wird.

Die Doktorarbeit wird am 14. Juni von der Fakultät

angenommen. Am 24. Juli geht Benjamin offenbar beträchtlich aufgeregt ins Rigorosum. Seine Abschlussnote im Promotionsverfahren lautet »summa cum laude«, das ist die bestmögliche Bewertung. Während seines Rigorosums sind Frau und Sohn schwer an der Spanischen Grippe erkrankt, die damals als Epidemie Europa heimsucht und an der 20 Millionen Menschen sterben. Auch Walter Benjamins geliebte Großmutter Brunella Benjamin (1827–1919) erliegt der Seuche.

Während eines Aufenthalts am Brienzer See, bei dem Benjamin sich zunächst auf seine Prüfung vorbereiten und anschließend erholen will, wird er durch das Anrücken seiner Eltern gestört. Offenbar geht es Emil Benjamin bei seinem Besuch vor allem darum, dem Sohn noch einmal klar zu machen, dass er nicht länger mit finanzieller Unterstützung von ihm rechnen könne und sich eine Tätigkeit suchen müsse, mit der er seinen Lebensunterhalt bestreiten kann. Im Herbst 1919 halten sich Dora und Walter Benjamin in Klosters und Lugano auf, von November 1919 bis Februar 1920 in einem Erholungsheim am Semmering, das einer Tante Doras gehört. Ohne dass sich dies genau belegen ließe, kann man vermuten, dass durch die Betonung seiner Kränklichkeit Benjamin gegenüber den Nötigungen der Eltern, einen Beruf zu ergreifen, Aufschub gewinnen will. Habilitationspläne werden gefasst und wieder verworfen.

Verglichen mit der Zeit in Freiburg und Berlin ist

bei Benjamin in diesem Zeitabschnitt ein Desinteresse an den aktuellen Ereignissen, ein Sichentziehen gegenüber äußeren Aktivitäten zu beobachten. Dem steht ein gewaltiges Lesepensum gegenüber, mit dem er sich das geistige Handwerkszeug für spätere Arbeiten aneignet. Zudem entstehen eine ganze Anzahl von Aufsätzen, mit denen sich größere Arbeiten vorbereiten. Gewiss ist die Zeit der letzten Kriegsjahre in der Schweiz und in Österreich ein Abschnitt der Zurückgezogenheit, des Abstands vom lauten Weltgetriebe.

Scholem berichtet, dass Benjamin während jenes Schweiz-Aufenthaltes jeglicher Diskussion über politisches Geschehen und über den Kriegsverlauf ausweicht. Dabei mag auch Rücksicht auf die Neutralität des Gastlandes eine Rolle gespielt haben, insgesamt aber scheinen ihn der Kriegsverlauf und die damit verbundenen politischen Veränderungen nur marginal interessiert zu haben.

Im Gespräch mit Scholem, der nun zur Auswanderung nach Palästina entschlossen ist, wird auch der Plan erwogen, dem Freund dorthin zu folgen. Doch da hierfür höchstens Veranlassung durch die schwierige materielle Situation, aber noch nicht durch die politischen Verhältnisse gegeben wäre, wird daraus vorläufig nichts. Der tiefere Grund dürfte gewesen sein, dass Benjamin, der nicht Hebräisch kann, im engeren Sinn die deutsche Sprache, im weiteren Sinn Europa als seine unverzichtbare Heimat ansieht.

Im Wesen von Benjamin gibt es eine merkwürdige Art von Hemmung, die sich teils aus intellektueller Klugheit, teils aber auch aus Vorsicht erklären lässt. Weder kann er sich entschließen, nach Palästina auszuwandern oder später den Freund, der diesen Schritt vollzogen hat, dort zu besuchen, noch wird Benjamin nach seiner Beschäftigung mit dem Marxismus je der kommunistischen Partei beitreten. Einen seiner Biographen, Werner Fuld, hat das veranlasst, seine Position als »zwischen den Stühlen« zu bezeichnen. Allerdings ist dieser Hang zum Zögern, zum Sich-nicht-entschließen-Können, sicher auch Ausdruck seiner kritischen Sensibilität.

Und nicht nur zwischen jüdischer Mystik und Marxismus schwankt die Magnetnadel seines Denkens, vielleicht ebenso wichtig und produktiv ist jene Eigenart, auf die durch Träume gemachten Mitteilungen zu hören, aber darüber den Sinn für die Notwendigkeit von Aufklärung nicht zu vergessen. Theodor W. Adorno hat diese ambivalente Haltung treffend in dem folgenden Satz zusammengefasst: »Im Paradoxon der Möglichkeit des Unmöglichen hat bei ihm ein letztes Mal Mystik und Aufklärung sich zusammengefunden. Er hat des Traumes sich entschlagen, ohne ihn zu verraten und sich zum Komplizen dessen zu machen, worin stets die Philosophen sich einig waren: dass es nicht sein soll.«[75]

Was die finanzielle Situation der kleinen Familie Benjamin angeht, so ist sie, gelinde gesagt, bedrängend. Man hält sich in Bern zwar ein Dienstmädchen, aber ohne die Übersetzungsarbeiten, die Dora übernimmt, ist kein Auskommen. Die beträchtliche Summe, die der Druck der Promotionsschrift in der Druckerei von Gershom Scholems Vater gekostet hätte, kann Benjamin nicht aufbringen. Die Arbeit erscheint schließlich in den *Neuen Berner Abhandlungen zur Philosophie und ihrer Geschichte*. 1927 wird die Mehrzahl der Exemplare bei einem Lagerhausbrand vernichtet. Um den Freund zu trösten, schreibt ihm Scholem, so ergebe sich für ihn eine königliche Position auf dem Antiquariatsmarkt.

Nachdem Anfang Januar 1920 Benjamin sich immer noch in Breitenstein am Semmering aufhält, geht er mit Frau und Kind Anfang April nach Berlin, wohl auch, um von dort aus nun energischer die Lösung des Berufsproblems anzugehen. Das Verhältnis zu seinen Eltern ist anhaltend konfliktreich. Nach Aufenthalten unter verschiedenen Adressen kehren Dora, Walter und der kleine Sohn 1921 in das Elternhaus Walter Benjamins in der Delbrückstraße zurück.

Ein neuer Lebensabschnitt, überschattet von der missglückten Habilitation, aber letztlich auch erfüllt von bewunderungswürdiger Vielfalt in seiner philosophisch-literarischen Produktion, hat begonnen.

Nicht unwichtig für die Entwicklung seiner geschichtsphilosophischen Vorstellungen ist das später von Adorno so benannte *Theologisch-politische Fragment*, das 1920 oder 1921 entstanden sein dürfte. Darin legt Benjamin seine grundlegenden Deutungen über den Verlauf von Geschichte dar. Nach jüdischer Vorstellung ist das Kommen des Messias das Ziel der Menschheitsgeschichte. Diese Vorstellung in seinem Sinn interpretierend, sieht Benjamin darin nicht das Ziel, sondern das Ende der Geschichte überhaupt. Die dann eintretende Herrschaft Gottes sei nicht politisch, sondern rein religiös zu verstehen. Das Reich Gottes habe man sich nicht als Teil des von uns zu beobachtenden Geschichtsverlaufs, sondern ganz anders, nämlich als die Vollendung allen historischen Geschehens vorzustellen.[76]

Eine Zeitschrift, die nie erscheint

Seit seiner Promotion hat Benjamin seine Habilitation, also die Erlangung der Lehrerlaubnis an der Universität, im Auge. Ausschlaggebend ist dabei gewiss das Drängen der Eltern und Schwiegereltern, einen gesicherten Beruf zu ergreifen. Den ersten Versuch unternimmt Benjamin 1921 in Heidelberg. Er hört Vorlesungen bei Friedrich Gundolf, der dem George-Kreis angehört und mehrere Biographien bedeutender Dichter verfasst hat. Er lernt Karl Jaspers kennen, findet aber dessen Denken ziemlich nichts sagend. Sein ehemaliger Lehrer Rickert aus Freiburg, der nun in Heidelberg unterrichtet, erscheint ihm hier grau und böse. Dennoch meint er, durch diese Kontakte die nötigen Schritte zur Habilitation eingeleitet zu haben. Als er 1922 abermals nach Heidelberg kommt, erfährt er, dass die dortige philosophische Fakultät Karl Mannheim berufen hat.

Heidelberg bleibt in Benjamins Bewusstsein ein Ort der Niederlage. Zum einen wegen des Scheiterns seiner Berufspläne, zum anderen wegen einer unglücklichen Liebesbeziehung.

Während Benjamin sich zur Sondierung einer Habilitationsmöglichkeit in Heidelberg aufhält, plant er die Herausgabe einer Zeitschrift und sammelt einen erlesenen Mitarbeiterkreis. Das Heft soll nach dem Bild von Paul Klee, das er im Juni dieses Jahres in München für 1000 Reichsmark gekauft hat, Angelus Novus heißen. Im Frühjahr 1921, also nach vier Jahren, zeichnet sich das Scheitern seiner Ehe mit Dora immer deutlicher ab. Dora hat sich in Ernst Schoen, einen Bekannten des Ehepaars aus der kulturellen Jugendbewegung, verliebt, Walter in die Bildhauerin Jula Cohn, die zwar seine Büste modelliert, die er aber im Übrigen vergeblich umwirbt.

Jula Cohn (1894–1981) ist die Schwester Alfred Cohns, eines engen Freundes. Benjamin ist ihr 1912 zum ersten Mal begegnet. Danach hat Jula eine Ausbildung als Bildhauerin durchlaufen. Nach 1916 lebt sie in Heidelberg, vorübergehend im Haus des Philosophen Karl Jaspers. In den zwanziger Jahren kehrt sie nach Berlin zurück und heiratet 1925 Fritz Radt, ebenfalls ein Jugendfreund Benjamins und der Bruder seiner ersten Verlobten. Fritz Radt ist Chemiker. 1937 geht das Ehepaar in die Niederlande und lebt während der deutschen Okkupation dort untergetaucht.

Im April 1921 ist Jula eine Zeit lang zu Besuch bei Dora und Walter in Berlin. Im Sommer 1921 besucht Benjamin Jula in Heidelberg. Dora hat zu dieser Zeit Ernst Schoen in München getroffen und kuriert später in Breitenstein am Semmering einen Lungenspitzenkatarrh aus.

Bekannte schildern Jula Cohn als eine zierliche Frau, die sich sanft und vorsichtig bewegte, mit Humor und einer guten Portion Zynismus. Sie hatte als Kind schon früh ihre Eltern verloren und deshalb ein besonders enges Verhältnis zu ihrem Bruder entwickelt. »Die beiden liebten sich wie Zwillinge. Sie machte einen hellwachen Eindruck, mit dem sie Intellektuelle und Künstler anlockte.«[77]

Ohne Stefan George selbst je begegnet zu sein, fühlt sie sich doch seinem Kult verbunden. Wie viele Georgianer, stilisiert sie ihre Handschrift in der Manier des Meisters.

Wahrscheinlich im Sommer 1921 schreibt Benjamin für sie ein Liebesgedicht, das als einer seiner schönsten lyrischen Texte gilt, die ihm je gelungen sind. Es spiegelt, abgesehen von seiner Verliebtheit in Jula, überhaupt die Intensität, zu der er als Liebender fähig war.

Sonett der Nacht

Andere Nacht du der Liebe Verlassenheit
Welche der Einsame stets zu vertauschen sich sehnt
Mit jener flüchtigeren die Erfüllung verleiht
Du auch bist mit dem Licht eines Sternes belehnt.

Liebenden bleibt er vor Venus immer geweiht
Wenn sich das trostlose Herz nach dem tröstenden dehnt
Ziehet der Mächtige auf der die schwindende Zeit
Wachsend ihnen ermißt nach Jahr und Jahrzehnt.

Und er strahlte auch mir aus trübem verfinsterndem Grame
Aber der Liebenden Mond der Geliebtesten Name
Nimmer wollte der goldene dennoch sich runden.

Wenn er sein mildes Licht in unzähligen Stunden
Auf mein Antlitz geworfen doch über ein Kleines
Strahlet ihn Jula das deinige voller in meines.[78]

Ernst Schoen, in den sich Dora verliebt, gehört zu jenen Schulkameraden Benjamins, die sich in Berlin regelmäßig trafen, um literarische Entdeckungen miteinander zu besprechen. Schoen hatte eine starke
Neigung zur Musik und zur Lyrik. Ab 1924 ist er
beim Südwestdeutschen Rundfunk in Frankfurt im
Bereich Neue Musik und Hörspiel tätig und hat in
dieser Eigenschaft Benjamins Einstieg in die Radio-

arbeit entscheidend gefördert. Theodor W. Adorno schildert Schoen als einen Menschen »unbeschreiblicher Vornehmheit und Sensibilität«.

Die emotionale Konstellation und der Konflikt zwischen den beiden Paaren Walter / Jula und Dora / Ernst Schoen beeinflussen Benjamins Aufsatz über Goethes Roman *Die Wahlverwandtschaften*, von dem noch ausführlich die Rede sein wird. Der Heidelberger Verleger, mit dem Benjamin für seine Zeitschrift einen Vertrag geschlossen hat, sieht sich wegen der beginnenden Inflation, wohl aber auch wegen der Autoren, die Benjamin veröffentlichen will, gedrängt, von der Verwirklichung des Projekts Abstand zu nehmen. Dabei ist er mit der ganzen Radikalität des Benjaminschen Programms gar nicht konfrontiert worden.

Benjamin steht eine Zeitschrift vor Augen, die *unbeirrt im Sagen und unter gänzlicher Nichtachtung des Publikums [. . .] den Geist ihrer Epoche bekundet.*[79] Was über die Texte bekannt ist, die für die Zeitschrift vorgesehen waren, so lässt sich für den Rückzieher des Verlegers ein gewisses Verständnis empfinden. Benjamin wollte unter anderem die Gedichte von seinem durch Freitod geendeten Freund Fritz Heinle und dessen Bruder Wolf in der Zeitschrift veröffentlichen. Wie Momme Brodersen urteilt, wären sie besser in den Poesie-Alben Heranwachsender aufgehoben gewesen. Trotz der intensiven theoretischen Beschäftigung mit dem Phänomen Sprache und seiner sprachlichen Sensibilität unterlaufen Benjamin also zu dieser Zeit auch erstaunliche Fehlurteile.

Wie sehr die Zeitschrift ihm gewissermaßen als Utopie am Herzen gelegen hat, geht aus der Bemerkung in einem Brief aus dem Oktober 1922 an Florens Christian Rang hervor, wo es heißt, die nicht erschienene Zeitschrift könne ihm nicht wirklicher und lieber sein, als wenn sie vorläge – eine für Benjamins Bewusstsein sehr bezeichnende Äußerung.

Auf den Angelus Novus als Sinnbild wird Benjamin sein ganzes Leben hindurch immer wieder zurückkommen und dem Bild des Engels immer neue Bedeutungsschwerpunkte abgewinnen.

»Goethes Wahlverwandtschaften«

Der Text *Goethes Wahlverwandtschaften*, abgeschlossen im Februar 1922, ist eine der wichtigsten literaturkritischen Arbeiten Benjamins. In ihm wird auch seine Vorstellung von der wahren Aufgabe der Literaturkritik dargelegt: *Die Kritik sucht den Wahrheitsgehalt eines Kunstwerkes, der Kommentar seinen Sachgehalt.*[80]

Andererseits ist der Aufsatz deutlich von persönlichen Problemen geprägt; man könnte auch sagen, er stelle den Versuch dar, sie auf diesem Weg zu bewältigen. Benjamins Ehefrau hatte sich in Ernst Schoen verliebt, Benjamin in Jula Cohn. Im Wesen und den

Verhaltensweisen der realen und der Romanfiguren lassen sich Entsprechungen entdecken. Die sanfte, zierlich Jula Cohn erkennt Walter Benjamin in der Ottilie des Romans wieder, von der bei Goethe gesagt wird, sie sei von *pflanzenhafter Schönheit*, seine Ehefrau Dora sieht er in Goethes Charlotte verkörpert. Das heißt nun nicht, dass sich Benjamins bedeutender Aufsatz allein vom Persönlichen her entschlüsseln ließe, wohl aber, dass er unter anderem als Versuch zu verstehen ist, im Nachdenken über Goethes Roman und die darin enthaltenen Einsichten Hinweise für die Lösung der eigenen Krise zu gewinnen.

Eine andere Perspektive auf diesen Text ergibt sich aus Benjamins kritischer Haltung gegenüber dem Zustand der Literaturwissenschaften seiner Zeit, die seiner Meinung nach gerade zu diesem Roman bis dahin keine überzeugenden Interpretationen hervorgebracht habe. Man habe zwar die Behauptung aufgestellt, dass der Goethe-Roman ein modernes Buch sei, sie aber seiner Meinung nach nur höchst unvollkommen belegt.

In seinen Aussagen über die Aufgabe der Literaturkritik geht Benjamin von der Feststellung der Frühromantiker aus, die gefordert hatten, Kritik solle die geheimsten Anlagen des Werkes selbst aufdecken, seine unverhohlenen Absichten vollstrecken ... es absolut machen. Gefordert wird damit also von der Kritik nicht so sehr Beurteilung als vielmehr Vollendung, eine

Vorstellung, die schon in Benjamins Dissertationsschrift formuliert wird. In Anwendung dieser Einsicht unternimmt er in dem Wahlverwandtschaften-Aufsatz den Versuch, ein Werk aus sich selbst zu erleuchten.[81] Dies geschieht, indem er den Wahrheitsgehalt, den er vom Sachverhalt unterscheidet, herausarbeitet.

Sachgehalt in diesem Sinn ist unter anderem auch das Verhältnis von Schönheit und Wahrheit. Freilich ist Schönheit an die Erscheinung gebunden, aber sie ist auch eine Hülle, die etwas anderes verbirgt, nämlich die Wahrheit. Kritik muss beides wahrnehmen: die Hülle und die Schönheit der Wahrheit, die sich darunter verbirgt. In diesem Zusammenhang ist die Gestalt der Ottilie entscheidend wichtig. Sie erscheint als Verkörperung der Schönheit und somit als eine Allegorie für das schöne Kunstwerk. So wie Ottilie stirbt, muss das Kunstwerk in der Welt sterben. Es setzt eben dabei im Zerfall seiner materiellen Hülle seine Wahrheit frei.[82] Für Benjamin sind Goethes *Wahlverwandtschaften*, die Geschichte der zum Untergang führenden, verbotenen Liebe, eine philosophische Untersuchung über die Zusammenhänge von Schönheit, Wahrheit und Erlösung.

In der Ehe von Eduard und Charlotte ergibt sich durch die Einladung des Hauptmanns und Ottilies, Charlottes Nichte und Pflegetochter, eine neue Konstellation, die, dem chemischen Gesetz der Wahlverwandtschaft folgend, zu veränderten Liebesbeziehungen und -bindungen führt. Charlotte verliebt sich in den Hauptmann, Eduard in Ottilie. Das Kind, das Charlotte zwar von ihrem Ehemann Eduard, aber mit dem Gedanken an den Hauptmann, empfangen hat, ertrinkt später bei Ottilies überstürzter Rückkehr von einem Treffen mit Eduard. Auch Ottilie selbst stirbt schließlich. Ihr Freitod wird im Roman als Aufhebung der natürlichen Natur durch eine Rettung in die Freiheit der sittlichen Natur dargestellt.

Wenn Benjamin auch betont, es gehe ihm nicht um den Begriff der Ehe, sondern um die Treue, so kommt er doch um eine Erörterung des Wesens der Ehe nicht herum. Dieses besteht jedenfalls nicht allein in dem von Kant definierten wechselseitigen Gebrauch der Geschlechtsorgane. Benjamin sieht im Wesen der Ehe ein Siegel, dessen Form nicht weiter ableitbar ist. (Eine der dunkelsten Stellen seines Textes!) Er hält die Ehe in ihrer tiefsten Wurzel für eine göttliche Prägung, sie ist mythischer Herkunft, ihre Auflösung fordert eine entsprechende Sühne, ein Opfer: *In der Gestalt der Ottilie scheinen die »Wahlverwandtschaften« am sichtbarsten der mythischen Welt zu entwachsen. Denn, wenn sie auch als Opfer dunkler Mächte fällt, so ist's doch eben ihre Unschuld, welche sie, der alten Forderung gemäß, die vom Geopferten Untadeligkeit verlangt, zu diesem furchtbaren Geschick bestimmt.*[83]

Nach Benjamin vollzieht sich mit diesem Roman bei Goethe eine »Wende«. Habe der Dichter sich bisher in seinem Leben den mythischen Ordnungen, und als eine solche erscheint ihm die Ehe, unterworfen, so stelle er sie nun in Frage. Zuneigung, Liebe, Erotik, Sittlichkeit unterliegen vom mythischen Ursprung der Ehe her einer Kodifizierung. Bei ihrer Auflösung ergeben sich Konflikte, die bezeichnend für die sozialen Verhältnisse der Goethe-Zeit sind. Es geht Benjamin, wie Momme Brodersen erklärt, »nicht in erster Linie um den Versuch, hinter irgendwelche Geheimnisse der künstlerischen Individualität Goethes zu kommen, als vor allem um eine Herausarbeitung der Reaktions- und Handlungsweisen der Protagonisten auf deren Lebensumstände«.[84]

Dabei sind die Aussagen in der Haupthandlung des Romans und der in ihn eingeschobenen Novelle von besonderer Bedeutung. Die beiden Teile verhalten sich gewissermaßen kontrapunktisch zueinander. Die Haltung der Personen im Roman, ihre Unentschlossenheit und Apathie führen zu Chaos und Tod. Hingegen wird in der eingefügten Novelle von den wunderlichen Nachbarskindern nach Benjamins Meinung ein Verhältnis von wahrer Liebe vorgeführt. Entschiedenes menschliches Handeln und unbedingtes Bekenntnis zur Liebe werden dort mit freudvoller Wiedervereinigung des Paares belohnt. Wahre Liebe vollzieht sich nicht im Zeichen sozialer Norm, sondern vor Gott. Dafür steht sinnbildlich die Entkleidung des vor dem Ertrinken geretteten Mädchens.

Die Verbindung zwischen dem Damals und dem Heute ergibt sich aus den chaotischen Elementen, die Benjamin im Hintergrund der Figuren bei Goethe zu erkennen meint und die letztlich auch für die Situation der Gesellschaft, in der er selbst lebt, Gültigkeit haben. Dadurch bildet sich mit diesem Text eine grundsätzliche Haltung Benjamins zur Literaturkritik heraus. Deren Aufgabe bestehe in der Versenkung in das Kunstwerk mit dem Ziel, die eigene Gegenwart genauer zu erkennen, eine Maxime, die von nun an für sein Denken prägend sein wird.

Der Palast der Sprache

Den Jahreswechsel 1923/24 verbringt Benjamin in Berlin in der Meierottostraße 6 (Gartenhaus III, bei Ruben). Seitdem der Dichter Hugo von Hofmannsthal sich über den *Wahlverwandtschaften*-Text lobend geäußert hat – er wird später in der von Hofmannsthal herausgegebenen Zeitschrift, den *Neuen Deutschen Beiträgen*, erscheinen –, ist es zwischen den beiden Männern zu einem Briefwechsel gekommen.

In einem der Briefe Benjamins an Hofmannsthal im Januar 1924 findet sich ein Bekenntnis, das für Benjamins weiteres künstlerisches Programm fundamental ist. Er betont da seine Überzeugung, dass *jede Wahrheit ihr Haus, ihren angestammten Palast, in der Sprache hat,* daß er aus den ältesten *LOGOI* errichtet ist und dass der so gegründeten Wahrheit gegenüber die Einsichten der Einzelwissenschaften subaltern bleiben.[85]

Dieser Satz sagt auch vieles über Benjamins Haltung zum Übersetzen, wie er sie in dem Aufsatz *Die Aufgabe des Übersetzers*[86] dargelegt hat. Bei vielen Übersetzungen sei deren scheinbare Genauigkeit das Unwesentlichste. Schlechte Übersetzer seien zu mitteilsam. Dahinter steht bei Benjamin die einigermaßen bizarre, man könnte aber auch sagen: kabbalistische Vorstellung, dass jeder sprachlich bedeutsame Text Spuren einer göttlich inspirierten Universalsprache, der Sprache Edens, in sich trüge, die es zu *erkennen und auszudrücken* gelte. Als Musterbeispiel für eine solche Art des Übersetzens gilt ihm Hölderlins Umgang mit den Texten des Sophokles.

Weiter aber belegt dieser Satz aus dem Brief an Hofmannsthal den starken Einfluss jüdischer Mystik, der immer in Benjamins Denken präsent, später auch in seiner Geschichtsphilosophie von entscheidender Bedeutung sein wird.

Asja Lacis oder Eine Liebe auf Capri

Im April 1924 reist Benjamin über Pisa und Neapel nach Capri. Den Anstoß zu dieser Reise gibt wahrscheinlich die als bedrängend empfundene Situation in Deutschland. Ruhrkampf, kommunistische Aufstände in Mittel-deutschland, Inflation, der Hitler-Putsch in München, separatistische Bestrebungen im Rheinland – das sind nur einige Ereignisse des Jahres 1923, mit denen sich der Niedergang der Weimarer Republik schon abzuzeich-nen beginnt. Die privaten Verhältnisse Benjamins sind nicht weniger deprimierend. Das endgültige Scheitern seiner Ehe zeichnet sich immer deutlicher ab. Zu diesen beiden Gründen kommt ein praktischer, der in diesen Jahren viele deutsche Intellektuelle auf Südlandfahrt ge-hen lässt: Man kann in Italien weit billiger leben als in Berlin, Hamburg oder München. Schließlich und end-lich: Benjamin reist gern. Auf Reisen zu sein ist für ihn wie eine Therapie gegen das Unglück. Andere Städte, andere Landschaften werden ihm Anstoß zum Nach-denken und zu dessen Fixierung in Texten.

Als Benjamin am 10. April auf Capri eintrifft, halten sich dort unter anderen sein väterlicher Freund Florens Christian Rang und der Philosoph Ernst Bloch auf. Bloch ist Benjamin schon während seiner Studienzeit in der Schweiz begegnet. Nun führen die beiden in einer Strandkneipe angeregte Gespräche über die deut-sche Romantik. Rang, mit dem sich Benjamin eng verbunden weiß, wird im Herbst dieses Jahres sterben. Abermals der schmerzliche Verlust eines engen Freun-des! Rang hatte 1920 in einem persönlichen Schreiben auf Benjamins Doktorarbeit reagiert. Der differenziert-komplizierte Sprachduktus dieses Mannes hat Benja-

143

min stark beeindruckt und beeinflusst. Von Rang erklärt er nach dessen Tod, er habe durch ihn das Wesentlichste deutscher Bildung in sich aufgenommen. Und mit Rangs Tod habe die Schrift über das deutsche Trauerspiel, an der er arbeitet, ihren eigentlichen Leser verloren.

Insgesamt sechs Monate hält Benjamin sich auf Capri auf.

Auf der Insel begegnet er Asja Lacis (1891–1979) und deren Tochter Daga und verliebt sich in Asja. Die Beziehung hat nicht nur emotionale, sondern auch rationale Konsequenzen. Benjamin selbst beschreibt Asja Lacis als eine russische Revolutionärin aus Riga, eine der hervorragendsten Frauen, die er kennen gelernt habe. Sie ist die Lebensgefährtin von Bernhard Reich, dem ehemaligen Oberspielleiter der Münchner Kammerspiele, und nun in Riga vor allem damit beschäftigt, ein marxistisches Kindertheater zu etablieren. Asja Lacis hat später in ihren Lebenserinnerungen über die erste Begegnung mit Benjamin Folgendes berichtet:

»In einem Laden wollte ich einmal Mandeln kaufen. Ich wusste nicht, wie Mandeln auf Italienisch heißen, und der Verkäufer begriff nicht, was ich von ihm haben wollte. Neben mir stand ein Mann und sagte: ›Gnädige Frau, darf ich Ihnen helfen?‹ – ›Bitte‹, sagte ich. Ich bekam die Mandeln und ging mit meinen Paketen auf die Piazza – der Herr folgte mir und fragte: ›Darf ich Sie begleiten und die Pakete tragen?‹ Ich schaute ihn an – er fuhr fort: ›Gestatten Sie, dass ich mich vorstelle – Doktor Walter Benjamin!‹ – Ich nannte meinen Namen. Mein erster Eindruck: Brillengläser, die wie kleine Scheinwerfer Lichter werfen, dichtes dunkles Haar, schmale Nase, ungeschickte Hände – die Pakete fielen ihm aus der Hand. Im Ganzen – ein solider Intellektueller, einer von den Wohlhabenden. Er begleitete mich ans Haus, verabschiedete sich und fragte, ob er mich besuchen dürfe.«[87]

Gut möglich, dass gerade Benjamins Schüchternheit und Hilflosigkeit in Dingen des praktischen Lebens, hinter der dann immer sehr bald intellektuelle Brillanz sichtbar wurde, Frauen anzog. Als er Asja Lacis besucht, erzählt sie ihm vom Kindertheater in der Sowjetunion, er spricht von seiner Kinderbuchsammlung. Eine Szene, die er mit der kindlichen Tochter Asjas während einer Abendgesellschaft erlebt, findet sich in seinem Essayband *Einbahnstraße*. Ein Kind, das im Nachthemd erscheint, soll eine Abendgesellschaft von Erwachsenen begrüßen und geniert sich, später erscheint es splitterfasernackt vor den Besuchern – aber es hat sich inzwischen gewaschen. Es ist bezeichnend für Benjamin, dass er diese symbolische Szene als wichtig genug empfindet, um festgehalten zu werden. Was das Verhalten des Kindes bedeutet, was dabei zum Vorschein kommt, möge der Leser selbst herausfinden.

In den Gesprächen mit Asja Lacis wird Benjamin

zum ersten Mal darauf hingewiesen, dass die materialistische Theorie des Marxismus ein Erkenntnisinstrument darstellt, das er sich aneignen muss. Nach der Begegnung mit dieser Frau wird er Georg Lukács' *Geschichte und Klassenbewusstsein* lesen, einen der grundlegenden Texte zum Verständnis marxistischer Sicht auf Kultur und Geschichte. Vorübergehend wird er sogar erwägen, in die kommunistische Partei einzutreten. In einem der Kapitel der Lukács'schen Aufsatzsammlung, dem über Rosa Luxemburg, könnte Benjamin auf die Interpretation eines Stichwortes im Werk von Karl Marx gestoßen sein, von dem für ihn ein entscheidender Denkanstoß ausgeht. Vom »Fetischcharakter der Ware« als »spezifischem Problem unserer Epoche, des modernen Kapitalismus«[88] ist da die Rede. Überhaupt scheint Asja Lacis' Kritik an seiner geistigen Entrücktheit nun Benjamins Interesse für politische und gesellschaftliche Tagesereignisse geweckt zu haben. Auch hier ist es oft das Unscheinbarste, das ihn zur Analyse reizt und worin er Hinweise auf den Zustand des Gesamten entdeckt.

Während seines Aufenthalts auf Capri, von wo aus er Reisen auf das italienische Festland unternimmt, arbeitet Benjamin an seiner Habilitationsschrift, die gegen Ende 1924 fast abgeschlossen ist, und plant, wie er an Gershom Scholem schreibt, eine *Plakette für Freunde* vorzubereiten. Hinter dieser metaphorischen Bezeichnung verbergen sich erste Ansätze zu einer Schrift, die jene Wende, die sich in Benjamins Denken durch die Begegnung mit Asja Lacis und mit dem historischen Materialismus vollzieht, widerspiegelt und mit ihrer Originalität seinen literarischen Ruhm begründen wird: der *Einbahnstraße*.

Reisebilder: Neapel zum Beispiel

Eines der ersten jener Reisebilder, von denen Benjamin als leidenschaftlicher Reisender immer wieder neue anfertigt und in Zeitungen veröffentlicht, ist der Text *Neapel*, den er zusammen mit Asja Lacis geschrieben hat. Ohne dass dies ausdrücklich gesagt wird – aber vielleicht gerade deshalb besonders wirksam, weil es beiläufig geschieht –, wird hier zum ersten Mal die Wirkung des großen Moloch »Kapitalismus« am Untersuchungsobjekt der Metropolen vorgeführt.

Für eine dicke Frau in Neapel, der der Fächer zu Boden fällt und die wegen ihrer Korpulenz Schwierigkeiten hat, ihn selbst aufzuheben, löst sich das Problem nicht wie früher durch die chevalereske Geste eines vorübergehenden Herrn. Sie muss dafür bezahlen. Betrug ist allgemein geworden, Bettelei zum Beruf. All dies wird als spezifische Formen kapitalistischer Unterentwicklung angesehen. Dem Proletariat nimmt der Staat *mit der Kneifzange* durch Leihhaus und Lotto wieder weg, was er ihm zuschanzen musste. Traditionelle Sitten sind zum bezahlten Schauspiel für die Touristen geworden und werden nur noch gegen Geld praktiziert. Politische Ereignisse verwandeln sich in Volksfeste. Die hier skizzierte Gesellschaft ist weder noch antik, noch schon modern, sondern befindet sich in einem Zwischenstadium: Produkt einer rasch verfallenden Stadt, deren Verfall ihren Bewohnern Improvisation gelehrt hat, wenn sie in ihr überleben wollen.

In diesem Sinn sind die »Reisebilder« Benjamins ganz anders als die üblichen, eher verklärenden oder anpreisenden Reiseberichte in den Feuilletons der Tageszeitungen. Die Gewohnheiten der Menschen, ihre Gesten, die Eigenart der Architektur, die Strukturen der Stadt (wieder einmal scheinbar Nebensächlichkeiten) – aus all dem liest Benjamin Momente historischer Wahrheit, gewinnt er Erkenntnisse über den Geschichtsverlauf insgesamt und stimmt seine Leser auf solche Art der Aufmerksamkeit ein. Insofern sind seine Reisebilder zugleich Denkbilder. Auch in ihnen bereitet sich schon im Kleinen die Struktur seiner Hauptarbeit, des *Passagen-Werks*, vor.

Die gescheiterte Habilitation

Nachdem die Habilitationsbemühungen in Heidelberg erfolglos geendet haben, beschließt Benjamin, es 1925 in Frankfurt zu versuchen. Dort wohnt ein Onkel seiner Mutter, Arthur Moritz Schoenflies, der mit zu den Gründern der Universität gehört hat, auch deren Rektor gewesen ist, also wohl einen gewissen empfehlenden Einfluss auszuüben vermag. Ein Freund, der Privatdozent Gottfried Salomon-Delatour, rät Benjamin, es nicht im Fach Philosophie, sondern bei den Literaturwissenschaftlern zu versuchen. Auf Vorschlag des Dekans Franz Schulz reicht er als Habilitationsschrift eine Untersuchung zum barocken Trauerspiel ein.

Zunächst sieht es so aus, als würde er bald in Frankfurt Vorlesungen halten können – eine Vorstellung, die ihn allerdings wenig begeistert. Dann gibt es jedoch Schwierigkeiten. Er wird vom Dekan aus dem Bereich der Literaturgeschichte in den Fachbereich Ästhetik verwiesen. Der entscheidende Mann ist nun Theodor W. Adornos Doktorvater Hans Cornelius. Am 12. Mai 1925 reicht Benjamin sein Gesuch auf Habilitation als Privatdozent für das Fach Ästhetik ein. Der Benjamin-Biograph Momme Brodersen urteilt, allein schon eine Passage in dem der Bewerbung beigefügten Lebenslauf, in dem reichlich hochtrabend von sprachtheoretischen Gedankengängen und deren konkreter literarhistorischer Ausprägung die Rede ist, habe als Grund für eine Ablehnung ausgereicht. Tatsächlich aber ist wohl vor allem der von einer gewissen Aufsässigkeit und von geistiger Unabhängigkeit zeugende Ton in der erkenntnistheoretischen Einleitung der Habilitationsschrift selbst dafür entscheidend gewesen. Cornelius erklärt, ihm sei es nicht gelungen, die Darlegungen der Arbeit zu verstehen, den Gegenlesern Dr. Gelb und Dr. Horkheimer sei es nicht anders ergangen. Am 13. Juli 1925 fasst der Fakultätsrat den Beschluss, Benjamin die Rücknahme seines Gesuches nahe zu legen und, sollte dies nicht geschehen, seine Habilitation abzulehnen.

Interessant ist, wie die später gedruckte Schrift auf einen Außenstehenden, den Komponisten Ernst Krenek, gewirkt hat, der in seinen Lebenserinnerungen schreibt: »Benjamin [. . .] besaß einen wahrhaft philosophischen Horizont und umfassende Ansichten, aber er liebte es, sie auf undurchsichtige Weise zu formulieren, so dass sie eher wie Fußnoten zu einem scheinbar entlegenen und wenig sensationellen Gegenstand wirkten. Ich glaube nicht, dass er viel geschrieben hat, aber sein schmales Büchlein über die Barocktragödie machte auf mich den Eindruck einer außergewöhnlich originellen und einfallsreichen Analyse, die über die Grenzen des angeblich exklusiven und spezialisierten Themas weit hinausging.«[89]

Benjamin entschließt sich nach der Aufforderung der Frankfurter Professoren notgedrungen, sein Gesuch zurückzuziehen. In einer entscheidenden Situation seines Lebensweges ereilt ihn wiederum ein Missgeschick. Die tatsächlichen Gründe der Ablehnung mögen vielschichtig gewesen sein. Es mischen sich berechtigte und unberechtigte Kritik, Klüngelei spielt ebenso eine

Rolle wie der provokative Ton der Schrift selbst, auch Misstrauen gegenüber dem geistigen Profil des Bewerbers war gewiss mit im Spiel.

Benjamin selbst hegte gegenüber der Möglichkeit einer Universitätskarriere offenbar höchst ambivalente Gefühle, was beispielsweise an der Art und Weise, wie er die Arbeit anlegte, erkennbar wird. Man könnte geradezu behaupten, sie sei als Habilitations-Verhinderungsschrift verfasst worden.

Vielleicht die verständlichste, freilich nicht alle Dimensionen des Textes auslotende Erklärung gibt Benjamins Geliebte, Asja Lacis. Als sie von dem Thema der Arbeit hört, schneidet sie eine Grimasse und fragt ihn, wozu er sich mit toter Literatur beschäftige. »Er schwieg eine Weile, dann sagte er: Erstens bringe ich in die Wissenschaft, in die Ästhetik eine neue Terminologie. Was das neue Drama betrifft, so gebrauchte man da die Begriffe ›Tragödie, Trauerspiel‹ wahllos nur als Wörter. Ich zeige den prinzipiellen Unterschied zwischen Tragödie und Trauerspiel. Die Dramen des Barock drücken Verzweiflung und Verachtung der Welt aus – sie sind wirklich traurige Spiele. [...] Zweitens, sagte er, sei die Untersuchung nicht bloß akademische Forschung, sondern habe unmittelbaren Bezug zur sehr aktuellen Problematik der zeitgenössischen Literatur. Er betonte ausdrücklich, dass er in seiner Arbeit die Barockdramatik in der Suche der Formsprache als analoge Erscheinung zum Expressionismus bezeichnet. Deshalb habe ich, sagte er, so ausführlich die künstlerische Problematik der Allegorie, der Embleme und des Rituals behandelt. Die Ästhetiker bewerten bisher die Allegorie als zweitrangiges Kunstmittel. Er wolle beweisen, dass die Allegorie ein künstlerisch hochwertiges Mittel sei, mehr noch, es sei eine besondere Form des künstlerischen Wahrnehmens.«[90]

Unter dem Begriff der Allegorie verstand Benjamin Bilder und Formen, die etwas anderes sagen, als zunächst der Fall zu sein scheint. Sie mahnen ein Bewusstsein der Vergänglichkeit an, gerade dadurch, dass sie Schönheit (mit ihrem Anspruch auf Dauer) darstellen. Zudem wird die Allegorie von ihm als eine Methode bezeichnet, die Welt mit einer besonderen Brille zu lesen.[91]

Handelt es sich bei dieser Schrift nun um eine abseitige Erörterung für Spezialisten der Ästhetik, oder gibt es Bezüge, die für das biographische Profil des Verfassers wichtig sind? Nach Benjamin vollzieht sich im deutschen Trauerspiel des Barock die Darstellung einer Welt der Trostlosigkeit des Irdischen, der die Beziehung zum Heil, also zur Transzendenz, fehlt. Die Helden wirken wie erstarrt. Jederzeit scheint eine absolute Katastrophe möglich. Parallelen zur Gegenwart der zwanziger Jahre sind damit nicht zu übersehen.

Melancholie

Besonders erhellend in Bezug auf Benjamins eigene
Persönlichkeit ist in dem 270 Seiten langen Text der
als Exkurs bezeichnete Abschnitt über die Melancholie. Die Lehre vom Melancholiker tauchte zunächst in
der arabischen Astrologie des Abu Ma'sar auf. Nach
der antiken Humorpathologie gehört ein Überschuss
unheilvoll schwarzer Galle, gebildet in der Milz, zum
Melancholiker[92]. Bei Aristoteles werden seherisches
Vermögen, die Nähe zur Genialität und zum Wahnsinn mit der Melancholie in Zusammenhang gebracht.

Die mittelalterliche Vorstellung von der Melancho-
lie-Krankheit, von der Melancholie als Zustand, mit
der eine der sieben Todsünden, die acedia, die Trägheit des Herzens, begangen wird, meint Benjamin bei
den barocken Bühnengestalten des Fürsten/Tyrannen
und des Höflings vorzufinden. In der Gestalt des Fürsten sieht Benjamin geradezu ein Musterbeispiel des
Melancholischen. Nichts lehre so drastisch die Ge-
brechlichkeit der Kreatur, als dass selbst er ihr unterworfen ist.[93] An Trägheit des Herzens gehe der Fürst/
Tyrann zu Grunde, die Treulosigkeit des Höflings sei
ein anderer Zug des Saturnmenschen. Damit wird auf
den Einfluss der Sterne, des Kosmos, auf den Charakter des Menschen angespielt, von dem Benjamin wohl
auch, was seine eigene Persönlichkeit angeht, fest überzeugt ist.

Schon in der Renaissance war eine Umdeutung des Melancholie-Begriffs erfolgt. Dabei ist Melancholie, bereits in der Antike mit der Vorstellung vom Genie verbunden, nun zur Eigenschaft des Intellektuellen geworden, als dessen wesentliches Merkmal man zudem die Distanz zur Welt des Konkreten ansieht. Im Trauerspiel des Barock kennzeichnet den Höfling neben Untreue gegenüber dem Fürsten *eine in kontemplative Ergebenheit geradezu versunkene Treue gegen die Dinge . . . eine hoffnungslose Treue zum Kreatürlichen.*[94] Bezeichnend für das Bewusstsein der damaligen Zeit erscheint Benjamin das Blatt von Albrecht Dürer mit *der geflügelten Melancholie,* auf dem die Gerätschaften des täglichen Lebens am Boden ungenutzt als Gegenstände des Grübelns liegen[95], der Hintergrund aber ein offener, leerer Horizont ist. Hier zeige sich die Abkehr vom Werken, das heißt die Entleerung des menschlichen Lebens. Entsprechend sei die Welt im Barocktrauerspiel ein Theater des melancholischen Blicks. Andererseits ergebe sich gerade aus der Melancholie über das Ungenügen der Welt die Entstehung von Utopien.

Es sind eigene Empfindungen Benjamins und seine persönliche Stimmungslage, wie sie sich aus der Sicht auf die Gegenwart ergibt, die er zumindest ähnlich bei Gestalten einer früheren Zeit schon vorfindet. Von daher wird mit dem Titel *Ursprung des deutschen Trauerspiels* eben nicht nur auf die Barockzeit, sondern auch auf die Zeitsituation der zwanziger Jahre angespielt.

Benjamin selbst ist im Zeichen des Saturn, des Planeten der Umwege und Verspätungen, als welchen ihn die Astrologie bezeichnet, geboren. Nicht zuletzt deshalb sieht er sich selbst als Melancholiker geprägt. Die Trostlosigkeit des Barock findet er auch in seiner Zeit vor. Die direkte Beziehung zwischen seinem Thema und seiner Person geht jedoch noch weiter.

Die Treulosigkeit des Höflings wird von ihm nicht nur als verächtlich angesehen. Sie korrespondiert mit seiner eigenen, besonders intensiven Analyse der Dingwelt. Benjamin scheint der Meinung gewesen zu sein, je weniger lebendig ein Ding ist, das er betrachtet, desto mehr erstarke sein eigenes genial-analytisches Bewusstsein, die Fähigkeit, über dessen Eigenart ergebnisreich nachzusinnen.

Die Vorliebe für die Kleinheit und für das Versteckte spiegelt sich auch in seiner Handschrift, ebenso in seiner marottenhaft wirkenden Eigenart, unscheinbare oder nebensächliche Dinge (Spielkarten, Briefmarken etc.) genau zu betrachten und dabei zu sehr weit reichenden Schlussfolgerunen zu gelangen.

Der Denkstil des Melancholikers ist Versenkung, vollkommene Konzentration. Theodor W. Adorno nennt diese Eigenart positiv »Benjamins mikroskopischen Blick«. Susan Sontag hingegen ist kritischer, sie konstatiert beim Melancholiker ein eindeutiges Krankheitsbild, allgemeiner könnte man es eine zwangsneurotische Haltung nennen: »Die Neigung des Melancholikers, seine innere Erstarrung nach außen zu projizieren, [ist] die Unabänderlichkeit des Unglücks, das übermächtig und den Dingen gleich empfunden wird. [. . .] Gerade weil der Melancholiker vom Gedanken des Todes heimgesucht ist, weiß er am besten die Welt zu deuten.«[96]

Mit der Melancholie korrespondiert Benjamins Vorliebe für die Allegorie, die von ihm geradezu als Methode der Melancholie aufgefasst wird. Durch sie vollziehe sich die »maskenhafte, fragmentierende Neubelebung einer in Todesstarre versinkenden Geschichte der Welt«, erklärt Ralph Hammerthaler; so gesehen habe man sich Benjamin als Melancholiker, heutig gesprochen, als »Terminator«[97] vorzustellen, als jemanden, der Trugbilder sprenge. Bedeutungen werden aus Versteinertem und Unscheinbarstem hervorgelockt. Diese Haltung, erkennbar bei der Behandlung des Barockdramas und später auch bei der Werkbetrachtung des französischen Dichters Charles Baudelaire, wird zu Benjamins ureigenster Methode, die man in allen seinen Schriften angewendet findet.

Einbahnstraße – ein neuer Ansatz

Benjamin nannte die Aphorismen und Kurzessays der *Einbahnstraße* einmal Scherze, Träume für seine Freunde.[98] Er betrachtete sie als Anzeichen einer *Wendung, die in mir den Willen geweckt hat, die aktualen und politischen Momente in meinen Gedanken nicht wie bisher altfränkisch zu maskieren, sondern zu entwickeln, und das, versuchsweise, extrem.*[99]

Diese *Wendung* hängt sehr mit dem Einfluss von Asja Lacis und seiner unerfüllten Liebe zu ihr zusammen, mit der Passion für eine Frau, die vom Kommunismus und dessen Zukunftsperspektive überzeugt ist und sein Bewusstsein im Sinn dieser Überzeugung zu beeinflussen sucht. Dies spiegelt sich auch in der Widmung des 1928 als Buch erschienenen Textes, die da lautet: *Diese Straße heißt ASJA-LACIS-STRASSE nach der, die sie als Ingenieur im Autor durchgebrochen hat.*

Das Buch ist als Panorama der zwanziger Jahre in allegorischen Bildern bezeichnet worden. Walter Benjamin selbst hat seine Absichten dabei so beschrieben: *Die Aktualität als den Revers des Ewigen in der Geschichte zu erfassen und von dieser verdeckten Seite der Medaille den Abdruck zu nehmen.*[100]

Perversion lebenswichtiger Instinkte, Ohnmacht und Verfall des Intellekts werden als die Gesamtverfassung der deutschen Bürger konstatiert. Von einer schamlos zur Schau gestellten Massivität von Luxuswaren, an der jede geistige Ausstrahlung zerbreche, ist da die Rede. Vom Mangel der Deutschen, sich über sich selbst klar zu werden, von einer Abwesenheit von Selbstironie, davon, dass das Geld in verheerender Weise in den Mittelpunkt aller Lebensinteressen gerückt sei, wodurch auch die Freiheit des Gesprächs verloren gehe. Mit großer Unabwendbarkeit beziehe sich jede Unterhaltung auf das Thema der Lebensverhältnisse, des Geldes. Dabei komme man sich vor wie in einem Theater gefangen, müsse dem Stück auf der Bühne folgen, ob man wolle oder nicht, müsse es unbedingt und zwanghaft zum Gegenstand seines Denkens und Sprechens machen. Die Neuzeit sieht Benjamin als eine Epoche des Niedergangs. Der Weltkrieg habe den Geschichtsprozess in eine Krise geführt, in der sich dessen endgültig negativer Verlauf schon andeute. Im Unterschied zur Lehre eines orthodoxen Marxismus sieht Benjamin nur dann eine Rettung der Menschheit gegeben, wenn die rücksichtslose Ausbeutung der Natur aufhöre. Dies benennt er als Ziel einer Revolution.

Zudem sieht er die Krise immer noch unter einem ambivalenten Aspekt: als höchste Gefährdung – und Chance zur Rettung.

Prophetisch wirken Abschnitte, in denen er auf die zunehmende Einbeziehung des Buches in den Warenfetischismus hinweist. Konzentriertes Lesen werde durch die Reklame immer mehr behindert. Deshalb sollten sich Autoren, statt in der anspruchsvollen universalen Geste des Buches, in Flugblättern, Zeitschriftenartikeln und Plakaten[101] äußern.

Die Texte über das Kind und dessen Gesten (*Lesendes Kind, Naschendes Kind, Karussellfahrendes Kind* etc.) suchen noch einmal Augenblicke auf, die Keime der

Sozialisation gewesen sind. Als geheimes Motto scheint der Satz zu dienen: *Glücklichsein heißt ohne Schrecken seiner selbst innewerden zu können.*[102] Man wird viele der Texte auf den ersten Blick wenn nicht unverständlich, so doch irritierend finden. Um sie zu dechiffrieren, tut man gut daran, sich an ihren bewusst allegorisch gehaltenen Charakter zu erinnern. Die Verstehensschwierigkeit ergibt sich aus ihrer Originalität, aus der bewussten Abweichung vom begrifflichen Denken, aus der Technik, mit dem Schock des Rätselhaften zu arbeiten, das mit Worten Unsagbare durch ein Gleichnis zu beschwören.

Die Auswirkungen der *Einbahnstraße* als literarischer Form sind weit reichend. Ganz gewiss sind sie die Voraussetzung zu einem anderen Buch von epochaler Wichtigkeit, zu Theodor W. Adornos *Minima Moralia*[103].

Reisen, Reisen, Reisen − vor sich selbst davonreisen

Die Periode zwischen 1925 und 1930 in Benjamins Leben ist eine Zeit des Reisens. Nach dem Scheitern der Habilitation reist er 1924 und 1925 nach Spanien, Italien und nach Riga. 1926 ist er in Paris. Er kehrt zur Beerdigung seines Vaters nach Berlin zurück, geht abermals nach Frankreich nach Agay (Var), um sich mit Jula Cohn zu treffen, die er immer noch hoffnungslos liebt. Via Monaco und Marseille reist er von dort nach Berlin; im Dezember dieses Jahres fährt er nach Moskau zu Asja Lacis, die er weiter hartnäckig, aber erfolglos umwirbt. Im Juni 1927 ist er abermals in Paris, um sich auf die Übersetzung von Marcel Prousts Romanwerk *Auf der Suche nach der verlorenen Zeit* einzustimmen. 1926 waren die beiden ersten Bände des Hauptwerkes von Marcel Proust, übersetzt von Rudolf Schottlaender, einem entfernten Verwandten Benjamins, in dem damals angesehenen Verlag die Schmiede in Berlin erschienen. Schottlaender war offenbar seiner Aufgabe als Übersetzer nicht gewachsen. Jedenfalls wurden die beiden Bände *Der Weg zu Swann* von der Kritik als »liederliche Pfuscherei« und »Machwerk« bezeichnet.

Danach macht sich Franz Hessel, der als Lektor des Rowohlt Verlages tätig ist, zusammen mit Walter Benjamin an die schwierige Aufgabe. In ihrer Übersetzung erscheint schließlich 1927 der Band *Im Schatten der jungen Mädchen* im Verlag die Schmiede und zwei Bände *Die Herzogin von Guermantes* 1930 bei Reinhard Piper in München.

Während jener Besuche in der Seine-Stadt bildet sich bei Benjamin die Vorstellung vom *flaneur* heraus, dem ungebunden umherschweifenden Müßiggänger, der beobachtet und dem Zusammenhänge klar werden, die von anderen unbeachtet bleiben. Bei diesem Aufenthalt in der französischen Hauptstadt arbeiten

Benjamin und Franz Hessel an einem Text, in dem man ebenfalls einen der ersten Keime für das *Passagen-Werk* sehen kann, das er selbst als eine Fortsetzung jenes Versuchs sieht, den er in der *Einbahnstraße* unternommen hat.

Reisen in Frankreich führen ihn in die Nähe von Toulon und nach Nizza. Mit beim Roulette gewonnenem Geld reist er per Flugzeug nach Korsika. Nicht immer ist dem Spieler Benjamin das Glück hold. Einmal in Ostpreußen verliert er am Spieltisch seine gesamte Barschaft und muss sich den Betrag für seine Heimreise nach Berlin leihen.

Angeregt durch Beobachtungen in Marseille im September 1926 beginnt er sich experimentell mit der Wirkung von Rauschgiften auseinander zu setzen; die so genannten Haschischprotokolle entstehen. Ab Mai 1928 wird für ihn die Arbeit am *Passagen-Werk* immer wichtiger. Nach der Teilnahme an der Beerdigung seines Onkels Arthur Schoenflies trifft er sich im Juni zu einem Gespräch mit Horkheimer und Adorno in Königstein am Taunus. Von dort fährt er nach Weimar weiter, ein Ort, über den er eines seiner Städtebilder schreibt. Im September ist er in Genua und Marseille, wo er unter anderem Selbstversuche mit Haschisch unternimmt. Von Mitte November 1928 bis Ende Januar 1929 hält er sich wieder in Berlin auf, wohnt zusammen mit Asja Lacis, aber das Verhältnis der beiden ist, jedenfalls aus Sicht von Dora Benjamin, die darüber in einem Brief an Scholem berichtet, wie zwischen Hund und Katze. Um diese Zeit fasst er wieder einmal den Plan, nach Palästina zu reisen, der aber dann doch nicht ausgeführt wird. Die Art und Weise, wie er sich dabei gegenüber Scholem verhält, setzt ihre Freundschaft einer schweren Belastungsprobe aus. Im Mai 1929 begegnet Benjamin zum ersten Mal Bertolt Brecht. Ende Juli reist er mit dem Schriftsteller Wilhelm Speyer in die Toskana. Die ersten Monate des Jahres 1930 hält er sich wieder in Paris auf. Anfang April 1930 kehrt er zurück nach Berlin. Seine Ehe mit Dora wird geschieden. Das Scheidungsurteil erlegt ihm auf, die gesamte Mitgift seiner Frau zurückzuzahlen, eine Summe von 40 000 Mark, wie Scholem zu wissen meint. Die Zahlung bringt ihn in eine bedrängte finanzielle Situation, die ihn verbittert sagen lässt, es sei nicht leicht, an der Schwelle der vierzig ohne Besitz und Stellung, Wohnung und Vermögen zu stehen.[104] Dies hindert ihn nicht daran, Ende Juli eine Seereise nach Norwegen, Finnland und zum Polarkreis zu unternehmen, nach der er im Oktober eine Atelierwohnung in Berlin bezieht. Aber schon Januar und Februar 1931 ist Benjamin wieder in Paris, im April in Berlin, von Mai bis Juni dann in Juan-les-Pins, Le Lavandou, Sanary und Marseille.

»Angeborene Reiselust, innere Unruhe und Ungenügen an den Verhältnissen, unter denen sein Leben als homme de lettres sich vollzog, wirken zusammen, um die vielen wechselnden Adressen und Wohnorte begreiflich zu machen, von denen ich in den nächsten Jahren Briefe und Postkarten bekam«, berichtet Gershom Scholem.[105] Und diese Reiselust oder Unrast setzt sich in den dann folgenden Jahren fort. Kaum vorstellbar, dass er bei so häufigen Ortswechseln überhaupt zur Arbeit kommt. Und doch sind zumindest einige seiner wichtigsten journalistischen Arbeiten in dieser Zeit entstanden. Seine Reiseaufzeichnungen »gehören durchaus zum Alltag dieses Schriftstellers; dem korrespondiert, dass gerade Alltägliches, scheinbar Banales und Unscheinbares in ihnen zu Wort kommt. Die so genannten Sehenswürdigkeiten, das Spektakuläre der bürgerlichen Reiseschriftstellerei, behaupten sich nur mühsam neben dem Blick des Physiognomatikers auf Straßenszenen, Perlenvorhänge und frische Feigen; daneben stehen in diesen Aufzeichnungen Gespräche mit Freunden, Träume und Geschichten aus der Einsamkeit, die gerade auf Reisen sich einstellt«.[106]

Reisebild Moskau

Gewissermaßen mit dem Vergrößerungsglas sollte man in diesen Reisejahren Benjamins Beziehung zu Asja Lacis betrachten. Im November 1925 fährt er für etwa vier Wochen nach Riga, wo sie Theater spielt und später in Orjol Straßenkinder durch Theaterarbeit zu resozialisieren versucht. Er befindet sich in einer Art von Liebeswahn, den er allegorisch mit einem Munitionslager vergleicht, an das durch den Blick der Geliebten eine brennende Lunte gelegt würde, die es in die Luft fliegen lässt. Die Enttäuschung ist – bei solcher Fallhöhe der Gefühle – unvermeidlich. Sein Kommen sollte eine Überraschung sein. Die geliebte Frau weiß, er liebt es zu überraschen, aber diesmal gefällt es ihr ganz und gar nicht. Sie hat andere Sorgen als die, sich mit einem schwärmerischen Liebhaber abzugeben.

Der zweite Werbungsversuch findet während Benjamins Moskauaufenthalt zwischen Dezember 1926 und Februar 1927 statt. Asja Lacis liegt nach einem schweren Nervenzusammenbruch in einem Sanatorium. Ihr Lebensgefährte ist weiterhin der Regisseur und Schriftsteller Bernhard Reich, ein Schüler Max Reinhardts. Reich scheint vor allem wegen Asja Lacis' Rekonvaleszenz Benjamins Besuch geduldet zu haben. Um sie keinen psychischen Belastungen auszusetzen, dringt er aber darauf, dass Benjamin mit ihr nur Domino spielt. Zu einer klärenden Aussprache zwischen Benjamin und der geliebten Frau kommt es nicht. Er beklagt in Briefen nach Deutschland, dass die Spannungen im öffentlichen Leben in Moskau so groß seien, dass man alles Private in unvorstellbarer Weise abriegele. Auf Reichs Mithilfe ist Benjamin bei einem Projekt angewiesen, zu dem er ein Exposé nach Moskau mitbringt: den Text zum Stichwort »Goethe« für die Sowjetrussische Enzyklopädie. Nicht nur ist die ménage à trois ob der beengten Wohnverhältnisse in Moskau einer großen Belastung ausgesetzt, sondern vor allem ist Asja nach wie vor keineswegs gewillt, sich von Reich zu trennen.

Im Büro des Lexikon-Redakteurs fällt zufällig der Blick des damals einflussreichen deutschen Kommunisten Karl Radek auf Benjamins Manuskript. Der meint spöttisch, da komme ja auf jeder Seite zehnmal das Wort »Klassenkampf« vor. Reich, der anwesend ist, verteidigt Benjamin, indem er Radek erklärt, immerhin sei die Zeit Goethes eine Zeit großer Klassenkämpfe gewesen. Das möge ja sein, kontert Radek – nichts gegen diesen Begriff, wenn man ihn an der richtigen Stelle verwende, genau das aber sei im Manuskript nicht der Fall. Wie nicht anders zu erwarten, sind nach diesem Urteilsspruch eines renommierten Genossen die Chancen, dass das Exposé gebilligt und der Auftrag an Benjamin erteilt wird, stark gesunken. Als Asja Lacis, Reich und Benjamin über die peinliche Szene sprechen, wirft Asja ihm vor, Radek habe doch wohl Recht und er müsse da etwas falsch gemacht haben. Worauf Benjamin erwidert, sie rede nur so aus Feigheit und hänge ihr Mäntelchen nach dem Wind. Erst recht bringt es ihn auf, als er hört, dass man nun statt seiner einen Mann mit der Abfassung des Artikels betrauen will, dessen Buch er kurz zuvor als profil- und einsichtslos kritisiert hat. Immerhin wird er später

165

die Genugtuung erleben, dass man doch noch auf ihn zurückgreift. In Druck allerdings geht sein Artikel nicht.

Ein Musterbeispiel für die gesellschaftliche Situation Russlands liefert ihm die Diskussion um eine Bühnenfassung von Gogols *Revisor* durch den zu dieser Zeit immer noch in hohem Ansehen stehenden Emiljewitsch Meyerhold. Sie war bei der Presse und bei der Partei durchgefallen. Nun sollte in einer öffentlichen Diskussion eine letzte Entscheidung darüber getroffen werden, ob sie weiter im Spielplan bleiben soll. Bei den sich über vier Stunden hinziehenden Reden verteidigen der Romancier Andrej Bely und der Dichter Majakowsky die Theaterfassung des berühmten Romans. Dann aber spricht Meyerhold selbst so unsachlich und polemisch, dass die Stimmung umschlägt und besonders die jugendlichen Diskussionsteilnehmer ihn auspfeifen.

Bezeichnung für Benjamins Einstellung zu Russland ist, wie sehr ihn Sergejero-Lawra, das zweitälteste Kloster Russlands und die Wallfahrtsstätte von Bojaren und Zaren, das er kurz vor seiner Abreise besucht, beeindruckt. Es war, schreibt er in einem Brief, wie *das Gefrierhaus, wo eine alte Kultur während der revolutionären Hundstage sich unter Eis konserviert.*[107]

Man kann dem Urteil, das Susan Buck-Morss[108] fällt, nur zustimmen, wenn sie schreibt: »Der Leser von Benjamins Moskauer Tagebuch verliert (wie seinerzeit offenbar auch Asja Lacis) die Geduld und fragt sich, warum im Charakter dieses Mannes nicht etwas mehr von einem Jack Reed[109] steckt und warum er sich in Liebe und Politik nicht binden mochte. In den letzten Tagen seines Moskauer Aufenthalts kümmert er sich vor allem darum, russisches Spielzeug für seine Sammlung zu kaufen. Sein letztes Zusammensein mit Asja Lacis verläuft ebenso entscheidungslos wie alle früheren. Die letzten Worte in Benjamins Moskauer Tagebuch lauten: *Erst schien sie abgewandt zu gehen, dann sah ich sie nicht mehr. Mit dem großen Koffer auf meinem Schoße fuhr ich weinend durch die dämmernden Straßen zum Bahnhof.*[110]

Es stimmt, Benjamins Urteil gegenüber der neuen sowjetrussischen Gesellschaft fällt ungewiss-skeptisch aus. Er will in der Rolle des distanzierten Beobachters verharren, keineswegs ein an Ort und Stelle sich engagierender Mitkämpfer für den Sozialismus werden: *es ist völlig unabsehbar, was dabei herauskommen wird. Vielleicht eine wirklich sozialistische Gesellschaft, vielleicht etwas ganz andres. Der Kampf, der darüber entscheidet, ist ununterbrochen im Gange. Sachlich mit diesen Verhältnissen verbunden zu sein ist höchst fruchtbar – mich aus grundsätzlichen Erwägungen in sie hineinzustellen, ist mir nicht möglich.*[111]

Gewiss haben ihn vor allem seine Erfahrungen mit den Gruppierungen der russischen Schriftsteller[112] nachdenklich gestimmt. Bei einer Gruppenbildung, so stellt er fest, komme es neuerdings nicht mehr auf ästhetische, sondern auf politische Affinitäten an. Die Funktion der Literatur in einer revolutionären Gesellschaft bestehe darin, absolute Öffentlichkeit herzustellen. Sie sei nicht länger ein Verständigungsmittel einer bürgerlichen Elite, sondern solle eingesetzt werden zur Alphabetisierung der proletarischen Massen, denen sie zur politischen Mündigkeit verhelfen wolle.

Einerseits sieht er wohl, dass eine solche Entwicklung zu einer Revolutionierung der Gesellschaft nötig sei, andererseits hat er in Moskau immer wieder darüber geklagt, wie die Annäherung an eine absolute Öffentlichkeit bewirke, dass er nie mit Asja allein sein konnte.

Nach diesen Überlegungen versteht er seine persönliche Haltung als linkes Außenseitertum, eine Vorstellung, in der ihn die Kritik von Asja Lacis an seiner Weltfremdheit und Exzentrik bestimmt noch bestärkt hat.

1929 bis 1930 arbeitet Asja Lacis wieder in Berlin, diesmal im Regierungsauftrag an der Berliner Handelsvertretung der UdSSR für das Referat Stummfilm und Kinderfilm. Vorübergehend ziehen Benjamin und sie zusammen. Aber dabei fällt dann auch die endgültige Entscheidung über die Unvereinbarkeit ihrer Lebenswege.

Es ist nicht bekannt, ob Walter Benjamin vom weiteren Schicksal der Frau, die er so leidenschaftlich ge-

Die Geschwister Walter, Georg und Dora Benjamin, um 1904

Walter Benjamin zu Beginn der dreißiger Jahre;
Kohlezeichnung von Jan-Peter Tripp nach einer
Photographie von Gisèle Freund

Dora Benjamin, geborene Kellner, um 1930

Dora Benjamin mit dem gemeinsamen Sohn Stefan, um 1925

Asja Lacis, 1915

Gerhard Scholem, 1920

Max Horkheimer, 1931

Theodor Wiesengrund Adorno, 1967

Umschlag zu Walter Benjamins erster Buchveröffentlichung;
Fotomontage von Sascha Stone

liebt hat, Kenntnis erhielt. Sie wurde das Opfer einer der stalinistischen Säuberungswellen und wurde im März 1938 nach Karaganda deportiert. Auch ihr Lebensgefährte, Bernhard Reich, verbrachte die Jahre von 1943 bis 1951 in Straflagern der Sowjetunion. Beide überlebten. Asja Lacis führte noch als 85-Jährige im März 1976 ein Gespräch mit dem Slawisten Fritz Mierau über ihr stürmisches Leben.

Welche Rolle sie in Benjamins Biographie spielte, lässt sich in einer Tagebuchnotiz erkennen, in der er grundsätzlich den Einfluss der geliebten Frauen auf seine Persönlichkeit zu bestimmen sucht: *Mir wurde deutlich, dass ich mich jedes Mal, wenn eine große Liebe Gewalt über mich bekam, von Grund auf verändert habe. [. . .] Das beruht darauf, dass eine wirkliche Liebe mich der geliebten Frau ähnlich macht. [. . .] Am gewaltigsten war diese Erfahrung in meiner Verbindung mit Asja.*[113]

Adorno, Kracauer, Horkheimer, Brecht

In diesen Jahren macht Benjamin die Bekanntschaft von Männern, die für seinen weiteren Lebensweg als Freunde, Arbeitgeber, Diskussionspartner, als Wegweiser in neue Welten von Bedeutung werden. Sie bilden, näher betrachtet, ein Netzwerk intellektueller Kontakte und Anregungen, das bezeichnend ist für das kulturelle Klima in der Weimarer Republik.

Theodor W. Adorno (1903–1969) hat Benjamin 1923 in Frankfurt kennen gelernt, als er dort während des Sommersemesters die Aussichten auf eine Habilitierung zu erkunden suchte. Adorno ist in Frankfurt geboren. Sein Vater ist deutscher Jude, die Mutter, Tochter eines französischen Offiziers korsisch-genuesischer Herkunft, Sängerin. Noch während der Schulzeit nimmt Adorno Kompositionsunterricht und liest systematisch mit seinem um vierzehn Jahre älteren Freund Siegfried Kracauer Kants *Kritik der reinen Vernunft*. Nach dem Abitur beginnt Adorno ein Studium in den Fächern Philosophie, Psychologie und Soziologie und schreibt Konzert- und Opernkritiken in Frankfurter Zeitungen. 1924 promoviert er bei Hans Cornelius mit einer Arbeit über den Philosophen Husserl und nimmt bei dem Komponisten Alban Berg Kompositionsunterricht. 1927 hat er ähnlich wie Benjamin Schwierigkeiten mit seiner Habilitationsschrift, die er auch wieder zurückziehen muss. Zu dieser Zeit kommt Adorno häufig nach Berlin, wo seine Freundin Gretel Karplus lebt. Nach einer Tätigkeit als Redakteur der Wiener Zeitschrift *Musikblätter des Anbruchs* habilitiert er sich 1931 schließlich doch in Frankfurt bei Paul Tillich und lehrt dort als Privatdozent an der Frankfurter Universität. Benjamin hat Adorno seinen Essay über Goethes *Wahlverwandtschaften* noch vor dessen Erscheinen zu lesen gegeben. Während Adorno durch Benjamins Arbeit über das Trauerspiel des Barock beeinflusst wird, bekundet Benjamin ihm nach der Lektüre von Adornos Arbeit über Soeren Kierkegaard seine Bewunderung. Als zukunftsweisend sieht Adorno bei Benjamin »die Wiedererweckung der zweiten Natur, sie aus der unendlichen Ferne in die unendliche Nähe zu rücken und den Einfall, sie zum Gegenstand politischer Interpretation zu machen«.[114]

Über Adorno verläuft eine Bezugslinie zu dessen philosophischem Sparringspartner Siegfried Kracauer (1889–1966). 1924, nachdem Benno Reifenberg die Leitung des Feuilletons der *Frankfurter Zeitung* übernommen hat, wird Kracauer Redakteur des wöchentlichen Literaturblattes und beauftragt Benjamin häufig mit Rezensionen. Von Kracauer stammt eine 1928 erscheinende, ausführliche Besprechung der *Einbahnstraße* und der Buchfassung von *Ursprünge des deutschen Trauerspiels*. Kracauers wichtigstes eigenes Buch, die Monographie *Die Angestellten*, wird zu jenen Werken gehören, die von den Nationalsozialisten im Mai 1933 verbrannt werden.

Eine weitere Bezugslinie in dem Kontaktsystem der Intellektuellen verläuft von Adorno zu Max Horkheimer. Dieser wird als Sohn eines jüdischen Textilfabrikanten in Stuttgart geboren und ist von Geburt an dazu bestimmt, die väterliche Fabrik zu übernehmen. Ein Liebesverhältnis mit Rose Riekher, acht Jahre älter als er und zum Zeitpunkt ihrer Bekanntschaft Privatsekretärin seines Vaters, öffnet ihm die Augen über die

Klassenkonflikte in Deutschland und führt zu einer zehn Jahre während Auseinandersetzung zwischen Vater und Sohn. Die Erfahrungen während der Räterepublik in München, wo Max Horkheimer 1918 das Abitur nachholt, führen zu einer weiteren Politisierung. Er studiert unter anderem in Freiburg, promoviert mit Psychologie als Hauptfach in Frankfurt und wird dann Assistent bei Cornelius, dem Philosophie-Ordinarius der Universität. Schon 1925 habilitiert er sich mit einer Arbeit über Kant und lehrt ab Mai 1925 als Privatdozent in Frankfurt. Er heiratet Rose Riehker und erhält nun bald einen besoldeten Lehrauftrag für Geschichte der neueren Philosophie.

Mit Adorno wird Horkheimer in Frankfurt Anfang der zwanziger Jahre bekannt. Friedrich Pollock, Sohn eines Lederfabrikanten, hat er schon 1910 bei einer Tanzveranstaltung getroffen. Jetzt wird Pollock ein überzeugter Marxist, was ihn nicht daran hindert, die Situation in der Sowjetunion durchaus kritisch zu beurteilen. Pollock wird Generalbevollmächtigter des von dem Millionärssohn Felix Weil gegründeten »Instituts für Sozialforschung« in Frankfurt. Mit Horkheimer teilt er die Hoffnung, dass »die Menschen an die Stelle des Kampfes kapitalistischer Konzerne eine klassenlose und planmäßig gelenkte Wirtschaft setzen werden«.[115] Im Oktober 1930 übernimmt Horkheimer die Leitung des Instituts. Sein von ihm selbst formuliertes Ziel zu diesem Zeitpunkt ist es, durch »Kritik jeglicher Form von Metaphysik das einst religiös verkleidete Ungenügen an der irdischen Ordnung von neuerlichen Verkleidungen freizuhalten, seine Energien in die wissenschaftliche Theorie von Gesellschaft zu leiten«.[116] Dies meint: von Philosophie und Soziologie her Klarheit über die Unmenschlichkeiten des kapitalistischen Arbeitsprozesses zu gewinnen und die Einsicht in die drängende Notwendigkeit zur Änderung dieses Zustandes voranzutreiben.

Bertolt Brecht (1898–1956) hat Benjamin 1929 in Berlin kennen gelernt. Im Jahr zuvor ist am neu gegründeten »Theater am Schiffbauerdamm« dessen *Dreigroschenoper* uraufgeführt worden. Adorno hatte das Stück als das wichtigste Ereignis des musikalischen Theaters seit der Aufführung von Alban Bergs *Wozzeck* im Dezember 1928 bezeichnet. Die Bekanntschaft zwischen Benjamin und Brecht kommt durch die Vermittlung von Asja Lacis zu Stande. Brecht kennt und bewundert sie aus der Zeit, da sie in München an den Kammerspielen als Regieassistentin tätig gewesen ist. Dort hat ihr Lebensgefährte Bernhard Reich Brechts Stück *Das Leben Edwards II. von England* inszeniert. Das gemeinsame Interesse an Fragen der marxistischen Ästhetik und der Politik führt rasch zu einer Annäherung, die Benjamin auch in Briefen nach Palästina an Scholem erwähnt. Pläne werden geschmiedet, unter anderem der, *Heidegger zu zertrümmern*.[117] Man begegnet sich im Mai 1930 an der Côte d'Azur und erwähnt nun den Plan einer Zeitschrift mit dem programmatischen Titel *Krisis und Kritik*.

Benjamin, der ein Memorandum zum Programm der Zeitschrift verfasst, schreibt: *Sie hat politischen Charakter. Das will heißen, ihre kritische Tätigkeit ist in einem klaren Bewusstsein von der kritischen Grundsituation der heutigen Gesellschaft verankert. Sie steht auf dem Boden des Klassenkampfes. Dabei hat die Zeitschrift jedoch keinen parteipolitischen Charakter. Insbesondere stellt sie kein proletarisches Blatt, kein Organ des Proletariats dar. Vielmehr wird sie die bisher leere Stelle eines Organs einnehmen, in dem die bürgerliche Intelligenz sich Rechenschaft von den Forderungen und den Einsichten gibt, die einzig und allein ihr unter den heutigen Umständen eine eingreifende, von Folgen begleitete Produktion im Gegensatz zu der üblich willkürlichen und folgenlosen gestatten.*[118]

Auch diese Zeitschrift erblickt nie das Licht der Öffentlichkeit. Es kommt zu ideologischen Meinungsverschiedenheiten, die eingegangenen Beiträge werden als unzulänglich beurteilt. Schließlich bringen finanzielle und organisatorische Schwierigkeiten das Projekt endgültig zu Fall.

Das alles tut dem Interesse Benjamins an Brechts literarischem Werk keinen Abbruch. Vor allem Brechts episches Theater findet Benjamins Beifall. Genaueren Aufschluss über seine Einschätzung Brechts geben einige Sätze aus Benjamins so genanntem *Brecht Kommentar: Bert Brecht ist eine schwierige Erscheinung. Er lehnt es ab, seine großen schriftstellerischen Talente »frei« zu verwerten. Und es gibt vielleicht keinen Vorwurf gegen sein literarisches Auftreten – Plagiator, Störenfried, Saboteur –, den er nicht für sein unliterarisches, anonymes, aber spürbares Wirken als Erzieher, Denker, Organisator, Politiker, Regisseur wie einen Ehrennamen beanspruchen wurde. Unbestreitbar jedenfalls, dass er unter allen in Deutschland Schreibenden der einzige ist, der sich fragt, wo er seine Begabung ansetzen muß, sie nur da ansetzt, wo er von der Notwendigkeit es zu tun überzeugt ist.*[119]

Gershom Scholem, der wohl engste Freund Benjamins, ist in seinem Denken nun mehr und mehr der jüdischen Mystik verbunden. Er steht Benjamins Hinwendung zum Marxismus skeptisch bis ablehnend gegenüber und versucht ihr warnend entgegenzusteuern.

Mit anderen etwas zusammen machen

Zwei recht unterschiedliche Persönlichkeiten sind es, mit denen Walter Benjamin in diesen Jahren sich zur direkten Zusammenarbeit verbindet.

Franz Hessel (1880–1941) ist, als Benjamin ihn kennen lernt, durch sein Buch *Pariser Romanze* (1920) ein ausgewiesener Pariskenner. Nach Studienjahren in München, von dessen Bohème sein erster Roman *Kramladen des Glücks* handelt, hat er zwischen 1906 und 1914 in der französischen Metropole gelebt. Nach dem Ersten Weltkrieg wird er in Berlin Lektor im Rowohlt Verlag und Herausgeber der Monatszeitschrift *Vers und Prosa*, mit der Ernst Rowohlt bislang unbekannte Autoren zu fördern versucht. Auch sie erscheint nur ein Jahr lang, aber Walter Benjamin und Charlotte Wolff, eine Freundin von Dora Benjamin, veröffentlichen darin Baudelaire-Übersetzungen. Dabei lernen Benjamin und Hessel sich kennen.

Es ist Franz Hessel gewesen, der bei Rowohlt die 44-bändige Übersetzung der Romane Balzacs durchgesetzt hat und sie betreut, zudem übersetzt er Stendhal, Victor Hugo, Julien Green und Jules Romain und zusammen mit Benjamin den zweiten und dritten Band von Marcel Prousts *Auf der Suche nach der verlorenen Zeit*. 1925 übersiedelt Hessel mit seiner Familie wieder nach Paris. Benjamin verdankt ihm entscheidende Einsichten in den Stil des Flanierens. Über seine eigenen Erfahrungen auf stöbernden Spaziergängen in Paris und Berlin, über seine *Lektüre der Straßen*, verfasst Hessel mehrere Bücher, von denen Benjamin jenes mit dem merkwürdigen Titel *Teigwaren leicht gefärbt* im September 1926 bespricht. Eine Verwandtschaft beider Autoren besteht darin, das »Sprechende der Erscheinungen« sichtbar zu machen.

Für Wilhelm Speyer (1887–1952) dürfte Benjamin nicht zuletzt deswegen Sympathien empfunden haben, weil dieser 1927 in seinem Bestseller *Der Kampf der Ter-*

tia der Reformschule Haubinda ein Denkmal gesetzt hat. Miteinander bekannt gemacht werden die beiden durch Franz Hessel, und Benjamin schreibt eine Kritik über die Verfilmung des Romans, bei der er die Eigenständigkeit des Streifens gegenüber der Buchvorlage hervorhebt. Von da an scheint Benjamin hin und wieder Speyer bei Romanen und Theaterstücken geholfen oder ihn als Mitarbeiter beraten zu haben. Meist findet diese Zusammenarbeit in Frankreich oder Italien statt. So Ende Juli 1929 während einer Woche in der Toskana, in San Gimignano. Diese Einnahmequelle – Speyer beteiligt Benjamin an den Theatereinnahmen seiner Stücke – wird für Letzteren bedeutsam, als mit dem wachsenden Einfluss des Nationalsozialismus ab Beginn der dreißiger Jahre immer mehr Zeitungsredaktionen seine Beiträge ablehnen.

Keine Reise nach Jerusalem

Ein düsteres Kapitel, bei dem man freilich Benjamins finanzielle Nöte, in denen er sich damals befindet, mitbedenken muss, nimmt in Paris 1927 seinen Anfang. Darin wird eine Eigenart von Benjamins Charakter deutlich, ein hamletartiger Zug, der zu dem vielen Unglück, das ihn Zeit seines Lebens heimsucht, nicht wenig beigetragen haben mag.

Gershom Scholem, der Benjamin vier Jahre nicht ge-

sehen hatte, ist von der Universität Jerusalem ein halbjäh-
riger Urlaub zum Studium kabbalistischer Handschriften
in England und Frankreich bewilligt worden. Während
dieses Zeitraums treffen Benjamin und Scholem mehrmals zusammen. Scholem findet den Freund verändert.
Wie, das umschreibt er so: »Noch immer wirkte jener ur-
sprüngliche Antrieb zu einer metaphysischen Weltsicht
in ihm weiter, aber er war in dialektische Zersetzung geraten.«[120] Einer tiefer gehenden Diskussion über die Frage seiner Haltung gegenüber dem Kommunismus weicht
Benjamin aus. In diesem Zusammenhang muss daran erinnert werden, dass 1924 Lenin gestorben war und Stalin
sich im Kampf um die politische Führung der Sowjetunion durchgesetzt hatte. 1927 hat in der Sowjetunion die
Kollektivierung der Landwirtschaft begonnen. Benjamin, der diese Ereignisse bestimmt zur Kenntnis genommen hat, mögen zusätzliche Zweifel darüber gekommen
sein, ob sich in der Sowjetunion eine humane kommunistische Gesellschaft verwirklichen werde: Dem
Freund berichtet er von einem geschichtsphilosophischen Projekt, dessen Ausgangspunkt die Stadt Paris sein
werde, später wird es den Titel *Passagen-Werk* erhalten.
Nach dem Abschluss dieser Arbeit will er seine hebräischen Studien wieder aufnehmen.

Scholem erwähnt gewisse Pläne zum Ausbau der
geisteswissenschaftlichen Fakultät in Jerusalem. Vielleicht, so meint er, könne Benjamin dort die akademische Wirkungsstätte finden, die ihm in Europa bisher

versagt geblieben ist. Um dies zu bewerkstelligen, bringt er Benjamin mit Judah Leon Magnes, dem Kanzler der hebräischen Universität in Jerusalem, zusammen. Magnes hat vor 25 Jahren seinen Doktor in Heidelberg gemacht und spricht gut Deutsch. Es entsteht der Plan, Benjamin könne sich bei einer Berufung nach Jerusalem an die Übersetzung und Interpretation hebräischen Schrifttums machen. Freilich wären gute Kenntnisse im Hebräischen dazu eine wesentliche Voraussetzung. »Benjamin sagte, falls er die finanzielle Möglichkeit dazu erhielte, würde er am liebsten ein Jahr nach Jerusalem kommen, wo er sich ausschließlich dem Studium der Sprache widmen und herausfinden könnte, ob er im Stande sein würde, nicht nur in die Quellen einzudringen, sondern auch als akademischer Lehrer sich hinreichend auszudrücken.«[121]

Mit der Absichtserklärung Benjamins, im Sommer oder Herbst 1928 nach Jerusalem zu kommen und bei Frau Scholem Sprachunterricht zu nehmen, geht man auseinander. Aber dann ist ab November 1928 Asja Lacis in Berlin, und es sieht für eine gewisse Zeit so aus, als würde Benjamin, sobald er von Dora geschieden ist, Asja heiraten.

Im Februar 1929 scheint der Palästina-Plan dahin abgeändert worden zu sein, dass nun in Jerusalem vielleicht auch ein Lehrstuhl für neue deutsche und französische Literatur in Betracht komme, eine Nachricht, auf die Benjamin höchst freudig reagiert.

Scholem hat ausgerechnet, dass Benjamin in Jerusalem nicht ohne Einkünfte von circa 300 Mark im Monat leben könnte. Benjamin schlägt vor, die Summe solle ihm auf unbestimmte Zeit gezahlt werden. Er muss Magnes als Gutachter für seine Kompetenz namhaft machen, was aber keine Schwierigkeit darstellt. Schon im Oktober 1928 sind Benjamin von Magnes auf einen Schlag 3600 Reichsmark – die Gesamtsumme, die Magnes für ihn in Palästina locker gemacht hat, um Benjamins Sprachstudien zu fördern – überwiesen worden. Benjamin hat daraufhin zwar begonnen, in Berlin Hebräisch zu lernen, gibt die Sprachstunden aber bald wieder auf. Zwar lässt er sich einen Pass ausstellen, dessen es für Palästina bedarf, schiebt aber die Reise von Halbjahr zu Halbjahr immer wieder hinaus. Das Stipendiumsgeld gibt er für andere Reisen aus. Bei der Beurteilung seines Handelns sollte man nicht ganz vergessen, dass er gemäß dem Scheidungsurteil, das allerdings erst im April 1930 ergeht, sich verpflichtet hat, 40000 Mark an Dora zurückzuzahlen. Abgesehen davon, dass Benjamin immer der Meinung gewesen ist, ein Mann seiner Fähigkeiten und Ziele dürfe in finanziellen Angelegenheiten skrupellos handeln, bleiben da dennoch Fragen offen.

Benjamin hat den so genannten »Agrarzionismus«, gemeint ist die Durchdringung Palästinas mit ländlichen Produktionsgemeinschaften, immer abgelehnt. Er ist zwar sehr wohl an bestimmten theologischen und historischen Aspekten des Judentums interessiert; aber was Scholem von ihm erhoffte und selbst praktizierte, ein praktisches Engagement für die jüdische Sache und für einen eigenen Staat der Juden in Palästina, ist er nicht bereit.

Er selbst hat noch eine andere Entschuldigung dafür, dass er den hilfsbereiten Jugendfreund in eine Lage gebracht hat, für die »peinlich« ein zu schwaches Wort ist. Für das geplante, mit Paris zusammenhängende große Werk, das bei wechselnden Entwürfen immer gigantischere Ausmaße annimmt, meint er, im Herzen des alten Europa bleiben zu müssen, in Paris oder jedenfalls in dessen Nähe. In dieser Stadt aber wird auch, nachdem er die großzügigen Vorschläge aus Palästina ausgeschlagen, ja sogar das in ihn gesetzte Vertrauen missbraucht hat, für ihn die endgültige Katastrophe ihren Anfang nehmen.

Man kann in diesem Verhalten eine gewisse Parallele zu seiner inneren Einstellung anlässlich seines Habilitationsversuchs sehen: etwas zu wollen, weil der Pragmatismus es rät, und sich dennoch so zu verhalten, dass der Versuch, es zu erreichen, zum Scheitern verurteilt ist.

Modische Melancholie

Es gibt jenen Satz in einem Brief von Gershom Scholem, in dem Benjamin seine Absicht bekundet, er ar-

beite darauf hin, *als le premier critique de la littérature alle-*
mande[122], als der im Rang erste Kritiker der deutschen
Literatur, betrachtet zu werden.

Man muss einräumen, dass er diesem Ziel zumindest beträchtlich nahe gekommen ist, vor allem durch
seine achtjährige Mitarbeit an der von Willy Haas ge-
leiteten Zeitschrift *Die Literarische Welt*, die bis 1930 in
einer Auflage von 30 000 Exemplaren verbreitet ist.
Nicht zufällig führt Benjamin 1926 auf einer Titelseite
der Zeitschrift, die Karikaturen der Mitarbeiter zeigt,
deren Schar an. Und in seinen Memoiren schreibt der
Herausgeber: »Unter allen, die in den zwanziger Jahren meine Wochenzeitschrift *Die Literarische Welt* mit
ihrer regelmäßigen Mitarbeit beehrt haben, habe ich
keinen höher geschätzt als Walter Benjamin. Überhaupt war er, trotz seines unübersehbaren Wissens, das
Gegenteil eines einfachen Polyhistors. Wenn er über
ein Thema sprach oder schrieb, näherte er sich ihm
niemals etwa durch Analogien; er schien immer mühsam aus dem Kern der Sache selbst herauszugraben,
wie ein Gnom, der seinen Schatz in einem Schacht
verborgen hält, dessen Ausgang verschüttet worden
war.«[123]

Zwar hatte *Die Literarische Welt* Benjamin als ständigen Referenten über neue französische Kunsttheorie
angeworben, aber die Thematik seiner zahlreichen
Beiträge geht weit darüber hinaus. Es ist Benjamin mit
seinen in der Form recht unterschiedlichen Arbeiten

tatsächlich darum zu tun, an aktuellen Erscheinungen des Buchmarktes symptomatische Erscheinungen des Zeitgeistes zu erkennen und Gesellschaftskritik zu üben, dies möglichst auf die Art und Weise, wie das für die Zeitschrift *Krisis und Kritik* geplant gewesen war und nicht verwirklicht werden konnte.

An seinen Kritiken lassen sich eine ganz bestimmte Haltung und wiederkehrende Vorstellungen des Rezensenten ausmachen. »Fast jede hat an gewichtiger Stelle, ist am Ende, nach der blitzhaften Erhellung ökonomischer, politischer, literarischer Zusammenhänge, ein Resümee über die Aktualität der besprochenen Schrift. Es versteht sich, dass das Verfahren im Bereich echter Philologie bleibt. [. . .] Zuweilen erscheint es abgekürzt und dadurch gewaltsam [. . .], aber nicht ungerecht oder willkürlich.«[124]

Seine Grundsätze, die er schon in seine Dissertation eingeschrieben hat und die er nun in die Praxis umsetzt, lauten: *Entfaltung der Reflexion . . . in einem Gebilde . . . Erhöhung des Bewußtseins . . . die geheimen Anlagen des Werkes selbst aufdecken, seine verhohlenen Absichten vollstrecken . . . es absolut machen.*[125]

Welche Bewusstseinsveränderung bei Benjamin inzwischen durch die Begegnung mit Asja Lacis und Brecht sowie durch die fortschreitende Aneignung des Marxismus vor sich gegangen ist, spiegelt sich in seinem Text *Technik des Kritikers in dreizehn Thesen* (1925). In ihm heißt es unter anderem mit marxistisch klingendem Unterton: *Der Kritiker ist Stratege im Literatur-kampf. [. . .] immer muss »Sachlichkeit« dem Parteigeist ge-opfert werden, wenn die Sache es wert ist, um welche der Kampf geht. [. . .] Kunstbegeisterung ist dem Kritiker fremd. Das Kunstwerk ist in seiner Hand die blanke Waffe in dem Kampf der Geister.*[126]

Außer für *Die Literarische Welt* schreibt Benjamin auch noch für andere Zeitungen und Zeitschriften, vor allem für die *Frankfurter Zeitung*, an der Siegfried Kracauer Redakteur ist.

1930 bietet Benjamin dem Berliner Korresponden-ten der *Frankfurter Zeitung*, Bernard von Brentano, eine Rezension mit dem Titel *Linke Melancholie* zu Erich Kästners neuem Lyrikbank *Ein Mann gibt Auskunft* an. Was Benjamin an diesen Gedichten des um sieben Jah-re Jüngeren, den er im Übrigen eine große Begabung nennt, kritisiert, ist dessen Schwermut, die nach seiner Ansicht aus der Routine einer Zeitmode herrührt. Mit anderen Worten: Kästner bediene mit diesen Gedich-ten eine Zeitstimmung. Dies sei angesichts der poli-tisch-geschichtlichen Situation – gedacht ist vor allem an die Gefahr des zur Macht drängenden Faschismus – unangemessen. Benjamin kritisiert Kästners Melan-cholie, verdrängt dabei aber völlig, dass er bei sich selbst Melancholie als einen wichtigen Bestandteil des eigenen Bewusstseins festgestellt und über die Kon-sequenzen im Exkurs zu der Trauerspielarbeit weit ge-hende Spekulationen angestellt hat.

Bald nach der Veröffentlichung der Besprechung von Benjamin in der Zeitschrift *Gesellschaft – Internationale Revue für Sozialismus und Politik* erscheint Kästners durchaus als Schlüsselroman verstandener Roman *Fabian*, mit dessen zentraler Figur, Stephan Labude, entscheidende Ereignisse aus Benjamins Leben fiktionalisiert werden. Das betrifft nicht nur die Passagen über das elterliche Haus Labudes im Grunewald, die unglückliche Liebesbeziehung Labudes zu einer Bildhauerin, die Nachricht, dass seine Habilitationsschrift nicht angenommen worden sei, was sich im Roman als ein makabrer Scherz eines Universitätsangestellten erweist. Das geht bis zu den Selbstmordabsichten Labudes, die mit denen Benjamins ebenso korrespondieren wie die Darstellung von Labudes Bewusstsein: »Du willst, träumst du, das Kleinbürgertum sammeln und führen. Du willst das Kapital kontrollieren und das Proletariat einbürgern. Und dann willst du helfen, einen Kulturstaat aufzubauen, der dem Paradies verteufelt ähnlich sieht«[127], hält ihm ein Freund vor.

Im Bereich der Vermutung liegt die Vorstellung, dass Benjamin vom Inhalt des Kästnerschen Romans schon gehört hatte, als er seine Kritik schrieb, zu der man durchaus kommentierend die Überschrift wählen könnte: »Walter Benjamins Steinwurf im Glashaus der Melancholie«.[128]

Sollte an diesem Punkt jemand einen Kommentar dessen erwarten, der hier schreibt, so will ich gern be-

kennen, dass mir spontan Kurt Tucholskys Wort einge-
fallen ist: »Wenn Literaten Literaten Literaten nennen.«
Den Schlüsselroman als Werkzeug der Rache aus ge-
kränkter Eitelkeit hat es wohl immer gegeben und
wird es immer geben. Neid ist ein großer Beweger
menschlicher Aktivitäten.

Aber nicht das ist das Interessante an dieser Episode.
Vielmehr belegt sie, dass selbst der klügste Kopf weiße
Flecken in seinem Bewusstsein hat, zu denen die sonst
funktionierende Selbstanalyse nicht hingelangt.

Vom Erzählen

Zu einer der interessantesten und leicht zugänglichen
literarischen Arbeiten Benjamins gehört der erst in der
zweiten Hälfte der dreißiger Jahre, also schon im Exil,
entstandene Essay *Der Erzähler, Betrachtungen zum Werk
Nikolai Leskows*[129]. Wie nicht selten bei Benjamins
Texten über Schriftsteller oder Künstler, offenbart diese
Abhandlung auch in der Analyse des anderen manches
über Benjamin selbst.

Die Betrachtung beginnt mit der Feststellung, dass
es mit der Kunst des (mündlichen) Erzählens zu Ende
gehe. Die Ursache dafür sieht Benjamin darin, dass die
Erfahrung im Kurs gefallen sei, das will sagen, der
Mensch macht Erfahrungen – beispielsweise im Krieg –,
die nicht zum Erzählen, sondern zum Verstummen

führen. Die Quelle für die großen Erzähler der Literatur aber sei jener Stoff gewesen, der von Mund zu Mund ging.

Nach einer Charakterisierung Leskows, in der die Bedeutung von dessen weitläufigen Reisen durch Russland – er war Vertreter einer englischen Textilfirma in Russland – hervorgehoben wird, bezeichnet Benjamin den Erzähler als jemanden, der dem Leser/Hörer Rat weiß. Rat zu wissen aber sei altmodisch, weil die Unmittelbarkeit der Erfahrungen abgenommen habe. Die Ausrichtung auf praktisches Interesse sei ein charakteristischer Zug bei vielen geborenen Erzählern. Benjamin sieht im sesshaften Ackerbauern und im Handel treibenden und dabei die Ferne erfahrenden Seemann zwei Typen der Vermittlung von Erzählstoffen und nennt auch gleich Entsprechendes aus der deutschen Literatur mit Hebel und Gotthelf und Sealsfield und Gerstäcker als Beispiele für die beiden Typen. Er geht dann auf den Unterschied zwischen dem Erzähler, der seinen Stoff aus eigenen oder berichteten Erfahrungen nehme, und dem Romancier ein, der abgeschieden, auf sich selbst zurückgeworfen schreibe, der die Fülle des Lebens darstelle, aber keinen Rat mehr geben könne. Der Roman, fährt er fort, bekunde die tiefe Ratlosigkeit des Lebenden. Auch diese Behauptung wird begründet. *Das erste große Buch der Gattung, der Don Quichote, lehrt sogleich, wie die Seelengröße, die Kühnheit, die Hilfsbereitschaft eines der Edelsten*

– eben des Don Quichote – von Rat gänzlich verlassen sind
und nicht den kleinsten Funken Weisheit enthalten.

Leskow, so stellt Benjamin im VII. Abschnitt seines
Essays fest, sei in die Schule der Alten gegangen, und
nun folgt eine Passage, die man vor allem in Hinblick
auf Benjamins eigene Darstellungsweise betrachten
muss. Verwiesen wird auf das vierzehnte Kapitel des
dritten Buches in den *Historien* des Herodot. Dort
wird Folgendes erzählt: Als der Ägypterkönig Psammenit von dem Perser Kambyses geschlagen und gefangen
genommen worden war, sah Kambyses es darauf ab,
den Gefangenen zu demütigen. Er gab Befehl, Psammenit an der Straße aufzustellen, durch die sich der
persische Triumphzug bewegen sollte. Und weiter
richtete er es so sein, dass der Gefangene seine Tochter
als Dienstmagd, die mit dem Krug zum Brunnen ging,
vorbeikommen sah. Als alle Ägypter über dieses
Schauspiel klagten und jammerten, stand Psammenit
allein wortlos und unbeweglich, die Augen auf den
Boden geheftet; und als er bald darauf seinen Sohn
sah, der zur Hinrichtung im Zug mitgeführt wurde,
blieb er gleichfalls unbewegt. Als er danach aber einen
von seinen Dienern, einen alten verarmten Mann, in
den Reihen der Gefangenen erkannte, schlug er mit
den Fäusten an seinen Kopf und gab alle Zeichen der
tiefsten Trauer von sich.

Herodot gibt keine Auskunft darüber, warum der
gefangene König gerade bei dem Diener seine stoische

Haltung aufgibt. Benjamins Kommentar: *Herodot erklärt nichts. Sein Bericht ist der trockenste. Darum ist diese Geschichte aus dem alten Ägypten nach Jahrtausenden noch im Stande, Staunen und Nachdenken zu erregen. Sie ähnelt den Samenkörnern, die jahrtausendelang luftdicht verschlossen in den Kammern der Pyramide gelegen und ihre Keimkraft bis auf den heutigen Tag bewahrt haben.*[130]

Hier hat man wohl das Vorbild für die Art des Erzählens oder sagen wir besser, der Darstellung der Gedanken vor sich, nach der Benjamin selbst verfuhr. So entsteht eine Mehrdeutigkeit, eine Offenheit, ein Geheimnis, das dem Leser/Hörer zu lösen aufgegeben ist.

In dem Essay *Der Erzähler* ist einmal mehr von Verfall, von Ende, von Untergang die Rede. Helmut Salzinger hat in seinem Buch *Swinging Benjamin*[131] aufgelistet, wo Benjamin überall einen Verfall konstatiert hat: Verfall der Kritik, Verfall der Sprache, Verfall des Intellekts, Verfall des Kapitalismus, Verfall des Erzählens. Das alles fügt sich zu einer übergreifenden Vorstellung vom Wesen der Zeit, in der er lebte: Verfallszeit, Endzeit. Und je weiter sein Leben voranschreitet, desto mehr häufen sich seine Vorstellungen von Verfall. Es ist, als ob die Zeit mit ihrer beherrschenden Eigenart das Schicksal dieses Menschen einfärbe, ihn an einen Punkt dränge, wo er endlich diesen Prozess nicht mehr denkend betrachtet und festhält, sondern von ihm überwältigt wird.

Rundfunkarbeit. Am Mikrofon Dr. Benjamin

In den zwanziger Jahren war der Rundfunk ein neues Medium. Ab Oktober 1923 beginnt die »Berliner Funk-Stunde AG« ihre Sendungen auszustrahlen. Bald gibt es Stationen in ganz Deutschland. Der erste Kontakt Benjamins mit dem Rundfunk fällt in das Jahr 1925. Da soll er Redakteur der *Radio-Umschau* für das Beiblatt *Die Besprechung* werden. Daraus wird nichts. Im März 1927 aber steht er dann in Frankfurt vor dem Mikrofon und berichtet von jungen russischen Dichtern. Zur ständigen Mitarbeit kommt es jedoch erst in der zweiten Jahreshälfte 1929 beim Südwestdeutschen Rundfunk. Bis ins Jahr 1932 hat Benjamin dann insgesamt mehr als achtzig Sendungen gestaltet.

Von seinen Rundfunkarbeiten verdienen die bisher wenig beachteten *Rundfunkgeschichten für Kinder* genauere Betrachtung. Schon allein die Aufzählung der Titel wirkt erstaunlich und führt zu der Frage, ob derlei Themen Kinder nicht überfordern. Einige Titel von Benjamins Kindersendungen lauten: *Berliner Dialekt; Straßenhandel und Markt in Alt Berlin; Das dämonische Berlin; Ein Berliner Straßenjunge; Borsig; Fontanes Wanderungen durch die Mark Brandenburg; Räuberbanden im alten Deutschland; Die Mietskaserne; Hexenprozesse; Die Zigeuner; Die Bastille, das alte französische Staatsgefängnis; Caspar Hauser; Dr. Faust; Cagliostro; Briefmarkenschwindel; Die Bootleggers; Die Eisenbahnkatastrophe vom Firth of Tay;*

Die Mississippiüberschwemmung 1927 und *Wahre Geschichten von Hunden*. In den Gesammelten Schriften machen diese Texte immerhin an die 90 eng bedruckte Seiten aus. Sie wären es wert, als Jugendbuch entdeckt und veröffentlicht zu werden. Locker und auf Verständlichkeit bedacht, aber mit einem sicheren Instinkt dafür, was Heranwachsende interessieren könnte, weiß Benjamin über diese Themen zu erzählen.

Betrachten wir drei dieser Texte in Machart und Tendenz etwas genauer. Zunächst das einstündige Radiospiel für Kinder *Radau um Kasperl*, das erstmals am 10. März 1932 vom Südwestdeutschen Rundfunk gesendet wird. Die Handlung: Auf einem Marktplatz stößt der Radio-Erzähler, Herr Maulschmidt, auf Kasperl, der ausgeschickt worden ist, um Fisch einzukaufen. Maulschmidt lädt ihn in den Sender ein, er soll zu den Radiohörern sprechen. Während Maulschmidt noch die verschiedenen technischen Einrichtungen erklärt, lässt Kasperl eine Schimpfrede ab. Verfolgt vom Erzähler flieht er aus dem Studio in ein Hotel, wo er sich als Kellner verdingen will. Er löst ein großes Durcheinander aus in der Küche und den Speisesälen, Kasperl flieht ein weiteres Mal, erst auf den Bahnhof, dann in den Zoo. Nach einem Taxizusammenstoß landet er im Krankenhaus und erhält dort sein Honorar für den Radioauftritt.

Bei diesem Radiospiel, das Anklänge an das epische Theater Brechts erkennen lässt, überzeugt vor allem die

Benutzung der akustischen Elemente als ein zusätzliches Stilmittel, das der Schreibende nicht hat. Grundsätzlich betrachtet Benjamin das Radio als eine Möglichkeit des Trainings oder der Schulung der Zuhörer in Selbsterkenntnis, will es also gerade aufklärerisch als das Gegenteil von Propaganda nutzen, als welches sich der Nationalsozialismus des neuen Mediums bedienen wird.

Das zweite Beispiel ist eine Kinderfunksendung über einen Lithographen und Kinderbuchillustrator aus dem 19. Jahrhundert, einen gewissen Theodor Hosemann. An dessen Werk zeigt Benjamin auf, welch seltsame Urteile die offizielle, den Standards des Bildungsbürgertums verpflichtete Kunstbetrachtung fällt. Es handelt sich also um ein »Training in Kunstbetrachtung«. Im Text heißt es: *Man sollte nun glauben, die Berliner hätten sich vor Stolz über einen solchen Maler, der ihrer Stadt in allen kleinsten Zügen mit solcher Liebe nachging, gar nicht lassen können. Aber das war ganz und gar nicht so. [. . .] Ihnen kam die ganze Kunst von Hosemann ein bisschen gewöhnlich, nicht vornehm und gebildet genug vor. Sie zerstritten sich damals gerade die Köpfe über solche Kunstfragen wie: ob es feiner sei, Geschichtsbilder, große Schlachten-, Reichstags- und Krönungsszenen zu malen oder so genannte Genrebilder [. . .], zum Beispiel den dicken Mönch, der sein Weinglas hochhebt und die Sonne durch den Wein scheinen lässt. Oder ein Fräulein, das gerade einen Liebesbrief liest, und hinten guckt der Bräutigam, der ihn geschrieben hat, durch einen Türspalt herein. [. . .] Aber*

*Gott sei Dank gab es auch andere. Das Volk und die Kin-
der. Für die hat Hosemann eben gearbeitet.*[132]

Während der erste Text als Hörspiel dargeboten
wurde, handelt es sich bei dem zweiten um einen Vortrag, bei dem Benjamin selbst sprach.

Das dritte Beispiel ist eine Kinderfunksendung über
die Überschwemmung des Mississippi. Darin wird auf-
gezeigt, wie die Regierung der USA die Naturkata-
strophe dazu benutzte, den Notstand auszurufen und
diktatorial zu regieren, und – um den Hafen von
New Orleans vor Schaden zu bewahren – die Verhee-
rung der weiter nördlich am Fluss gelegenen landwirt-
schaftlich genutzten Gebiete in Kauf nahm. Der Text
enthält durchaus auch einige autobiographische Aspekte. Erzählt wird nämlich, wie zwei Brüder, Farmer in
der Nähe von Natchez, deren Felder unter Wasser stehen und deren Ernten vernichtet worden sind, auf
dem Dach ihres von den Fluten umgebenen Hauses
sitzen. Das Wasser steigt immer noch. Der eine Bruder, völlig verzweifelt, sieht geradezu ungeduldig seinem Tod entgegen und stürzt sich schließlich in die
Fluten. Der andere aber, der ausharrt, wird von einem
Boot entdeckt und gerettet.

Man kann wohl sagen, dass die beiden Brüder die
existenzielle Alternative darstellen, die Benjamin um das
Jahr 1933, als selbst kleinere Beiträge von ihm von Funk
und Zeitungen zurückgewiesen werden, für sein Leben
sieht. Das bucklicht Männlein schaut wieder einmal um

die Ecke und grinst schadenfroh über die wachsende Verzweiflung dessen, der da schreibt. Schon im April 1931 hatte er seine Lage so dargestellt: *Ein Schiffbrüchiger, der auf einem Wrack treibt, indem er auf die Spitze des Mastbaums klettert, der schon zermürbt ist. Aber er hat die Chance, von dort zu seiner Rettung ein Signal zu geben.*[133]

Eine Jugendstunde

Ehe wir zum Lauf der Ereignisse im Leben jenes Mannes, der da im spanischen Grenzort auf den Tod wartet, zurückkehren, erbitten wir uns vom Leser noch einen Augenblick Geduld – eine Eigenschaft, über die Benjamin selbst in großem Maße (vor allem im Liebeswerben) zu verfügen meinte. Geduld, um den Blick auf einen Text Benjamins zu werfen, der vielleicht nicht als so bedeutend angesehen wird wie jene, die in aller Munde sind . . .

In der Gegenwart wird viel darüber diskutiert, wie man der nachwachsenden Generation die wichtigsten Werke aus dem Kanon deutscher Literatur nahe bringen könnte. Auch hier kann man von Walter Benjamin lernen. Die sollen Ausschnitte einer Hörspielbearbeitung der berühmten Novelle von Wilhelm Hauff *Das kalte Herz* zeigen. Freilich müsste man den Text hören, denn für den »Hörfunk« ist er gedacht. Vielleicht gibt die Wiedergabe in gedruckter Form den

Anstoß dazu, dass ein Sender das Hörspiel wieder einmal inszeniert. Es ist ein didaktisches Meisterstück, ein Beleg für die Lust Benjamins am Medium Hörfunk, aber auch für seine Fähigkeit, sich mit seinem Schreibstil auf den breites Publikum einzustellen.

Der Sprecher: Liebe Rundfunkhörer, wir haben heute wieder mal Jugendstunde, ich denke, da werde ich euch wieder mal ein Märchen vorlesen. Was soll ich denn heute für ein Märchen vorlesen? Wir wollen mal das große Wörterbuch vornehmen, wo die Namen von allen Märchenschreibern drinstehen wie im Telefonbuch, da kann ich mir ja eines raussuchen. Also A wie Abrakadabra, das ist nichts für uns, blättern wir weiter, B wie Bechstein, das wär schon was, den haben wir aber erst neulich gehabt.
(Es klopft.)
C wie Celsius, ist das Gegenteil von Réaumur, D, E, F, G.
(Es klopft stärker.)
H wie Hauff, Wilhelm Hauff, ja, das wäre heute der Richtige für uns.
(Es trommelt ganz laut gegen die Tür.)
Was ist denn das für ein Höllenlärm hier im Rundfunk, wie soll man denn da Jugendstunde machen, zum Donnerwetter noch einmal! Herein! Na, also herein doch! (Flüsternd) Sie stören mir ja die ganze Jugendstunde – ja was ist denn das? Was seid ihr denn für seltsame Gestalten? Was wollt ihr denn hier?

Kohlenmunk-Peter: Wir sind die Figuren aus dem Märchen »Das kalte Herz« von Wilhelm Hauff.

Sprecher: Aus dem »Kalten Herz« von Wilhelm Hauff? Da kommt ihr ja eigentlich wie gerufen! Aber wie kommt ihr denn her? Wisst ihr denn nicht, dass hier Rundfunk ist? Und dass man hier nicht so ohne weiteres eindringen darf?

Kohlenmunk-Peter: Sind Sie der Sprecher?

Sprecher: Freilich, der bin ich.

Kohlenmunk-Peter: Na, dann sind wir schon richtig hier. Kommt nur alle rein und macht die Tür zu. Und nun dürfen wir uns zunächst einmal vorstellen.

Sprecher: Ja aber

(Jede Vorstellung einer Figur des Märchens wird von einem kleinen Spieluhrmotiv eingeleitet.)

Kohlenmunk-Peter: Ich bin Peter Munk, im Schwarzwald gebürtig, genannt der Kohlenmunk-Peter, weil ich von meinem Vater zugleich mit dem Ehrenwams mit silbernen Knöpfen auch den Köhlerstand geerbt habe.

Glasmännlein: Ich bin das Glasmännlein, zwar nur $3\frac{1}{2}$ Fuß hoch, aber von großer Gewalt über die Geschicke der Menschen. Wenn du ein Sonntagskind bist, Herr Sprecher, spazierst einmal durch den Schwarzwald und siehst ein Männlein vor dir in einem spitzen Hut mit großem Rand, mit Wams und Pluderhöschen und roten Strümpfen, dann tu nur schnell einen Wunsch, denn dann hast du mich erblickt.

Holländer-Michel: Ich bin der Holländer-Michel. Mein Wams ist von dunkler Leinwand, die Beinkleider von schwarzem Leder trag ich an breiten grünen Hosenträgern. Und in der Tasche einen Zollstab von Messing, dazu die Flözerstiefel, das alles aber so übermenschengroß, dass man allein für die Stiefel ein ganzes Dutzend Kälber brauchen würde.

Ezekiel: Ich bin der dicke Ezekiel, bin darum so genannt, weil mein Leibesumfang so gewaltig ist. Hab's ja auch dazu. Gelt ich mit Recht für den reichsten Mann in der Runde. Alle Jahre reise ich zweimal nach Amsterdam, und wenn die Übrigen zu Fuß heimgehen müssen, kann ich stattlich heimfahren.

Schlurker: Ich bin der lange Schlurker, der längste und magerste Mensch im ganzen Schwarzwald, aber auch der kühnste, denn wenn man noch so gedrängt im Wirtshaus sitzt, brauch ich mehre Platz als vier der Dicken.

Tanzbodenkönig (geziert): Gestatten Sie, Herr Sprecher, dass ich mich vorstelle, ich bin der Tanzbodenkönig.

Holländer-Michel (unterbricht ihn): Schon gut, Tanzbodenkönig, brauchst hier auch keine langen Sprüch zu machen, ich weiß doch, wo dein Geld herkommt, und dass du früher ein armer Holzknecht gewesen ist.

Lisbeth: Ich bin Frau Lisbeth, eines armen Holzbauers Tochter, aber die Schönste und Tugendsamste im ganzen Schwarzwald und dem Kohlenmunk-Peter als Eheweib angetraut.

Bettler: Und ich komm ganz zuletzt, denn ich bin nur ein armer Bettelmann und habe deswegen auch eine zwar wichtige, aber nur kleine Rolle zu spielen.

Sprecher: Nun hab ich schon genug gehört. Wer ihr seid, dass mir schier der Kopf verwirrt ist; aber was wollt ihr hier im Rundfunk, was stört ihr mich bei meiner Arbeit?

Kohlenmunk-Peter: Um die Wahrheit zu gestehen, Herr Sprecher, so möchten wir gar zu gern einmal ins Stimmland.

Sprecher: Ins Stimmland? Kohlenmunk-Peter? Wie soll ich denn das nun wieder verstehen? Da müßt ihr euch schon etwas deutlicher erklären!

Kohlenmunk-Peter: Seht Ihr, Herr Sprecher, wir stehen nun schon hundert Jahre in Hauffs Märchenbuch. Da können wir immer nur zu einem Kind sprechen. Nun soll doch aber die Mode sein, dass die Märchenfiguren jetzt aus den Büchern herauskommen und ins Stimmland hinübergehen, wo sie sich dann vielen tausend Kindern auf einmal präsentieren können. So wollen wir es auch machen, und man hat uns gesagt, Ihr, Herr Sprecher, seid gerade der rechte Mann, um uns dazu zu verhelfen . . .

Für den Fall, dass nicht jeder Leser das Märchen vom Kalten Herz kennt, soll hier wenigstens so viel gesagt werden, dass in der Geschichte einer zwar reich wird, aber ein kaltes Herz bekommt, und dass er es sich dann anders überlegt und alles noch zu einem guten Ende kommt, wie es sich für ein Märchen gehört, bei dessen Funkversion übrigens eine ganze Menge von Walter Benjamin dazu erfunden worden ist. So auch der Schluss nach dem Schluss . . .

Stimmengemurmel: Auf Wiedersehn, Herr Schatzhauser, gnädige Frau, Herr Peter, usw.

Holländer-Michel: Hallo, hallo, ach bleiben Sie doch noch einen Moment, meine Herrschaften, haben Sie's denn so eilig? Mir ist nicht lieb, dass ich hier eine solch schlechte Figur gemacht habe. Da wollte ich darauf aufmerksam gemacht haben, dass es bei Hauff ganz andere Halunken gibt. Lesen Sie z. B. »Das Gespensterschiff«, »Die Geschichte von der abgehauenen Hand« und manche andere Geschichten von Hauff, wo noch viel schlimmere Kerle zum guten Ende beitragen, als ich einer bin. Aber nichts für ungut. Ich sehe auch, die anderen sind schon gegangen. Also auf Wiedersehn!

Sprecher: Auf Wiedersehen, Herr Holländer-Michel. Nette Leute. Aber jetzt bin ich ganz froh, dass ich mal wieder in meinem Büro allein bin. Tja, eine Jugendstunde wollte ich eigentlich machen. War das nun eine Jugendstunde?

(Gong.)[134]

»Walter Benjamin war ein Hascher«

Eine bereits zitiert, von Gershom Scholem überlieferte Äußerung Benjamins lautet: *Eine Philosophie, die nicht die Möglichkeit der Weissagung aus dem Kaffeesatz einbezieht und explizieren kann, kann keine wahre sein.*[135] Und in dem Aufsatz über *Die Aufgabe des Übersetzers* lesen wir: *Jene reine Sprache, die in fremde gebannt ist, in der eigenen zu erlösen, die im Werk gefangen in der Umdichtung zu befreien, ist die Aufgabe des Übersetzers.*[136]

Es ließen sich in Benjamins Werk noch mehr Beispiele aufzeigen, die auf eine bestimmte Eigenart seines Denkens hinweisen, auf die der Grenzüberschreitung, also auf den Versuch, Bereiche, die der menschlichen Erkenntnis verschlossen sind oder zu denen der Zugriff in Vergessenheit geriet, neu zu erschließen. Aus dieser Perspektive müssen auch seine Experimente mit Rauschmitteln betrachtet werden. Freilich ist dies nicht der einzige Antrieb bei ihm, Haschisch zu rauchen oder Meskalin einzunehmen.

Von Helmut Salzinger, der sich Benjamin und seinem Werk gewissermaßen im Freistil näherte, stammt der Satz: »Walter Benjamin war ein Hascher«, den Salzinger allerdings schon bei Franz Hessel vorgefunden hat. Er ist zutreffend und wird von keinem Geringeren als Ernst Bloch bestätigt und genauer ausgeleuchtet. Bloch erzählt im Gespräch mit Peter Stephan Jungk: »Sonderbar – Rauschmittel hatten bei mir nie den geringsten Effekt. Selbst Opium rief keine Reaktion hervor. Ich habe einst mit Walter Benjamin mehrmals Haschisch geraucht, in Paris, in den dreißiger Jahren. Aber während sich in meinem Kopf rein gar nichts tat, gelang es Benjamin jedes Mal, sich ein Wunschkonzert zurechtzuzaubern. Da beobachtete er dann Petrarca und Dante heftig diskutierend an sich vorbei defilieren. Anschließend rasten wir mit dem Automobil durch ihm völlig fremde Phantasielandschaft, ohne je von den Boulevards und Avenues abzukommen. Er kannte die Straßen in Wirklichkeit natürlich gut, befuhr sie in nüchternem Zustand nahezu täglich. Ich fürchtete mich ungemein, aber es passierte uns nie das Mindeste.«[137]

Abgesehen davon, dass es einigen von uns gewiss reizvoll erschiene, ein Gespräch zwischen Dante und Petrarca mit anzuhören, ist noch auf der Frage zu beharren, was Benjamin mit seinen Haschisch-Experimenten bezweckte. Da wäre zunächst jene Antwort, die Salzinger gibt, nämlich Benjamin sei ein utopischer Träumer gewesen. Er habe sich aus dem schlechten Jetzt in die paradiesische Zukunft geträumt. Er sei aus der Wirklichkeit geflüchtet, behaupten die Realisten. »Er gehe schon mal vor, sagte er selbst. Der utopische Träumer hat die Flucht nach vorn angetreten. Ohne ihn fänden die Realisten ihr Ziel nie.«[138] Das kann man gelten lassen, aber man muss noch einen anderen Aspekt zur Kenntnis nehmen, eben den der Erkundung besonderer Zustände der Wahrnehmung.

Die Wahrnehmung im Zustand zwischen Traum und Erwachen spielt in Benjamins Werk eine besondere Rolle. Er schreibt dazu unter anderem: *Das Leben schien nur lebenswert, wo die Schwelle, die zwischen Wachen und Schlaf ist, in jedem ausgetreten war, wie vom Tritt massenhafter hin und wieder flutender Bilder, die Sprache nur sie selbst, wo Laut und Bild und Bild und Laut mit automatischer Exaktheit derartig glücklich ineinander griffen, daß für den Groschen »Sinn« kein Spalt mehr übrig blieb. Bild und Sprache haben den Vortritt. Saint Paul Roux befestigt, wenn er gegen Morgen sich zum Schlafen niederlegt, an seiner Tür ein Schild: Le poète travaille. [Der Dichter arbeitet.] Breton notiert: »Still, ich will, wo keiner noch hindurchgegangen ist, hindurchgehen, still! – Nach Ihnen, liebste Sprache.«*[139]

Solche Haltung wird von Benjamin mit gewissen Erfahrungen in Zusammenhang gebracht, die von Menschen beschrieben werden, die an der Schwelle des Todes waren und den Film ihres ganzen Lebens in Sekundenschnelle ablaufen sahen, er selbst nennt den Haschischrausch *eine Vorschule profaner Erleuchtung.* Das Interesse für solche Zustände weist schon voraus auf zwei Gestalten, die später im *Passagen-Werk* noch näher analysiert werden. Den Flaneur, der durch die labyrinthhaften Straßen der Großstadt schlendert und dem die Eindrücke zu Bildern zusammenschießen, die zwischen Mythologie und Rationalität liegen, und den Lumpensammler. Dessen Aufmerksamkeit gilt nicht den Veranstaltungen der Gesellschaft und nicht dem, was in ihr

Funktion hat, sondern dem, was aus dem Gebrauch herausfällt und für die Verwertung sinnlos geworden ist.[140]

Man sieht, es geht Benjamin um die Eroberung eines Freiheitsraumes, in dem die Ausstrahlungen des Fetischcharakters der Ware in der kapitalistischen Gesellschaft aufgehoben sind.

Benjamin hat über eine Haschischerfahrung, genau genommen über die vom 18. Dezember 1927 um 3 $^1/_2$ Uhr, geradezu klinisch wirkende Aufzeichnungen gemacht:

Geister schweben (vignettenhaft) hinter der rechten Schulter. Kühle in dieser Schulter. In diesem Zusammenhang: Ich habe das Gefühl, daß außer mir 4 im Zimmer sind.

Unbegrenztes Wohlwollen. Versagen der zwangsneurotischen Angstkomplexe. Der schöne Charakter tut sich auf. Alle Anwesenden irisieren ins Komische. Zugleich durchdringt man sich mit ihrer Aura.

Gefühl, Poe jetzt viel besser zu verstehen. Die Eingangstore zu einer Welt des Grotesken scheinen aufzugehen. Ich wollte nur nicht hineintreten.

Ofenröhre wird zu Katze. Beim Wort Ingwer ist an Stelle des Schreibtisches plötzlich eine Fruchtbude da, in der ich sofort darauf den Schreibtisch wiedererkenne. Ich erinnerte an 1001 Nacht.[141]

Wie häufig, so ist auch bei diesem Thema Benjamin durchaus in der Lage, Ernstes und Heiteres vermischt zu präsentieren. In diesem Zusammenhang ist auf *Die Geschichte eines Haschischrausches*[142] hinzuweisen. Die

Geschichte will Benjamin angeblich von dem Maler Edward Scherlinger gehört haben, und zwar ausgerechnet in den Berliner Weinstuben von Lutter und Wegener, einem Ort[143], der in der Geschichte der phantastischen Literatur nicht unbekannt ist. Es geht dabei um einen Mann, der nach Marseille kommt, dort Haschisch erwirbt und einnimmt und dann telegrafisch eine Anfrage erhält, ob eine bestimmte Aktie, bei der ein beträchtlicher Kursgewinn zu erwarten ist, von seiner Bank für ihn gekauft werden soll oder nicht. Er müsste nun ebenfalls mit einem Telegramm antworten. Aber der Zustand, in den er durch die Einnahme des Haschisch geraten ist, verhindert, dass er die zustimmende Antwort abschickt. Als er am nächsten Morgen aus seinem Rausch erwacht, ist es zu spät. Die wunderbaren Zustände, die er unter dem Einfluss der Droge durchlebt hat, haben ihn um die Möglichkeit gebracht, das Geschäft seines Lebens zu machen.

Die Handlung ist so angelegt, dass sie als Beweis für die Ernst Bloch zugeschriebene Behauptung gelten könnte, jeder sei in seinem Leben einmal nahe daran gewesen, ein Millionär zu werden. Freilich aber enthält die Geschichte, von Benjamin glänzend erzählt, noch eine weitere Botschaft, nämlich dass es andere und bessere Gewinne gibt als den Gewinn einer hohen Summe Geldes. Auch sind der Stil und die Genauigkeit der Beschreibung der Vorgänge während des Rausches derart, dass es durchaus möglich erscheint, die dem Maler zugeschriebenen Erlebnisse könnten auch Benjamins eigenes Erleben sein.

Surrealismus

Wenn man sich klar gemacht hat, weshalb sich Benjamin auf Versuche mit Haschisch – und übrigens auch mit dem gefährlicheren Meskalin – eingelassen hat, wird man auch begreifen, warum der Surrealismus eine besondere Anziehungskraft auf ihn ausübte, ja, wie ihm dieser vielleicht einen entscheidenden Anstoß zu seiner zwar unvollendeten, aber dennoch wichtigsten Arbeit, dem so genannten *Passagen-Werk*, liefert. Was der Surrealismus entdeckt und als Quelle für Erfahrungen proklamiert, ist das Unbewusste, das Wunderbare, der Traum, das künstliche Schönheitsideal, beispielsweise der Mannequins, der Wahnsinn und die halluzinatorischen Zustände. Von den beiden wichtigsten Propagandisten der surrealistischen Bewegung ist André Breton, der Verfasser des 1924 erscheinenden *Manifeste du surréalisme*, vorrangig an psychologischen und parapsychologischen Phänomenen interessiert, während Louis Aragons Blick vor allem auf die vulgären und barbarischen Gegenstände der modernen großstädtischen Lebenskultur fällt. Eine Anregung für Benjamin war gewiss Aragons 1926 erschiener Roman *Le paysan de Paris*. Das erweist sich schon in Benjamins

Aufsatz mit dem Titel *Traumkitsch* (1927), in dem er zum ersten Mal darlegt, wie sich in den schon abgetanen Dingen aus der Welt der Technik und Mode eine Perspektive auf eine *Urgeschichte der Moderne* öffnet. Was da im Bereich des Traums zu holen, zu erkennen ist, wird von Benjamin so umschrieben:

Der Traum eröffnet nicht mehr eine blaue Ferne. Er ist grau geworden. Die graue Staubschicht auf den Dingen ist sein bestes Teil. Die Träume sind nun Richtweg ins Banale. Auf Nimmerwiedersehen kassiert die Technik das Außenbild der Dinge wie Banknoten, die ihre Gültigkeit verlieren sollen. Jetzt greift es die Hand noch einmal im Traum und tastet vertraute Konturen zum Abschied ab. Sie faßt die Gegenstände an der abgegriffenen Stelle. Das ist nicht immer die schicklichste: Kinder umfassen ein Glas nicht, sie greifen hinein. Und welche Seite kehrt das Ding den Träumen zu? Es ist die Seite, welche die Gewöhnung abscheuert und mit billigen Sinnsprüchen garniert ist. Die Seite, die das Ding dem Traum zukehrt, ist der Kitsch.[144]

So viel über den Raum, in dem originelle Entdeckungen möglich sind. 1929 setzt sich Benjamin dann grundlegend mit dem »*Sürrealismus*« auseinander. Wie für alle Avantgardebewegungen im 20. Jahrhundert gilt auch für ihn die von Baudelaire geprägte Parole »Il faut être absolument modern«, aber diese Forderung, unbedingt modern zu sein, findet bei den Surrealisten nun eine Umkehrung, die Benjamin als ihr besonderes Verdienst herausstellt. Im Surrealismus sei der Staub des Veralteten, der auf den technischen und modischen Dingen ruhe, entdeckt worden. Das heißt, der Surrealismus habe als Erster auf das Altern der Moderne hingewiesen und damit den Weg gezeigt, auf dem durch Analyse der Vergangenheit der Zustand der Gegenwart und der Ausweg aus der sich abzeichnenden Katastrophe erkennbar wird.

Hitler kommt

Ende der zwanziger Jahre zeichnet sich zunehmend der Aufstieg des Nationalsozialismus und die bevorstehende Machtübernahme durch Hitler ab. Signifikant sind dann die Wahlen zum Preußischen Landtag im April 1932, bei denen die Zahl der nationalsozialistischen Abgeordneten von zuvor neun auf 162 ansteigt. In Preußen ist den Nazis damit der erste Einbruch in die kommunistische und sozialdemokratische Wählerschaft gelungen. Je mehr Einfluss und Macht die Nazis in Deutschland gewinnen, desto schwieriger wird es für Literaturkritiker und Journalisten, die vor dem Nationalsozialismus warnen, ihre Arbeiten unterzubringen.

Anfang des Jahres 1931 hält Benjamin sich zunächst in Paris, dann wieder in Berlin auf, den Mai und Juni ist er in Le Lavandou, Sanary und Marseille.

An Max Rychner schreibt er, nicht kommunistische Broschüren, sondern die abscheuliche Öde des offiziellen und inoffiziellen Kulturbetriebs habe ihn zu einer materialistischen Anschauungsweise der Gesellschaft gebracht. Scholem erklärt er, dass er durchaus nicht erwartet, mit seinen Ansichten immer konform mit der (kommunistischen) Partei zu gehen. Als Scholem bei ihm anmahnt, er möge doch seine Haltung auf die eigenen Einsichten im Bereich der Sprachphilosophie gründen, statt sich krampfhaft in materialistischer Phraseologie zu verlieren, und Benjamin seine Position verteidigt, führt Scholem sie auf den Einfluss von Brecht und auf die Liebe des Freundes zu Asja Lacis zurück, mit anderen Worten auf eine gewisse Ich-Schwäche.

Der Aufsatz *Ich packe meine Bibliothek aus*, der im Juli 1931 erscheint, steht offenbar im Zusammenhang mit Benjamins Befürchtung, es könne noch im Herbst in Deutschland zu einem Bürgerkrieg kommen und er werde das Land verlassen müssen. Er arbeitet zunächst noch für die Zeitung an einer Briefauswahl aus dem 18. und 19. Jahrhundert mit dem Titel *Deutsche Menschen* und mit dem Untertitel *Von Ehre ohne Ruhm / Von Größe ohne Glanz / Von Würde ohne Sold*, die später unter dem Pseudonym Detlef Holz im Verlag Vita Nova in Luzern erscheinen wird. Er gerät in dieser Zeit, wohl nicht zuletzt beeindruckt durch die politische Lage, die ihm Angst macht, in eine schwere Depression.

Anfang 1932 wohnt Benjamin in der Prinzregentenstraße in Berlin, reist aber im April mit dem Dampfer »Catania« von Hamburg nach Barcelona und von da

weiter nach Ibiza. Dort kann man *unter erträglichen Verhältnissen in herrlichster Landschaft für knappe 70 oder 80
Mark im Monat leben.* Und spottend bemerkt er in einem Brief, es sei ein *Gebot der Vernunft, die Eröffnungs-
feierlichkeiten des Dritten Reiches durch Abwesenheit zu
ehren.*[145] Es entsteht der Text *Berliner Kindheit um
neunzehnhundert* mit dem Motto *O braungebackene Sie-
gessäule / mit Winterzucker aus Kindertagen,* ein Bild, das
ihm im Haschischrausch eingekommen ist.

Von der Insel wechselt er im Juli nach Nizza ins
Hotel du Petit Parc, offenbar nun entschlossen, dort
seinem Leben ein Ende zu setzen. Er bestimmt Egon
Wissing zum Testamentsvollstrecker, schreibt Ab-
schiedsbriefe an Jula Cohn und an die Brüder Wissing
und unterlässt schließlich doch das, was Baudelaire die
passion moderne genannt hat. Nicht, weil er das Leben
noch besonders lebenswert fände, sondern weil er zu
der Einsicht gekommen ist, dass Selbstmord die Mühe
nicht lohne. Dass er sich in diesen Jahren fast ständig
im Ausland aufhält, hat gewiss auch mit den abzuse-
henden Konsequenzen zu tun, die ihm bei einer
»Machtübernahme« drohen.

Schon im Juni hat die Regierung das Verbot gegen
sämtliche militärähnliche Organisationen der NSDAP
aufgehoben. Der politische Terror der Nazis gegen ihre politischen Gegner nimmt nun immer mehr zu.

In diesem Sommer hält der Privatdozent Theodor
Wiesengrund Adorno an der Frankfurter Universität

ein Seminar über Benjamins Trauerspielbuch, ohne es im Vorlesungsverzeichnis zu erwähnen, was den Autor verständlicherweise ärgert. Im Oktober 1932 hält sich Benjamin in der Nähe von Pisa auf und assistiert Wilhelm Speyer bei der Arbeit an einem Theaterstück. Seine Einkünfte dabei belaufen sich auf ein *Taschengeld für Zigaretten*.

Im November kehrt Benjamin wieder nach Berlin zurück. Im Januar 1933 wird Adolf Hitler Reichskanzler. In der Nacht vom 27. auf den 28. Februar 1933 brennt in Berlin der Reichstag, was den Nazis den erwünschten Vorwand liefert, unliebsame Gegner – zu ihnen gehören auch zahlreiche Freunde und Bekannte Benjamins – zu verhaften und in noch improvisierte Konzentrationslager einzusperren. Über die Tragweite dieses Ereignisses scheint sich Benjamin nicht bewusst geworden zu sein. Viele andere Intellektuelle, darunter Ernst Bloch, Bertolt Brecht und Siegfried Kracauer, sind schon außer Landes oder fliehen gerade aus Deutschland.

Abgesehen davon, dass Benjamin selbst Gefahr an Leib und Leben droht, ist auch seine wirtschaftliche Lage bedrängend. Der Rundfunk ist von den Nazis rasch gleichgeschaltet worden. Auch die *Frankfurter Zeitung*, in der er bisher häufig gedruckt wurde, verhält sich nun zumindest abwartend.

Es bleibt ihm also auch aus materiellen Gründen gar nichts anderes übrig, als wie seine Freunde, Bekannten und Gesinnungsgenossen schleunigst Deutschland zu verlassen. Aber er zögert den Absprung ins Exil lange hinaus. Zu sehr ist er dem deutschen Kultur- und Sprachraum in leidenschaftlicher Liebe verbunden. Wie nicht wenige Menschen in Deutschland erwartet er möglicherweise auch, der Spuk des Nationalsozialismus werde bald vorbei sein – eine gefährliche Täuschung.

IV. Die dunkle Nacht des Exils

Zuflucht auf Ibiza

Im März 1933 fährt Benjamin über Köln nach Paris.
Die politische Situation in Deutschland ist auch für ihn
persönlich bedrohlicher geworden, als er sich einzu-
gestehen gewillt ist, aber nun endlich hat er sich doch
entschlossen, Deutschland zu verlassen. Wie es im
»Reich« zugeht, beschreibt er in einem Brief: *Einen Begriff von der Lage gibt weniger der individuelle Terror als die
kulturelle Gesamtsituation. Über den ersteren ist schwer absolut Zuverlässiges in Erfahrung zu bringen. Unbezweifelt sind
die zahlreichen Fälle, in denen Leute nachts aus dem Bett
geholt und mißhandelt oder ermordet werden . . . was mich
betrifft, so sind es nicht diese − seit langem mehr oder minder
absehbaren − Verhältnisse, die in mir, und zwar erst vor
einer Woche, in unbestimmten Formen, die Entschließung,
Deutschland zu verlassen, zur schleunigsten Entfaltung gebracht haben. Es war vielmehr die fast mathematische Gleichgültigkeit, mit der von allen überhaupt in Frage kommenden
Stellen Manuscripte zurückgereicht, schwebende, beziehungsweise abschlußreife Verhandlungen abgebrochen, Anfragen un-
beantwortet gelassen werden. Der Terror gegen jede Haltung
oder Ausdrucksweise, die sich der offiziellen nicht restlos an-
gleicht, hat ein kaum zu überbietendes Maß angenommen.[1]

Es ist übrigens die von Benjamin verehrte Gretel Karplus, die spätere Ehefrau Adornos, die ihn energisch gedrängt und ihn letztlich davon überzeugt hat, dass es höchste Zeit ist, aus Deutschland fortzugehen.

Von Paris aus fährt er mit dem Ehepaar Selz über Barcelona wiederum nach Ibiza. Im Hauptort der Insel gibt es jetzt zwar auch schon einen, wenngleich geringen Prozentsatz an Nazis, aber in der entlegeneren Stadt Ibiza selbst lässt es sich preiswert und ruhig leben. Er berichtet von dort an Freunde: *Die Wirtschaft auf der Insel ist ganz archaisch. Noch bewässert man die Felder nach alter arabischer Weise mit Schöpfrädern, die von Maultieren getrieben werden. Noch drischt man das Getreide unter den Hufen der Pferde, welche an langen Zügeln auf der Tenne getrieben werden.*[2]

Auf der Insel lernt Benjamin unter anderem die niederländische Malerin Annemarie (Toet) Blaupot ten Cate kennen. Die Liebe seinerseits ist wieder von großer Intensität und Leidenschaft, wie die Briefe an Toet beweisen. Er versichert ihr mit überschwänglichen Erwartungen: *In Deinem Arm würde das Schicksal für immer aufhören, mir zu begegnen. Mit keinem Schrecken und mit keinem Glück könnte es mich mehr überraschen.*[3]

Die so Bestürmte empfindet offenbar durchaus gewisse Sympathien für ihn, ist aber nicht bereit, ihren Ehemann zu verlassen, um ständig mit ihm zusammenzuleben.

Der geheime Namen

In die Zeit dieses Aufenthalts fällt die Entstehung eines
der geheimnisvollsten Texte Benjamins, der einmal
mehr seine enge Beziehung zur jüdischen Mystik belegt. Man erinnere sich an jenen geheimen Namen,
den seine Eltern ihm angeblich gaben und der dem
heranwachsenden Juden bei seiner Mannbarkeitsfeier
mitgeteilt wird. In diesem Namen sieht Benjamin Lebenskräfte gebunden, die vor Unberufenen gehütet
werden müssen. Nun erklärt er in dem in zwei Versio-
nen vorhandenen Text *Agesilaus Santander*, die auf den
12. und 13. August 1933 datiert und in einem Notiz-
buch aufgezeichnet sind, dass sich eine solche »Mann-
barwerdung« beim Menschen mehrfach vollziehe, also
nicht nur in der Pubertät, sondern auch später jeweils
bei Beginn eines neuen Lebensabschnittes.

Zum Verständnis des Begriffs Agesilaus Santander
muss man die aus dem Talmud abgeleitete Überliefe-
rung kennen, der zufolge Gott in jedem Augenblick
Scharen von Engeln erschaffe, die ihm einen Hymnus
singen und sich dann in Nichts auflösen. Nach der jüdischen Tradition hat jeder Mensch einen persönlichen
Engel, der sein »geheimes Selbst«[4] darstellt. »In ange-
lischer Gestalt, zum Teil aber auch in der Form seines
geheimen Namens, ist das himmlische Selbst des Menschen (wie alles andere Erschaffene) in einen Vorhang
eingewebt, der vor Gottes Thron hängt. Dieser Engel

214

kann freilich mit dem irdischen Geschöpf, dem er zugeordnet ist, auch in Opposition und ein starkes Spannungsverhältnis treten.«[5]

Über viele Jahre hin hat sich Benjamin mit dem Werk des französischen Dichters Charles Baudelaire beschäftigt. Er muss dabei auf das Stichwort von der *Schönheit des Satanischen* gestoßen sein.

Zudem findet sich in einer seiner Aufzeichnungen nach dem Genuss von Haschisch der Satz: *Mein Lächeln nahm satanische Züge: wenn auch mehr den Ausdruck satanischen Wissens, satanischen Genügens, satanischen Ruhens an als den satanischen, zerstörenden Wirkens.*[6]

Benjamin mit seiner Vorliebe für Anagramme macht aus dem alten geheimen Namen Agesilaus Santander, der mit dem Angelus Novus in Beziehung steht, Angelus Satanas. Mit anderen Worten: Während der Angelus Novus Botschaften von »oben«, von vor Gottes Thron vermittelt, kommt der Angelus Satanas von »unten« und vermittelt, was in der Welt der Menschen in der Geschichte vor sich geht. Man kann daraus erschließen, dass Walter Benjamin in seinen geheimsten Gedanken sich selbst in ebendieser Spannung sah: zwischen Himmel und Hölle, dem Göttlichen verpflichtet, aber um das Teuflische nur zu genau wissend.

Bleibt die Frage nach einer Erklärung dafür, warum dieser Text gerade im August 1933 entstanden ist?

Bekannt ist, dass Benjamin in dieser Zeit unter den Fieberstößen eines Malariaanfalls litt. Dies hat die Vermutung aufkommen lassen, die beiden Texte könnten Fieberhalluzinationen sein.

Gut möglich, dass Benjamins Krankheit auf sein Denken und Schreiben eingewirkt hat. Aber die Aufzeichnungen sind auch ohne diese Annahme rational verständlich. Tatsächlich könnte – wie Gershom Scholem vermutet – die Betrachtung oder Vergegenwärtigung des ihm so wichtigen Angelus-Novus-Bildes das Bedürfnis in ihm ausgelöst haben, eine »Rückschau auf sein Leben als Schriftsteller, als Jude und als Liebender« zu halten. Offenbar überblenden sich dabei persönliche und zeitgeschichtliche Erfahrungen. Um diese Zeit hat sich Benjamin einmal mehr in seinem Leben unglücklich verliebt. Wohl nicht zufällig spielt der Text auch auf seine Fähigkeit zum Warten und zur Geduld an, Eigenschaften, von denen er hofft, dass sich durch sie seine unglückliche Liebe schließlich ins Glückliche wenden könnte.

Was aber die Zeitgeschichte angeht, so dürfte im August 1933 jeder illusionslos überlegende Mensch die Einsicht gewonnen haben, dass die Machtübernahme durch Hitler keineswegs nur eine rasch vorübergehende Episode bleiben werde, wie noch Anfang des Jahres viele gehofft hatten.

Von Deutschen Menschen

Bei allen Frustrationen, Nöten und Bedrängnissen in der Emigration gibt es einen Hoffnungsschimmer – ein Buch, das für ihn selbst *ein schwaches und windgefährdetes Lichtlein der Hoffnung* darstellt. Es ist die Briefsammlung *Deutsche Menschen – Von Ehre ohne Ruhm. Von Größe ohne Glanz. Von Würde ohne Sold.* Man kann in dem Untertitel so etwas wie eine trotzig vorgebrachte ethische Parole von Benjamin selbst sehen.

Die Briefsammlung erschien als Vorabdruck im Feuilleton der *Frankfurter Zeitung* in deren Ausgaben zwischen dem 31. März 1931 und dem 31. Mai 1932 ohne Hinweis auf Benjamins Autorenschaft, was ihm durchaus recht gewesen sein mag, denn die Texte sollten für sich beziehungsweise für die historische und politische Gegenwart sprechen. Über das Programm, das hinter der Sammlung steht, heißt es in der *Frankfurter Zeitung*: Sie [die Briefe] *vergegenwärtigen eine Haltung, die als humanistisch im deutschen Sinn zu bezeichnen ist und die augenscheinlich wieder hervorzurufen umso angezeigter ist, je einseitiger diejenigen, die heute, oft mit Ernst und im vollen Bewußtsein ihrer Verantwortlichkeit, den deutschen Humanismus in Frage stellen, sich an die Werke der Literatur halten.*[7]

Bei der Buchausgabe werden diese Sätze, die sonst gewiss die Aufmerksamkeit des deutschen Zensors auf sich gezogen hätten, durch andere ersetzt, die weniger verfänglich scheinen, aber doch auch eine subversive Botschaft enthalten, für denjenigen entzifferbar, der mit jener Akribie liest, die ihr Autor bei kritischen Menschen immer voraussetzt.

Vieles an diesem Buch ist Tarnung. So beispielsweise die Titelgestaltung in einer von den Nazis propagierten Schrifttype, bei der man Nordisch-Blut-und-Bodentümelndes als Inhalt des Bandes vermuten könnte. Mit der Zunge in der Backe sind auch jene Sätze aus dem Vorwort des Buches gesagt, die noch dazu ein Goethe-Zitat sind. Und wie könnte denn bei Goethe, dem großen Nationaldichter im Sinn der Zensur, »Zersetzendes« stehen? Aus einem Brief Goethes an Zelter wird Folgendes zitiert: »Reichthum und Schnelligkeit ist, was die Welt bewundert und wonach sie strebt. Eisenbahnen, Schnellposten, Dampfschiffe und alle möglichen Facilitäten der Communication sind es, worauf die gebildete Welt ausgeht, sich zu überbilden und dadurch in der Mittelmäßigkeit zu verharren [...]. Eigentlich ist es das Jahrhundert für die fähigen Köpfe, für leichtfassende praktische Menschen, die mit einer gewissen Gewandtheit ausgestattet, ihre Superiorität über die Menge fühlen, wenn sie gleich selbst nicht zum Höchsten begabt sind. Lass uns so viel als möglich an der Gesinnung halten, in der wir herauskamen; wir werden, mit vielleicht noch Wenigen, die Letzten seyn einer Epoche, die so bald nicht mehr wiederkehrt.«[8]

Das ist freilich ein Text, der den aufmerksamen Leser – die damalige politische Situation in Rechnung gestellt – hellhörig machen müsste, gerade weil damit auch Goethe als Kronzeuge für Benjamins Kritik am Fortschrittsglauben herangezogen wird.

Was *Deutsche Menschen* Benjamin bedeutet, drückt sich in Sätzen aus, die auf dem Einband der Erstausgabe 1936 erscheinen: *Die Finsternis kroch heran. Ein einziges Buch hatte damals vor mir Bestand, in meinem Flüchtlingsdasein führte ich es Jahr und Tag in meinem spärlichen Gepäck mit mir. Es war mir in jenen Zeiten so wichtig wie ein Aufenthaltspapier. Es verhinderte, daß ich der Lethargie oder ohnmächtigem Haß verfiel, es half mir, das Bild eines anderen Deutschland zu bewahren.*[9]

Wer diese Sätze kennt, wird in dem Buch vor allem ein Aufbegehren gegen die deutsche Barbarei des Nationalsozialismus sehen, in ihm aber auch entscheidende Hinweise auf jene »deutschen« Werte finden, die Benjamins Ethik ausmachten und für die er kämpfte. Von daher kann dieser Band einen Zugang zu seiner Person und seinem Bewusstsein auch für den erschließen, der sich durch Benjamins sprach- oder geschichtsphilosophische Schriften zunächst überfordert fühlt.

Der Anspielungen und versteckten Botschaften sind viele, so wenn Benjamin über die Zeit, aus der die Briefe der Sammlung stammen, schreibt: *Es war die Epoche, in der das Bürgertum sein geprägtes und gewichtigstes Wort in die Waagschale der Geschichte zu legen hatte.*

Freilich schwerlich mehr als eben dieses Wort; darum ging sie unschön mit den Gründerjahren zu Ende.[10] Damit wird er der sprachlichen und ethischen Schönheit dieser Texte durchaus gerecht, verweist aber indirekt auch darauf, dass das deutsche Bürgertum sich genau mit der Herrschaft »im Luftreich des Traumes«, wie es Heinrich Heine in *Deutschland ein Wintermärchen* genannt hat, zufrieden gab und angemessene politische Rechte nur zögernd oder zu spät zu erlangen begann.

Unter Benjamins Werken ist dies ein Buch, das man nicht genug anpreisen kann. Mit dem geringen Umfang von nur 116 Seiten wird fast so etwas wie eine Kulturgeschichte der Deutschen im 18. und 19. Jahrhundert geliefert. Wenn man darin liest, bedauert man, dass es nicht doppelt oder dreimal so umfangreich ist. Die Einführungen, die Benjamin den Briefdokumenten vorangestellt hat, sind kleine essayistische Glanzstücke.

Hinzu kommt, dass man angesichts der in den Briefen geschilderten Szenen und Konflikte ahnt, dass sie ausgewählt wurden, weil Ähnliches Benjamin aus dem eigenen Leben vertraut war. Sofern man die Gesammelten Schriften nicht besitzt, sind die Briefe heute nur über Bibliotheken zugänglich. Deswegen sollen hier wenigstens einige von ihnen ausführlicher dargestellt werden. Freilich ist die Auswahl subjektiv und ersetzt nicht die Lektüre des Ganzen.

Da wäre zunächst einmal Georg Christoph Lichtenbergs Brief an einen Freund, in dem er ihm den Tod jenes »Blumenmädchens« oder »himmlischen Mädchens« mitteilt, das – obgleich viel jünger als er – seine Lebensgefährtin gewesen war. In diesem Brief wird die Anhänglichkeit einer jungen Frau an einen älteren Mann gepriesen und der Verlust der geliebten Person beklagt. Einleitend zitiert Benjamin seinerseits: *Man kennt den berühmten Brief, den Lessing nach dem Tod seiner Frau an Eschenburg schrieb: »Meine Frau ist tot: und diese Erfahrung habe ich nun auch gemacht. Ich freue mich, dass mir viel dergleichen Erfahrungen nicht mehr übrig sein können zu machen; und bin jetzt ganz leicht.«*

Ein in seiner Prägnanz, in der Zurücknahme des Gefühls und durch den Gedanken, der als Trost aufgeboten wird, ergreifender Satz, wenn man die Situation sich vorzustellen versucht, in der er formuliert wurde.

Mit einem Seitenhieb auf die aktuellen Pseudoideale wird auch hier nicht gespart, indem Benjamin kommentiert: *In einer Umwelt, die in ihren Tagesmoden vom Geist der Empfindsamkeit, in ihrer Dichtung vom genialischen Wesen erfüllt war, prägen unbeugsame Prosaisten, Lessing und Lichtenberg an der Spitze, preußischen Geist reiner und menschlicher aus als das fredericianische Militär.*

Und dann folgen zwei Zitate, in denen Benjamin seine eigene Haltung wiedererkannt haben mag: *Es ist der Geist, der bei Lessing die Worte findet: »Ich wollte es auch einmal so gut haben wie andere Menschen. Aber es ist mir schlecht bekommen« und Lichtenberg die grausame Wen-*

dung eingibt: »Die Ärzte hoffen wieder. Mich dünkt aber, es ist alles vorbei, denn ich bekomme kein Geld für meine Hoffnung.«

Anrührend auch der Brief des Johann Heinrich Kant, des Bruders von Immanuel Kant, an ebendiesen. Hier schreibt ein armer baltischer Pfarrer und Schulmeister an einen Berühmten, hier ist »Größe ohne Glanz«. Das heißt – so ganz ohne Glanz wird das Leben der Pastorenfamilie trotz Schulden und vier Kindern nicht geschildert. Oder sollte man die Haltung des Johann Heinrich Kant, die uns aus diesem Brief anrührt, besser unter »Würde« verbuchen? Es waltete da ein familiäres Glück, und ein armer Mann ist stolz darauf, dass er in der Lage ist, seinen Kindern Bildung zu vermitteln, also seinen kleinen Beitrag zu dem zu leisten, was sein berühmter Bruder als Philosoph in großem Stil eingefordert hat: den Menschen dazu zu befähigen, aus seiner Unmündigkeit herauszutreten.

Besonders ergreifend – und bestimmt nicht ohne Bezug auf Walter Benjamins eigene Situation in Paris gewählt – ist der Brief Georg Forsters an seine Frau aus der französischen Hauptstadt im Jahr 1793. Über das Wichtigste zu Forsters Leben setzt uns Benjamin mit seinem vorangeschickten Kommentar ins Bild, in dem es heißt: *Als 1792 die Franzosen in Mainz einrückten, war Georg Forster dort kurfürstlicher Bibliothekar. Er stand in den Dreißigern. Ein reiches Leben lag hinter ihm, das ihn als Jüngling schon in der Gefolgschaft seines Vaters an*

222

*einer Weltumseglung – der Cookschen 1773–1775 – hatte
teilnehmen, aber auch schon als Jüngling – mit Übersetzungs-
und Gelegenheitsarbeiten – die Härte des Daseinskampfes
hatte spüren lassen. Das Elend der deutschen Intellektuellen
seiner Zeit hat Forster dann in langen Wanderjahren so gut
kennen gelernt wie ein Bürger, Hölderlin oder Lenz; es war
aber seine Misere, nicht die des Hofmeisters in irgendeiner
kleinen Residenz, sondern ihr Schauplatz war Europa, und
darum war er fast als einziger Deutscher vorbestimmt, die europäische Erwiderung auf die Zustände, welche sie veranlass-
ten, von Grund auf zu verstehen. 1793 ging er als Delegierter
der Stadt Mainz nach Paris und ist, nachdem die Deutschen
durch die Rückeroberung der Stadt und seine Ächtung die
Heimkehr ihm verlegt hatten, dort bis zu seinem Tode im
Januar 1794 geblieben.*

Es sind Sätze wie »Aus der Ferne sieht man alles anders an, als man's in der näheren Besichtigung findet«
und »Ich hänge noch fest an meinen Grundsätzen,
allein ich finde die wenigsten Menschen ihnen treu.
Alles ist blinde, leidenschaftliche Wut, rasender Parteigeist und schnelles Aufbrausen, das nie zu vernünftigen,
ruhigen Resultaten gelangt«, die wohl auch Erfahrungen aus Benjamins Exil spiegeln.

Noch deutlicher wird der Bezug zu Benjamin selbst
in seinem Kommentar: *Was revolutionäre Freiheit und
wie sehr auf Entbehrung angewiesen sie ist, hat damals
schwerlich einer wie Forster begriffen, niemand wie er formuliert:* »Ich habe keine Heimat, kein Vaterland, keine Be-

223

freundeten mehr, alles, was sonst an mir hing, hat mich verlassen, um andere Verbindungen einzugehen, und wenn ich an das Vergangene denke und mich noch für verbunden halte, so ist das bloß meine Wahl und meine Vorstellungskraft, kein Zwang der Verhältnisse. Gute, glückliche Wendungen meines Schicksals könnten mir viel geben; schlimme könnten mir nichts nehmen als noch das Vergnügen, diese Briefe zu schreiben, wenn ich das Porto nicht mehr bezahlen kann.«[11]

Eindrucksvoll auch der Brief Hölderlins, in dem dieser über seine Wanderung durch Frankreich berichtet, bemerkenswert jener Brief Seumes, der von seinem so genannten Spaziergang nach Syrakus[12], an den Ehemann jener Frau schreibt, die er geliebt, die aber eben jenen anderen geheiratet hatte.

Auch hier muss man wieder Benjamins Vorbemerkung hören: *Unbestechlicher Blick und revolutionäres Bewußtsein haben von jeher vor dem Forum der deutschen Literaturgeschichte einer Entschuldigung bedurft: der Jugend oder des Genius. Geister, die keins von beiden aufzuweisen hatten – männliche und im strengen Sinne prosaische, wie Forster oder wie Seume es waren – haben es nie zu mehr als einem schemenhaften Dasein in der Vorhölle allgemeiner Bildung gebracht. Daß Seume kein großer Dichter war, ist gewiß. Aber nicht das unterscheidet ihn von vielen andern, die an sichtbaren Stellen in der Geschichte der deutschen Literatur geführt werden, sondern die untadlige Haltung in allen Krisen und die Unbeirrbarkeit, mit der er – da er nun einmal von hessischen Werbern unter das Militär verschleppt*

worden war – in seiner Lebensführung jederzeit den wehr-
haften Bürger darstellt, lange nachdem er den Offiziersrock
abgelegt hatte. Was das achtzehnte Jahrhundert unter dem
»ehrlichen Mann« verstanden hat, das kann man an Seume
gewiß so gut wie an Tellheim[13] ablesen. Nur daß Seume die
Ehre des Offiziers nicht so weit ab von der des Räubers, wie
seine Zeitgenossen ihn im Rinaldo Rinaldini verehrten, gele-
gen hat, so daß er auf dem Spaziergang nach Syrakus geste-
hen kann: »Freund, wenn ich ein Neapolitaner wäre, ich
wäre in Versuchung, aus ergrimmter Ehrlichkeit ein Bandit
zu werden und mit dem Minister anzufangen.«[14]

Nachlesen muss man, sofern man das Buch in die
Hand bekommt, unbedingt auch jenen Brief Jacob
Grimms an den auf raschere Weiterführung der Arbeit
am Deutschen Wörterbuch dringenden Friedrich
Christoph Dahlmann, worin die ungeheure Arbeits-
leistung der Brüder Grimm deutlich wird: »Stellen wir
uns das Bild des Wörterbuches einmal lebhaft vor. Ich
habe in Zeit von drei Jahren für die Buchstaben A B
C geliefert 2464 enggedruckte Spalten, welche in meinem Manuskript 4516 Quartseiten ausmachten. Hier
will alles, jeder Buchstabe eigenhändig geschrieben
sein, und fremde Hilfe ist unzulässig.«[15]

Man darf mit Bezug auf die politische Lage in
Deutschland um die Mitte des 19. Jahrhunderts daran
erinnern, dass der Lebensweg der Grimms, vor allem
in Hinblick auf ihr Verhalten beim mutigen Protest
der Göttinger Sieben, manchem prominenten deut-

schen Wissenschaftler in seinen Beziehungen zum Nationalsozialismus hätte als Beispiel dienen können. Das genaue Gegenteil war die Regel. Ein geplanter Boykott des Gastredners Martin Heidegger als Protest der Heidelberger Professorenschaft gegen dessen nationalsozialistisch getönte Rektoratsrede 1933 in Freiburg scheiterte kläglich an der mangelnden Zivilcourage der Herren. Heidegger hatte sich bei der Übernahme des Rektorats der Universität Freiburg der NS-Diktatur auf peinlichste Weise mit der Behauptung angedient, die geistige Verpflichtung des Lernens und Lehrens sei als Dienst am Volke in der dreifachen Form, des Arbeits-, Wehr- und Wissensdienstes zu leisten.

Und schließlich noch der Brief Georg Büchners an Karl Gutzkow aus dem Jahr 1835, mit dem Büchner den Kollegen und Lektor bittet, das Manuskript des *Danton* eiligst an den Verleger Sauerländer zu vermitteln, damit Büchner so zu dem Geld komme, welches er bei seiner politisch bedingten Flucht aus Deutschland so dringend braucht.

Der Brief beginnt mit dem ergreifenden Satz: »Vielleicht hat es Ihnen die Beobachtung, vielleicht, im unglücklicheren Fall, die eigene Erfahrung schon gesagt, dass es einen Grad von Elend gibt, welcher jede Rücksicht vergessen und jedes Gefühl verstummen macht.« Und er endet mit jenem wunderbaren Schlusssatz, der wie aus einem der Stücke Büchners klingt: »Sollte Sie vielleicht der Ton dieses Briefes befremden, so bedenken Sie, dass es mir fast leichter fällt, in Lumpen zu betteln, als im Frack eine Supplik [Bittschrift] zu überreichen, und leichter, die Pistole in der Hand: la bourse ou la vie! [die Börse oder das Leben!] zu sagen, als mit bebenden Lippen ein Gott lohn' es! zu flüstern.«[16]

Für einen Beauftragten Goebbelsscher Zensur muss das alles denn doch zu starker Tobak gewesen sein, was dann auch zur Folge hat, dass das Buch zunächst Anfang 1937, dann endgültig 1938 vom »Reichsministerium für Volksaufklärung und Propaganda« im Deutschen Reich verboten wird. Mit welchen Konsequenzen – das hat der Benjamin-Biograph Momme Brodersen in seinem Buch *Die Spinne im eigenen Netz*, das nicht zuletzt auch wegen seiner den Zeitgeist beschwörenden Illustrationen gerühmt werden muss, geschildert: »Mit dem Bann des reichsdeutschen Propagandaministeriums bleibt der Verlag auf der Restauflage sitzen; mit der für Benjamin-Sammler angenehmen Folge, dass das Werk noch bis in die 80er Jahre hinein ganz normal über den Buchhandel zu beziehen war.«[17]

Übrigens war Rudolf Roeßler, der zusammen mit dem Buchhändler Josef Stocker den Vita-Nova-Verlag leitete, dann bis 1939 sowohl für den schweizerischen wie auch für den sowjetischen Geheimdienst tätig, was sich freilich erst viel später herausstellte und Benjamin nicht bekannt gewesen sein dürfte. Jedenfalls hat er somit in Roeßler einen Mann als Partner gehabt, der in

Subversion erfahren war, was man dem Text und der Aufmachung des Buches anmerkt.

Zwischen Ibiza, Paris und Dänemark

Benjamin hat, als sich das NS-Regime etabliert, noch in Deutschland lebende Verwandte. Was ihnen, vor allem dem bei Benjamins geschiedener Frau lebenden Sohn, drohen könnte, dafür ist das Schicksal von Walter Benjamins Bruder Georg ein warnendes Menetekel.

Georg Benjamin ist im April 1933 in Schutzhaft genommen und zunächst in das Polizeigefängnis am Alexanderplatz, dann in das Strafgefängnis Plötzensee gebracht worden. Im Sommer wird er in das KZ Sonnenburg verlegt und ist hier wie seine Mithäftlinge Erich Mühsam und der Publizist Carl von Ossietzky den Schikanen und Misshandlungen eines berüchtigten SS-Führers ausgesetzt. Als zu Weihnachten Georg Benjamin aus dem KZ entlassen wird, hätte er auf Reisen in die Schweiz und an die Grenze zur Tschechoslowakei den Nazis entkommen können, stattdessen setzt er unverdrossen die illegale Arbeit für die Kommunistische Partei in Berlin fort, bis die Gestapo ihn abermals verhaftet und er zu sechs Jahren Zuchthaus verurteilt wird. Nach Ende dieser Strafe wird er in das »Arbeitsumerziehungslager Wuhlheide« eingewiesen. Von dort kommt er in das KZ Mauthausen, wo ihn die Aufseher 1942 in den Tod treiben. Offiziell wird angegeben: Selbstmord durch Berühren der Starkstromleitung.

Man kann sich vorstellen, wie Walter Benjamin diese Nachrichten, die häufig erst auf Umwegen zu ihm dringen, beeindruckt haben mögen. Es muss vieles gegeben haben, was ihn in diesen Monaten deprimierte und ängstigte. Er verkauft Raritäten seiner Bibliothek, um sich finanziell über Wasser zu halten. Es sind wahrscheinlich ausgewählte Stücke, die er in seinem Fluchtgepäck mitgenommen hat, denn bis auch nur Teile seiner Berliner Bibliothek zu ihm nach Ibiza gelangen, vergeht noch geraume Zeit.

Gemeinsam mit einem Bekannten, Jean Selz, versucht er, die Übersetzung einiger Texte aus der *Berliner Kindheit* ins Französische herzustellen. Dieses Unternehmen misslingt. Nicht zuletzt deswegen, weil er sich mit Selz überwirft. Der hat ihn sturzbetrunken aus einer Hafenbar heimbringen müssen. Dort hatte sich Benjamin darauf eingelassen, um eine Wette mit einer Polin zu gewinnen, in rascher Folge zwei Gläser vierundsiebzigprozentigen Gin zu leeren.

Den Text *Berliner Kindheit um Neunzehnhundert*[18] hat er, wie er im Vorwort erklärt, 1932 geschrieben, als ihm klar wird, dass er über kurz oder lang Abschied von der Stadt, in der er geboren war, würde nehmen müssen. *Ich hatte*, teilt er dem Leser mit, *das Verfahren der Impfung mehrmals in meinem inneren Leben als heilsam erfahren; ich hielt mich auch in dieser Lage daran und rief die Bilder, die im Exil das Heimweh am stärksten zu wecken pflegen – die der Kindheit – mit Absicht in mir hervor. Das Gefühl der Sehnsucht durfte dabei über den Geist ebenso wenig Herr werden wie der Impfstoff über einen gesunden Körper.*[19]

An eine Veröffentlichung im deutschsprachigen Raum ist nicht zu denken. Auch Hermann Hesse in der Schweiz kann da nicht helfen, wenngleich er Lob für den Text spendet. In Berlin hat Rowohlt, der in Zahlungsschwierigkeiten geraten ist, die Restbestände von *Einbahnstraße* und *Ursprung des deutschen Trauerspiels* verramscht.

Im Oktober 1933 kehrt Benjamin an Malaria erkrankt von Ibiza nach Paris zurück. Er trifft dort Brecht, der, um den Schlägertrupps der Nazis zu entgehen, sich in Berlin in eine Privatklinik hatte aufnehmen lassen. Am Tag des Reichstagsbrandes war er nach Prag, von dort nach Wien und schließlich nach Paris gefahren. Auf einem Abstecher nach Sanary-sur-mer in Südfrankreich ist er mit Lion Feuchtwanger zusammengetroffen. Nun geht er nach Dänemark. Dort hat er in Skovsbostrand auf der Insel Fünen ein Haus gekauft.

Seine eigene, von ihm als erniedrigend empfundene Situation als mittelloser Emigrant, der finanzielle Unterstützung erbetteln muss, schildert Benjamin reichlich verbittert in einem Brief vom 20. Oktober: *Das Fieber ist inzwischen überwunden und die Ermattung [. . .] läßt mir genau die Kraft, der trostlosen Lage inne zu werden, doch keineswegs diese zu überwinden, indem ich nicht einmal die Treppenstufen der billigen Hotels besteigen kann, in denen ich mein Unterkommen wählen muß. Was den Juden und für Juden hier geschieht, kann man vielleicht am besten als fahrlässige Wohltätigkeit bezeichnen. Es verbindet mit der Perspektive auf Almosen – die selten eingelöst werden – das Höchstmaß an Demütigungen.*[20]

Diese Klage bezieht sich auf seine Behandlung durch die Alliance France, von der er schließlich von Februar bis April 1934 monatlich 200 Francs erhält.

Wovon existieren?

Seine Chancen, bei französischen Zeitungen und Zeitschriften zu veröffentlichen, sind gering. Andererseits hat Momme Brodersen nachgewiesen, dass – wenigstens zunächst, wenn auch unter Pseudonym und vor allem bei jenen Redaktionen, in denen Personen seines Bekanntenkreises saßen – Benjamin in Deutschland, aber auch in der Schweiz, in Moskau und in Prag noch relativ viel veröffentlichen konnte. Allerdings waren all dies keine dauerhaft-verlässlichen Kontakte.

Die einzige langfristige Verbindung, die eine gewisse finanzielle Absicherung darstellt, ergibt sich aus der

Mitarbeit bei der vom »Institut für Sozialforschung«[21] herausgegebenen *Zeitschrift für Sozialforschung*. Mit Theodor W. Adorno, Max Horkheimer und dem Finanzgewaltigen Friedrich Pollock, den drei wichtigsten Persönlichkeiten des Instituts, das zunächst von Frankfurt nach Genf und schließlich nach New York ausweicht, ist er persönlich bekannt. Doch erweist sich auch diese Beziehung als nicht unproblematisch. Das »Institut« glaubt Rücksichten auf seine amerikanischen Mäzene nehmen zu müssen, die bei allzu radikalen Äußerungen die Stirn runzeln oder gar die finanziellen Mittel streichen könnten. Also hat es am »Deutschen Institut freier Forschung« mit der Freiheit auch seine Grenzen. Zwar sind sich Adorno und Horkheimer über die intellektuelle Kompetenz Benjamins durchaus im Klaren, aber immer wieder kommen von jenseits des großen Teiches »Verbesserungsvorschläge« zu Benjamins Arbeiten, aus denen er erkennt, dass sie weniger von dem Bedürfnis nach größerer Klarheit oder Verständlichkeit als vielmehr von ideologischer Vorsicht bestimmt sind. Dass er darauf im Laufe der Jahre zwar zumeist sich beugend, aber doch zunehmend verbittert reagiert, ist nur zu verständlich.

Mit Misstrauen wird sowohl von Gershom Scholem in Palästina wie auch von den führenden Köpfen des Instituts in den USA seine immer größere Annäherung an die eigenwillig-marxistische Position Brechts betrachtet.

Benjamin besucht Brecht von Juni bis Oktober 1934 und später im Sommer 1936 und 1938 auf Fünen. Dorthin hat er dann auch wenigstens die Hälfte seiner für ihn so wichtigen Bibliothek aus Berlin überführen können. Die Atmosphäre während seiner Aufenthalte in Dänemark schildert er unter anderem auf einer Ansichtskarte. Dem Ton der Mitteilung ist zu entnehmen, dass er sich dort wohl fühlt. *Bei einem sehr gleichförmigen Tagesverlauf lebe ich doch nicht ungesellig, habe angenehme Stunden mit Brecht und sehr viel Freude an den beiden Kindern der Weigel. Im übrigen trägt ja die Weltgeschichte zur Zerstreuung nicht wenig bei. Man verfolgt sie hier leicht im Radio; aber auch von den Gazetten ist man nicht abgeschnitten, und so habe ich heute zum ersten Mal eine Nummer des »Stürmer« vor Augen gehabt.*[22]

»Kafka, das bin ich«

Das Werk Kafkas hat Benjamin schon während seiner Studienzeit beschäftigt. Er muss eine starke Ähnlichkeit zwischen dessen Schicksal und seinem eigenen empfunden haben.

Eine größere Arbeit, als erster umfangreicherer Text nach der Emigration, entsteht 1934. Dabei scheinen die Gespräche, die Benjamin mit Brecht 1931 über Kafka und dessen Texte führte, eine Veränderung von Benjamins Sichtweise bewirkt zu haben. Während er bei früheren Betrachtungen versucht hatte, das Werk Kafkas unter theologischer Sicht zu interpretieren, während Scholem in seinen Briefen ihm nahe legte, Kafka und sein Denken wurzele ganz und gar in der jüdischen Tradition, erklärt Brecht in einem Gespräch 1931 Kafka zu dem *einen prophetischen [. . .] einzig echten bolschewistischen Schriftsteller.*[23] Das mag Benjamin zunächst nicht weniger verblüfft haben als vielleicht den Leser hier und heute. Kafkas Thema, behauptet Brecht, sei *das Staunen eines Menschen, der die ungeheuere Verschiebung in allen Verhältnissen sich anbahnen fühlt, ohne den neuen Ordnungen sich einfügen zu können.*[24]

Die Brechtsche Interpretation ist tatsächlich ebenso ungewöhnlich wie erhellend. Brecht, so berichtet Benjamin, habe den braven Soldaten Schwejk und Kafka vergleichend einander gegenübergestellt und gesagt, den einen (Kafka) wundere alles, den Schwejk nichts mehr.

Kafka stoße allenthalben auf das Gesetz, das Gesetz einer neuen Ordnung, und er stoße sich daran die Stirn blutig. Bezeichnend sei zudem, dass Kafka häufig Tiere schildere, die im Erdinneren oder in Spalten und Ritzen lebten. Solches Sichverkriechen erscheine ihm, Brecht, für die isolierten, gesetzesunkundigen Angehörigen seiner Generation die allein angemessene Verhaltensweise.

Angesichts der Ähnlichkeit einer dogmatischen Religion und einer politischen Ideologie ist letztlich nicht zu entscheiden, ob diese oder jene mit »dem Gesetz« gemeint ist – oder vielleicht sogar beides.

Für Benjamin wird nach diesem Gespräch mit Brecht eine Revision seiner Vorstellung von Kafka notwendig, die sich zwar zunächst nicht realisieren lässt, ihn aber veranlasst, selbst auf Mängel in seinem Kafka-Text hinzuweisen und bei Freunden Diskussionsbedarf anzumelden.

Es ist unmöglich, auch nur annähernd den Inhalt des Benjaminschen Essays wiederzugeben. Doch einiges, das auch Hinweise auf Benjamins eigene Persönlichkeit gibt, soll hervorgehoben und kommentiert werden. Da ist zunächst jene Betrachtung über ein Kinderbild Kafkas, wie Benjamin es beschreibt: Es sei eine Aufnahme *aus einem jener Ateliers des neunzehnten Jahrhunderts, die mit ihren Draperien und Palmen, Gobelins und Staffeleien so zweideutig zwischen Folterkammern und Thronsaal standen.* Benjamin verweist auf die unermesslich traurigen Augen des in diesem Ambiente fotografierten Kindes und setzt dagegen Kafkas Satz: »Wenn man doch ein Indianer wäre, gleich bereit, und auf dem rennenden Pferde, schief in der Luft, immer wieder kurz erzitterte über dem zitternden Boden, bis man die Sporen ließ, denn es gab keine Sporen, bis man die Zügel wegwarf, denn es gab keinen Zügel, und kaum das Land vor sich als glatt gemähte Heide sah, schon ohne Pferdehals und Pferdekopf.«[25]

Benjamin findet den Indianerwunsch Kafkas einge-

löst im *Amerika*-Roman, im Schicksal des Karl Roß-
mann, der gegenüber den Helden aus *Der Prozess* und
Das Schloss immerhin einen vollen Namen besitzt.

Ein Satz aus dem Essay lautet: *Der Mensch ist immer
im Unrecht vor Gott.* Dies soll den Handlungsverlauf im
Roman *Der Prozess* erklären. Kafkas Protagonist K. ist
unschuldig und wird dennoch verurteilt. Benjamin
meint, dass der Gegenstand des dargestellten Prozesses
das Vergessen sei; der Angeklagte vergisst schließlich
selbst noch seine eigene Identität. Mit der Erwähnung
des *bucklicht Männleins* am Ende seines Essays stellt
Benjamin einen weiteren Bezug zu sich selbst her.
Und auch mit den folgenden Sätzen meint wohl Benjamin sich selbst: *Wenn Kafka nicht gebetet hat – was wir
nicht wissen –, so war ihm doch aufs Höchste eigen, was
Malebranche »das natürliche Gebet der Seele« nennt – die
Aufmerksamkeit. Und in sie hat er, wie die Heiligen in ihre
Gebete, alle Kreatur eingeschlossen.*[26]

Aufmerksamkeit, besonders gegenüber scheinbar
unwichtigen Dingen, ist eine Haltung, auf die man bei
Benjamin immer wieder stößt. Dass sie auch eine religiöse Eigenschaft ist, zeigt sich etwa daran, dass sie im
Buddhismus als Voraussetzung zur Erleuchtung immer
wieder betont wird.

Benjamin kannte auch das von Max Brod überlieferte Gespräch mit Kafka, dessen Thema der Zustand
des heutigen Europas und der Verfall der Menschheit
war. »Wir sind«, habe Kafka bei dieser Gelegenheit ge-

sagt, »nihilistische Gedanken, Selbstmordgedanken, die in Gottes Kopf aufsteigen«. Brod habe das an das Weltbild der Gnosis erinnert: Gott als ein böser Demiurg, die Welt sein Sündenfall. Darauf habe Kafka erklärt: »Oh nein, unsere Welt ist nur eine schlechte Laune Gottes, ein schlechter Tag.« Was Brod zu der Rückfrage veranlasste: »So gäbe es außerhalb dieser Erscheinungsform Welt, die wir kennen, Hoffnung?« Und Kafka habe lächelnd erwidert: »Oh, Hoffnung, unendliche Hoffnung. – Nur nicht für uns.«[27]

Das Kunstwerk
im Zeitalter seiner technischen Reproduzierbarkeit

In die Jahre 1935/36 fällt die Niederschrift eines Textes, der gewissermaßen die Konsequenz aus Benjamins immer stärkerer Hinwendung zur Politik und seine Betroffenheit vom sieghaften Fortschreiten des Faschismus spiegelt – die Rede ist von dem Essay *Das Kunstwerk im Zeitalter seiner technischen Reproduzierbarkeit*. Was ist mit dem thesenhaften Titel gemeint?

Zunächst sei an Benjamins Vorstellung erinnert, dass Kunst ein Mittel ist, das gesellschaftliche Veränderung bewirkt. Mit der Reproduzierbarkeit von Kunstwerken seit dem 19. Jahrhundert, etwa durch Druck, Film und Fotografie, zerfalle nun das, was das Wort *Aura* zusammenfasst, nämlich all jenes, wodurch sich das Kunstwerk als solches legitimiert: das Echte, das Originale, das Einmalige eines Werkes, seine geschichtliche Zeugenschaft, seine Authentizität. All dies gehe durch die Möglichkeit einer mechanischen Massenproduktion verloren. Der auf das Ritual gegründete Kultwert verschwinde, der auf Politik gegründete Ausstellungswert trete hervor. Die Zertrümmerung der Aura sei das Kennzeichen für eine bestimmte Art der Wahrnehmung, deren Sinn für das Gleichartige so gewachsen ist, dass sie es mittels der Reproduktion auch dem Einmaligen abgewinne. Die Möglichkeit der Reproduzierbarkeit führe zu Bildern, die nur auf diese Art der Wahrnehmung angelegt seien, also in Konsequenz zu Film und Fernsehen.

Der Film erweitere die abgebildete Welt für ein Massenpublikum um die Dimension der Bewegung; auf das Große und Kleine, das Beiläufige, Aktuelle und Entfernte. Er setzte auf der Seite der Wahrnehmung eine zerstreuende Bildbetrachtung an die Stelle der kontemplativen. Wie fast immer bei Benjamin sind die Begriffe und die Zielrichtung der Argumentation doppeldeutig. Er bedauert den Verfall der Aura. Andererseits hofft er, diese Entwicklung könne zur Demokratisierung der Kunstwerke führen. Der Verfall der Aura werde auch der sich ins Heiligenhafte steigernden Verherrlichung des Führers im Rundfunk, in Wochenschauen und in Filmen entgegenwirken. Benjamin durchschaut die ästhetisierenden Tendenzen des Faschismus in Architektur und Kunst, er weist hin auf eine Ästhetisierung des Krieges, beispielsweise bei Ernst Jünger.

Die vom Faschismus betriebene ästhetische Benutzung der Kunst soll beantwortet werden durch die Politisierung der Kunst. Die Idee einer reinen Kunst, so Benjamins Argumentation, sei hervorgegangen aus der Lehre des »l'art pour l'art«. Dahinter stehe historisch der Ritualcharakter, der den Kunstwerken zu den Zeiten, da sie Aura besaßen, innegewohnt habe. Sie waren Teil jener Rituale, die die Glaubenslehre bestätigten. Von daher bestehe eine Komplizenschaft zwischen den Herrschenden und den Produzenten von Kunst; eben diese müsse aufgekündigt und aufgehoben werden.

Tatsächlich richtet sich Benjamin mit seinen Thesen nicht nur gegen den Faschismus, sondern auch gegen den sozialistischen Realismus in Stalins Sowjetunion, was in Kreisen der KP auch durchaus sofort erkannt wurde. Als Benjamin seine Thesen in Paris im »Schutzverband deutscher Schriftsteller« vorträgt, wird er von den kommunistischen Parteimitgliedern des Verbandes angegriffen. Der Text wird schließlich zwar in einer französischen Übersetzung in der *Zeitschrift für Sozialforschung* veröffentlicht, jedoch nicht ohne Veränderungen, die Max Horkheimer mit dem Hinweis zu rechtfertigen versucht, die Zeitschrift müsse »als wissenschaftliches Organ davor bewahrt werden, in politische Pressediskussion hineingezogen zu werden«.

Mehrmals hat sich Benjamin zwischen 1931 (*Kleine Geschichte der Photographie*) und 1938 (Rezension des Buches *La Photographie en France au dix-neuvième siècle* von Gisèle Freund) im Zusammenhang mit der Reproduzierbarkeit von Kunstwerken mit der Fotografie auseinander gesetzt. Im 19. Jahrhundert tauchte die Frage auf, ob Fotografie eine Kunst oder ein Handwerk sei. Sie wurde damals leidenschaftlich diskutiert. Wichtiger aber sei, so stellt Benjamin fest, dass sich mit ihrer Erfindung der Gesamtcharakter der Kunst verändert habe. Die Behauptung, Fotografie sei eine Kunst, werde bezeichnenderweise besonders nachdrücklich von jenen erhoben, die darauf aus seien, mit ihr Geschäfte zu machen. *Mit anderen Worten: der Anspruch der Photographie, eine Kunst zu sein, ist gleichzeitig mit ihrem Auftreten als Ware.*[28]

Seine Haltung gegenüber dem modernen Medium ist weitgehend kritisch. Sie ist ihm ein Beispiel mehr für den immer weiter um sich greifenden Warencharakter aller Dinge, für das Vereinnahmtwerden der Kunst durch den Kommerz. *In ihr* [der Fotografie] *entlarvt sich die Haltung [. . .], die jede Konservenbüchse ins All montieren, aber nicht die menschlichen Zusammenhänge fassen kann, in denen sie auftritt, und die damit noch in ihren traumverlorensten Sujets mehr ein Vorläufer von deren Verkäuflichkeit als von deren Erkenntnis ist.*[29]

Hinter der Behauptung, Fotografie könne die menschlichen Zusammenhänge nicht fassen, in denen sie auftritt, darf man getrost ein Fragezeichen setzen. Man denke beispielsweise daran, welche Wesenszüge Benjamin in dem Kindheitsfoto von Franz Kafka entziffert.

Das Passagen-Werk

Für die Darstellung des Denkens von Walter Benjamin gilt ein Dilemma, vor das sich auch der Autor dieses Buches immer wieder gestellt sieht. Entweder man zeichnet genau nach, was man selbst von Benjamins Gedanken verstanden hat, oder man gibt wieder, zu welchem Verständnis andere, ihres Zeichens Spezialisten, gelangt sind. Es gilt zu beachten, dass der Leser, sofern er nicht über ein umfassendes philosophisch-soziologisches Wissen verfügt – und bei wem ist das heute der Fall? –, nicht überfordert wird. Verfährt man jedoch bei der Darstellung so, dass man die komplexen und oft mehrdeutigen Vorstellungen Benjamins gewissermaßen »heruntertransponiert«, also sie vereinfacht, so ist die Gefahr groß, sie dabei zu verfälschen.

Ein Versuch wie dieses Buch gleicht damit immer dem Balancieren auf einem Hochseil, bei dem der Artist leicht abstürzen kann. Der Verfasser ist sich dieses Dilemmas bewusst. Er weist auch den Leser nachdrücklich darauf hin, nicht zuletzt, um ihn zu ermutigen, Anstrengungen aufzubringen und sich von partiellen »blackouts« nicht vollständig frustrieren zu lassen.

Wir haben uns Walter Benjamin in der Zeit seiner Emigration als einen Mann vorzustellen, der in armseligen Wohnungen am Rand des Existenzminimums lebt, die meiste Zeit des Tages in der *Bibliothèque Nationale* in Paris sitzt und Exzerpte aus Büchern anfertigt. Sie sollen die Grundlage für eine Arbeit, genannt *Das Passagen-Werk*, bilden, das als solches nie geschrieben, sondern nur geplant worden ist.

Um dieses scheinbare Paradoxon recht zu verstehen, muss man sich mit der Entstehungsgeschichte vertraut machen. Benjamin selbst sieht das Buch, auf das er hinarbeitet, als eine Trümmer- und Katastrophenstätte. Durch Adorno ist seine Absicht überliefert, »auf alle Auslegungen zu verzichten und die Bedeutung einzig durch die schockhafte Montage des Materials hervortreten zu lassen. [. . .] Zur Krönung seines Antisubjektivismus sollte das Hauptwerk nur aus Zitaten bestehen«.[30] Ob sich diese Absicht hätte verwirklichen lassen, ist von Adorno in gleichem Atemzug in Frage gestellt worden. Er bezweifelt, ob »das verwegene Unterfangen einer vom Argument gereinigten Philosophie«[31] sich hätte realisieren lassen.

Die eigentliche Niederschrift des *Passagen-Werkes* ist nie begonnen worden, überliefert sind nur Exzerpte, Notizen und Exposés. Letztere stammen aus den Jahren 1935 und 1939, Texte, in denen Benjamin sein

Projekt jeweils zusammenfassend als Entwurf darstellt. Veröffentlicht wurden sie von Rolf Tiedemann erst 1982 als Bände V/1 und V/2 der Gesamtausgabe, beziehungsweise als Doppelband 1200 der *edition suhrkamp*, neue Folge.

Benjamins Ziel dabei ist es, eine *Urgeschichte der Moderne* zu schreiben, bei der die Vergangenheit zum Vexierbild der Gegenwart wird. Zum Untersuchungsgegenstand, zum Modell, nimmt er das Paris des 19. Jahrhunderts, nach Benjamins Meinung die wichtigste Metropole der damaligen Welt. Wegweisend für ihn wird dabei eine Bemerkung von Karl Marx in *Das Kapital*: *Der Form des neuen Produktionsmittels, die im Anfang noch von der des alten beherrscht wird (Marx), entsprechen im Kollektivbewußtsein Bilder, in denen das Neue sich mit dem Alten durchdringt. Diese Bilder sind Wunschbilder und in ihnen sucht das Kollektiv die Unfertigkeit des gesellschaftlichen Produkts sowie die Mängel der gesellschaftlichen Produktionsordnung sowohl aufzuheben wie zu verklären.*[32] *[. . .] die Weltausstellungen sind Wallfahrtsorte zum Fetisch Ware [. . .]. Weltausstellungen verklären den Tauschwert der Ware. Sie schaffen einen Rahmen, in dem ihr Gebrauchswert zurücktritt. Sie öffnen eine Phantasmagorie, in die der Mensch eintritt, um sich zu zerstreuen.*[33]

Das lässt sich auf die Pariser Passagen übertragen, die in anderthalb Jahrzehnten nach 1822 erbaut wurden und deren Entstehung und Eigenart Benjamin wie folgt schildert: *Die erste Bedingung ihres Aufkommens ist die*

Hochkonjunktur des Textilhandels. [. . .] die Passagen sind ein Zentrum des Handels in Luxuswaren. In ihrer Ausstattung tritt die Kunst in den Dienst des Kaufmanns. Die Zeitgenossen werden nicht müde, sie zu bewundern. Noch lange bleiben sie ein Anziehungspunkt für Fremde. Ein »Illustrierter Pariser Führer« sagt: »Diese Passagen, eine neue Erfindung des industriellen Luxus, sind glasgedeckte, marmorgetäfelte Gänge durch ganze Häusermassen, deren Besitzer sich zu solchen Spekulationen vereinigt haben. Zu beiden Seiten dieser Gänge, die ihr Licht von oben erhalten, laufen elegante Warenläden hin, so daß eine solche Passage, eine Stadt, ja eine Welt im Kleinen ist.« Die Passagen sind der Schauplatz der ersten Gasbeleuchtung. Die zweite Bedingung des Entstehens der Passagen bilden die Anfänge des Eisenbaus.[34]

Im Anfang der Entstehungsgeschichte des umfangreichen Werkes steht ein Artikel von 1927 mit dem Titel *Pariser Passagen* für die Zeitschrift *Der Querschnitt*, den Benjamin mit Franz Hessel zusammen verfasst hat; ihm, Hessel, verdankt Benjamin viele spezielle Kenntnisse über das Stadtbild von Paris. Um diese Zeit legt er ein Lederheft an und trägt darin erste Notizen ein.

Sehr bald teilt Benjamin in einem seiner Briefe mit, die Arbeit werde umfangreicher ausfallen als geplant. Nun ist an einen Essay mit dem Titel *Eine dialektische Feerie* gedacht. Er soll in der *Schweizerischen Rundschau* erscheinen.

Im Herbst 1929 ändert sich seine Vorstellung von dem Projekt abermals entscheidend. Benjamin kritisiert jetzt seinen bisherigen Plan selbst als *unerlaubte dichterische Gestaltung*. Ausschlaggebend für diesen neuen Standpunkt sind die Gespräche mit Horkheimer und Adorno im September und Oktober 1929 in Königstein und Frankfurt. Die beiden haben ihn darauf hingewiesen, dass man ohne Kenntnisse von Marx' Hauptwerk *Das Kapital* über das 19. Jahrhundert nicht überzeugend urteilen könne.

Immer deutlicher wird für Benjamin, dass er – wie der Psychoanalytiker aus dem Traum – aus unscheinbaren Dingen Entscheidendes herauslesen will. Dieses Vorgehen hat letztlich seine Wurzeln in der jüdischen Mystik, in der Kabbala. Mit den Worten von Benjamins Freund, Gershom Scholem: »Auch der Sinn des Kabbalisten entdeckt an jedem Gegenstand unendliche Beziehungen und Verbindungen zu aller Schöpfung hin, auch ihm spiegelt sich alles in allem. Aber darüber hinaus entdeckt er an ihm noch etwas Geheimnisvolles, das in der Rechnung der Bedeutung und Allegorie nicht aufgeht: einen Schimmer der wirklichen Transzendenz.«[35] Ein weiterer Satz von Scholem zur Charakterisierung der Kabbalisten, der auch auf Benjamins Vorgehensweise zutrifft: »Von solchen Symbolen ist die Welt der Kabbala voll, ja, um die Wahrheit zu sagen, die ganze Welt ist für sie ein solches corpus symbolicum.«

Zudem hat Benjamin um diese Zeit durch den Hinweis von Horkheimer und Adorno den historischen Materialismus entdeckt beziehungsweise seine Kenntnisse über *Das Kapital* von Karl Marx vertieft. Damit ist ihm die entscheidende Wichtigkeit der neuen Produktionsmittel, der sie hervorbringenden Warenwelt und deren Verklärung im 19. Jahrhundert klar geworden.

Und noch ein anderer Einfluss wird wichtig. Benjamin liest das Buch von Louis Aragon *Le Paysan de Paris* (Der Bauer von Paris). In dem Text *Le Passage de l'Opéra* schildert Aragon zunächst die unwirkliche, geheimnisumwobene Atmosphäre in diesen von Geschäften gesäumten Gängen: »Dort, wo die Lebenden ihrer höchst zweifelhaften Tätigkeit nachgehen, nimmt das Unbeseelte manchmal einen Abglanz ihrer geheimsten Beweggründe an: unsere Städte sind so von unerkannten Sphinxen bevölkert, die den nachdenklichen Passanten so lange nicht anhalten, als er seine schweifenden Gedanken nicht auf sie richtet. Sie geben ihm keine todbringenden Rätsel auf. Doch wenn er, dieser Weise, sie zu lösen versteht, so möge er sie ruhig befragen, es sind immer nur seine eigenen Abgründe, die er dank dieser ungestalteten Ungeheuer neu auslotet. Das Licht, das das Ungewöhnliche heute erhellt, aber wird ihn fortan davon abhalten. Dieses Licht herrscht seltsamerweise in jenen gedeckten Galerien, von denen es in Paris in der Gegend der Grands Boulevards mehrere gibt und die man irrigerweise Passagen nennt, als wäre es in diesen des Tageslichts beraubten Gängen niemandem gestattet, länger als einen Augenblick zu verweilen. Ihr Meeresgrün hat etwas von der aufblitzenden Helle, wenn man einen Rock hochhebt und ein Bein entblößt wird.«[36]

An einem konkreten Fall wird die mit Raffinesse verlockende Ausstellung von Waren in den Galerien dann so beschrieben: »Zwischen dem Café Petit Grillon und dem Eingang des Etablissements hat ein Spazierstockhändler seinen Laden. Es ist ein ehrbarer Stockhändler, der einer schwierigen Kundschaft eine große Anzahl verschiedener prächtiger Artikel bietet, die derart zusammengestellt sind, daß man ihren Wert für Körper und Hand mit einem Blick abschätzen kann. Eine ganze Raumkunst ist hier entfaltet: die billigen Stöcke sind zu Fächern angeordnet, die teuren, zum X gekreuzt, neigen den Blicken mit dem unnachahmlichen Reiz pflanzlicher Bewegung den Flor von Knäufen entgegen: Rosen aus Elfenbein, Hundeköpfe mit Edelsteinaugen, damasziertes Halbdunkel aus Toledo, mit Niello ausgelegte hübsche kleine Blattverzierungen, Katzen, Frauen, Krummschnäbel: unzählige Materialien, angefangen mit gebogenem Rohr über den rotblonden Zauber des Karneols bis hin zu Rhinozeroshorn . . .«[37]

Auch Aragons Romane sind von der surrealistischen Sichtweise geprägt, deren wesentlicher Zug es war, scheinbar unwichtige Objekte des Alltags zum Ausgangspunkt weit über sie hinausreichender Reflexionen zu machen.

Bibliothèque Nationale, Paris

Vier Jahre später, Anfang 1934 im Exil, rückt die Arbeit am *Passagen-Werk* wieder in den Vordergrund von Benjamins Interesse. Er sitzt Tag für Tag im Lesesaal der Bibliothèque Nationale, um sich Exzerpte zu machen. Wie isoliert er ist, ergibt sich beispielsweise daraus, dass am Nachbartisch Alfred Döblin arbeitet, über dessen Roman *Berlin Alexanderplatz* Benjamin 1933 eine wichtige Besprechung verfasst hat. In der Bibliothek in Paris aber kommen die beiden deutschen Autoren nicht miteinander ins Gespräch.

Im März 1934 ergibt sich für Benjamin eine vorläufige Kapitaleinteilung, und er fasst nun den Entschluss, aus dem Essay ein Buch zu machen. Nach einem Gespräch mit Friedrich Pollock vom »Institut für Sozialforschung« verfasst er 1935 ein Exposé *Paris, die Hauptstadt des XIX. Jahrhunderts*, in dem nun die sozialgeschichtliche Thematik mehr in den Vordergrund tritt. Insgesamt füllt Benjamin bis zu seiner Flucht 1940 insgesamt 426 Doppelblätter mit Themen, die alle einen erklärenden Bezug zum Kerngedanken haben, nämlich von Paris als der Hauptstadt der damaligen Welt her Aufschluss darüber zu erlangen, was politisch-ökonomisch im 19. Jahrhundert geschehen ist. Und dies eben nicht als Rekonstruktion der Zustände im Sinn der positivistischen Geschichtsschreibung und unter der Vorstellung, Geschichte vollziehe sich im ständigen Fortschritt. Vielmehr analysiert Benjamin die Ereignisse, Vorgänge und Zustände im 19. Jahrhundert als Voraussetzung für das, was im 20. Jahrhundert geschieht. Anders ausgedrückt: Er setzt sich zum Ziel, eine materielle Geschichtsphilosophie des 19. Jahrhunderts aus der Perspektive des 20. Jahrhunderts zu schreiben. Dabei geht es ihm vor allem darum, den Mythos vom Fortschritt durch die Macht des Verstandes aufzulösen, ihn zu überwinden.

Mit seinen eigenen Worten: *Aller Boden mußte einmal von der Vernunft urbar gemacht werden, vom Gestrüpp des Wahns und des Mythos gereinigt werden.*[38] Erhofft wird dabei von ihm, dass der Schock der Erkenntnis *das träumende Kollektiv* aufrüttelt und dass es dann zu einem politischen *Erwachen* kommt.

Die Bohème, der Flaneur, der Lumpensammler, die Prostituierte

Jenes mit dem Titel *Baudelaire* überschriebene Konvolut des *Passagen-Werkes* macht immerhin zwanzig Prozent des gesamten Materials aus. Es gilt deswegen als so etwas wie ein Miniatur-Modell des geplanten Werkes.

Der französische Dichter Charles Baudelaire ist für Benjamin exemplarisch für die Reaktion eines Literaten auf die gesellschaftlichen Zustände in der ersten Hälfte des 19. Jahrhunderts.

Generalthema des französischen Dichters ist die Selbstentfremdung, die merkwürdige Verbindung antiker Bilder in seinem Werk mit Szenen und Vorstellungen, die sich Baudelaire aus der modernen Großstadt mitteilen. Bei ihm findet Benjamin die erste dichterische Thematisierung der Prostitution. Die Hure ist Verkäuferin und Ware in einem.[39] Bei Baudelaire begegnet Benjamin dem Flaneur, dem durch die Stadt schlendernden Müßiggänger, aber auch dem Lumpensammler, für Benjamin repräsentative Typen, aus denen er Einsichten über die von ihm zu analysierende Gesellschaft dieser Zeit ableitet. In Baudelaire findet er einen Menschen, der mit Paris eng vertraut ist, ohne dass sich bei ihm ein Gefühl der Zugehörigkeit und Sicherheit einstellt, ja, der Dichter betont sogar: »Was sind schon die Gefahren des Waldes und der Prärien gegenüber den alltäglichen Schocks und Konflikten der Zivilisation?«[40]

Als Flaneur, so Benjamin, habe sich Baudelaire in die »Warenseele« eingefühlt und dort eine »Hölle« vorgefunden. Dieser »Hölle« sei er selbst noch in seiner intimsten menschlichen Beziehung, in seiner Liebe zu Jeanne Duval, begegnet. Benjamin versucht, die Auswirkungen dessen, was nun Ware ist, in allen Bereichen des Lebens, des öffentlichen und des privaten, aufzuzeigen und das Zerstörerische dieses Prozesses vorzuführen.

Es versteht sich, dass hier nicht auf alle einzelnen Notizen des *Passagen-Werkes*, die in den Gesammelten

Schriften 1354 Seiten ausmachen, ausführlich eingegangen werden kann. Und ebenso wenig auf den genauen Verlauf der Diskussionen über deren Strukturierungen zwischen Benjamin und den Vertretern des »Instituts für Sozialforschung« in den USA.

Hervorzuheben ist hingegen, was im *Passagen-Werk* erreicht worden ist. Gewiss sind damit Ansätze zu jener geplanten *Urgeschichte* gelungen, auch eine neue Sicht auf das 19. Jahrhundert, eine materialistische statt der positivistischen, vom Fortschrittsglauben geprägten Geschichtsphilosophie, die bis dahin die akademische Lehre beherrscht. Trotz alledem wohnt Benjamins Versuch ein bezeichnendes Moment des Scheiterns inne.

Auf eindrucksvolle Weise gescheitert

Man kann drei entscheidende Gründe dafür ausmachen, warum es Walter Benjamin letztlich nicht gelang, jenes Werk, das er plante, zu verwirklichen.

Da war einmal seine schwierige materielle Situation als Emigrant, die dazu führte, dass er die Arbeit am *Passagen-Werk* immer wieder unterbrechen musste. Da war zum anderen die außerordentliche Kühnheit und Kompliziertheit des Planes, der sich als ein Labyrinth erwies, in dem sein Urheber sich verlor. Da war schließlich und endlich die Unmöglichkeit, den religiös-metaphysischen Aspekt, jene Vorstellungen, die aus der jüdischen Mystik herrühren, mit dem als Grundlage dienenden historischen Materialismus widerspruchslos zu verbinden.

Wie Susan Buck-Morss feststellt, »überwiegt bei denen, die Benjamin als Philosophen ernst nehmen, die Meinung, sein Versuch einer Verschmelzung von Theologie und historischem Materialismus schlage – vielleicht notgedrungen – fehl«.[41] Sie führt als Kronzeugen für ihre Feststellung Jürgen Habermas und den Benjamin-Herausgeber Rolf Tiedemann an.

Letztlich muss auch in Betracht gezogen werden, dass der leidenschaftliche Sammler Benjamin selbst dann, wenn er ungestört hätte weiterarbeiten können, vielleicht nie zu einem Ende gekommen wäre, weil er immer wieder neue Aspekte entdeckt und dem schon bestehenden Konvolut hinzugefügt haben würde. Immerhin muss man sich daran erinnern, dass ein Text, der nur aus Zitaten besteht, die sich allein durch ihre Anordnung und den wechselseitigen Bezug kommentieren, ein von ihm selbst bekundetes Ideal gewesen wäre.

So kann man sagen, dass es das *Passagen-Werk* zwar als fertige Arbeit nicht gibt, dass in den überlieferten Fragmenten für das zu bauende Haus gerade erst »der Grundriss abgesteckt oder die Baugrube ausgehoben« ist. Dennoch sind mit dem einleitenden Kommentar und der Anordnung der Fragmente, in den von Rolf Tiedemann mustergültig edierten zwei Bänden[42], für die kreative Fantasie eines sich in sie versenkenden Lesers genügend Hinweise vorhanden, um sich die möglichen Formen und die Dimensionen des Werkes, sofern es fertig gestellt worden wäre, vorstellen zu können.

Über den Begriff der Geschichte

Unerlässlich ist die Betrachtung einer Arbeit Benjamins, die mit dem *Passagen-Werk* in enger Verbindung steht.

Es ist dies ein Text, der den Titel *Über den Begriff der Geschichte* trägt. Benjamin hat ihn, das geht aus Briefen und Berichten von Freunden hervor, als die eigentliche Quintessenz seines Denkens gesehen. Dazu als Bestätigung ein Kommentar von Theodor W. Adorno: »Die Thesen *Über den Begriff der Geschichte* [. . .] fassen gleichsam die erkenntnistheoretischen Erwägungen zusammen [. . .], deren Entwicklung die des Passagenentwurfs begleitet hat«.[43] Wichtig aber ist auch anzumerken, dass die Thesen in der Form, in der sie sich erhalten haben, nicht unbedingt zur Veröffentlichung bestimmt waren.

Der Kernpunkt dieser Schrift, die in der überlieferten Fassung um 1940 entstanden zu sein scheint, wird hier zunächst im Wortlaut zitiert. Wie häufig drückt Benjamin seine Aussagen in einem Vexierbild aus.

Bekanntlich soll es einen Automaten gegeben haben, der so konstruiert gewesen sei, daß er jeden Zug eines Schach-

spielers mit einem Gegenzug erwidert habe, der ihm den Ge-
winn der Partie sicherte. Eine Puppe in türkischer Tracht,
eine Wasserpfeife im Mund, saß vor dem Brett, das auf ei-
nem geräumigen Tisch aufruhte. Durch ein System von Spie-
geln wurde die Illusion erweckt, dieser Tisch sei von allen
Seiten durchsichtig. In Wahrheit saß ein buckliger Zwerg da-
rin, der ein Meister im Schachspiel war und die Hand der
Puppe an Schnüren lenkte. Zu dieser Apparatur kann man
sich ein Gegenstück in der Philosophie vorstellen. Gewinnen
soll immer die Puppe, die man »historischen Materialismus«
nennt. Sie kann es ohne weiteres mit jedem aufnehmen,
wenn sie die Theologie in ihren Dienst nimmt, die heute
bekanntlich klein und häßlich ist und sich ohnehin nicht darf
blicken lassen.[44]

Die zunächst befremdlich wirkende Aussage, Marxismus und Theologie müssten sich verbünden, ist im
Hinblick auf Benjamins Kenntnisse jüdischer Mystik
vielleicht nicht so seltsam. Aber dennoch: Wie könnte
das angehen? Welcher Teil der Theologie könnte
überhaupt eine Verbindung mit der Philosophie des
Marxismus eingehen? Oder anders gefragt: Wie
kommt Benjamin auf die Idee dieser Allianz? Was hier
aufgerufen wird, sind zwei der großen Denkansätze
der Menschheit über Geschichte: Theologie und Marxismus.

Verständlicher werden die Gedanken Benjamins in
der IX. These, in der es über den von ihm vorgestell-
ten Verlauf der Geschichte heißt: *Es gibt ein Bild von*

Klee, das Angelus Novus heißt. Ein Engel ist darauf dargestellt, der aussieht, als wäre er im Begriff, sich von etwas zu entfernen, worauf er starrt. Seine Augen sind aufgerissen, sein Mund steht offen und seine Flügel sind ausgespannt. Der Engel der Geschichte muß so aussehen. Er hat das Antlitz der Vergangenheit zugewendet. Wo eine Kette von Begebenheiten vor uns erscheint, da sieht er eine einzige Katastrophe, die unablässig Trümmer auf Trümmer häuft und sie ihm vor die Füße schleudert. Er möchte wohl verweilen, die Toten wecken und das Zerschlagene zusammenfügen. Aber ein Sturm weht vom Paradiese her, der sich in seinen Flügeln verfangen hat und so stark ist, daß der Engel sie nicht mehr schließen kann. Dieser Sturm treibt ihn unaufhaltsam in die Zukunft, der er den Rücken kehrt, während der Trümmerhaufen vor ihm zum Himmel wächst. Das, was wir den Fortschritt nennen, ist dieser Sturm.[45]

Ergänzt wird dieser Text durch einen Satz im Anhang der Thesen, der lautet: *Denn in ihr [der Zeit] war jede Sekunde eine kleine Pforte, durch die der Messias treten konnte.*[46]

Von diesen Zitaten her kann eine Erklärung von Benjamins geschichtsphilosophischen Überlegungen versucht werden. Bemerkenswert ist, dass er sie nicht durch Begriffe, sondern durch Bilder darstellen möchte. Er glaubt mit dem Bild den Tatbestand genauer und offener fassen zu können als mit Begriffen. Die negative Seite dieser Methode ist die Zweideutigkeit von Bildern.

Nach der Deutung von Scholem[47] ist das »Vorbild« des Engels in den Thesen der »mal'ach« der Bibel, einer der Sendlinge aus der paradiesischen Welt, dessen Aufgabe es ist, der Bote Gottes vor den Menschen zu sein.

Was der Engel sieht, ist ein gewaltiger Trümmerhaufen, angesichts dessen es ihm die Sprache verschlägt. Er scheitert an seiner Aufgabe, muss vielleicht sogar scheitern, weil nach jüdischer Auffassung die Errettung am Ende der Welt dem Messias vorbehalten ist. Dennoch verkörpert das Bild des Engels angesichts des Unmenschlichen der Geschichte »die Erinnerung an das verlorene Paradies«, »die Kraft der Utopie – ein noch nicht erloschener Impuls, der seine Erhaltung allerdings den Religionen und vorab dem Judentum verdankt, der eingewandert ist in die großen Philosophen und der auch in der Marxschen Hoffnung auf das Reich der Freiheit weiterlebt«[48], wie es Rolf Tiedemann ausgedrückt hat.

Ohne Zweifel greift Benjamin hier auf seine Kenntnisse jüdisch-mystischer Vorstellungen« zurück, die er sich in seiner Jugend, nicht zuletzt durch seine enge Freundschaft mit Gershom Scholem, angeeignet hat. Nach jüdischer Vorstellung endet die geschichtliche Zeit der Menschheit mit dem Kommen des Messias; nach marxistischer Vorstellung wird die kapitalistische Gesellschaft durch die Revolution des Proletariats überwunden, die Ära der klassenlosen Gesellschaft beginnt.

Dass Benjamin eine »theologische Vorstellung« ins Spiel bringt, ist so seltsam nicht, wenn man sich klar macht, dass auch Marx seine Wurzeln im Judentum hatte und dass sein Gedanke einer klassenlosen Gesellschaft durch jenen der messianischen Zeitenwende beeinflusst war.

Benjamin verbindet beide Vorstellungen: Die Weltrevolution im marxistischen Sinn werde schließlich dazu führen, dass das messianische Zeitalter herbeikommt. Es liegt gewissermaßen außerhalb des bisherigen, von menschlichem Handeln bestimmten Geschichtsverlaufs.

Was Benjamin will, ist, den letzten Mythos der Modernität, den des Fortschritts, demaskieren. Die kritiklose Verherrlichung des Fortschritts und der technischen Innovation, wie wir sie auch bei Stalin antreffen, führe zu immer rücksichtsloserer Ausbeutung der Natur zwecks immer größeren materiellen Profits. Jedoch dürfe menschliche Emanzipation nicht allein auf der Überwindung von Mangel durch die Ausnutzung der Natur beruhen, sondern vielmehr auf der Entwicklung eines harmonischen Verhältnisses zur Natur.

Das Urteil Benjamins über die Vorgeschichte der Moderne lautet: Katastrophe ist Fortschritt, Fortschritt ist die Katastrophe! Nach seiner Auffassung wird Geschichte gemeinhin entworfen nach dem Bild und den Interessen jener, die in der Vergangenheit gesiegt und deswegen in der Gegenwart die Macht haben.

Dieser Bestandteil an Mystik in Benjamins Philosophie ist später immer wieder kritisiert worden. Benjamin, der im Laufe seines Lebens so viel Anstrengung darauf verwandt hat, den Mythos aufzuheben, habe hier einen neuen Mythos geschaffen. Schon Brecht hat das kritisiert, indem er urteilte: » alles mystik bei einer haltung gegen mystik, in solcher form wird die materialistische geschichtsauffassung adaptiert! Es ist ziemlich grauenhaft.«[49]

Trotz der damaligen katastrophalen Lage – 1939/40 sind es vor allem die immer neuen Siege des Faschismus und die Nachrichten vom unmenschlichen Gesicht des russischen Kommunismus unter Stalin – wird dennoch von Benjamin eine Hoffnung auf einen positiven Geschichtsverlauf behauptet. Ja, man könnte meinen: Vielleicht gerade weil die Situation der realen Welt so düster war, musste er eine metaphysische Hoffnung ins Spiel bringen. Denn über seine pessimistische Beurteilung der politischen Großwetterlage kann es keinen Zweifel geben. Er setzt die Vorstellung vom Kommen des Messias ein, um sich noch irgendeine Hoffnung, wenigstens im Denken, zu erhalten. Das gemahnt an den letzten Satz seines Textes über Goethes *Wahlverwandtschaften*: *Nur um der Hoffnungslosen willen ist uns die Hoffnung gegeben.*[50]

Zu fragen wäre also noch einmal: Wie wird aus Benjamins Sicht das Verhältnis von Theologie und der Methode der marxistischen Geschichtsbetrachtung, dem historischen Materialismus, gesehen?

Sein Verhältnis zur Theologie drückt sich in der Bemerkung aus, sein Denken verhalte sich zu ihr wie das Löschblatt zur Tinte. *Es ist ganz von ihr vollgesogen. Ginge es aber nach dem Löschblatte, so würde nichts, was geschrieben ist, übrig bleiben.*[51] Aber es geht eben nicht nach dem Löschblatt, so stark dessen Anziehungskraft auch ist. Bleibt weiter zu fragen, weshalb die Theologie bei einem Autor, der sich die marxistische Geschichtsbetrachtung angeeignet und auf seine Themen anwendet, überhaupt ins Spiel kommt?

Die Erklärung liegt wahrscheinlich in der realpolitischen Situation dieser Jahre. Auch Benjamin erreichen die Nachrichten von den Moskauer Prozessen, in denen Stalin seine Gegner und mögliche Konkurrenten der Macht liquidieren lässt. Er hört vom Nichtangriffspakt zwischen Stalin und Hitler im August 1939. Vor allem in letzterem Ereignis sieht er »einen Verrat an der eigenen Sache«, denn allein die Sowjetunion, so meint er wie viele andere Linksintellektuelle, sei in der Lage, dem damals siegreichen Faschismus Paroli zu bieten. Mit diesen Ereignissen jedoch wird der »reale Sozialismus«, wie er durch Stalin in der Sowjetunion praktiziert wird, für ihn fragwürdig.

Man bedenke, dass Benjamin seiner Theorie von Geschichte die konkrete Aufgabe zuschrieb, *unsere Position im Kampf gegen den Faschismus* zu verbessern. In diesem Sinn ist nun die Politik der Sowjetunion nicht nur enttäuschend, sondern muss auch kritisiert werden.

Denn sie zielt jetzt keineswegs mehr auf das von Marx angepeilte Endziel, »die Herstellung des wahren Reiches der Freiheit«.

Von daher nun der Rückgriff auf die Theologie. Hatte Marx den Tikkun, die endzeitliche Heilung der chaotischen Welt durch den Messias, ins Weltliche gekehrt, so glaubte Benjamin nun umgekehrt, dem historischen Materialismus durch die Hereinnahme theologischen Denkens wieder auf die Beine helfen zu müssen. So befremdend dieser Gedankengang auf den ersten Blick erscheinen mag, bei genauerer Kenntnis der europäischen Geistesgeschichte erweist er sich als originell und plausibel. Freilich liegt hier auch der Ansatzpunkt für den Streit unter den »Nachgeborenen«, von denen die einen die Geschichtsphilosophie Benjamins für den Marxismus, die anderen für die jüdische Mystik reklamieren.

Vielleicht aber wichtiger als die in den Thesen enthaltende Geschichtsprophetie ist die von Benjamin getroffene Feststellung: *Aufgabe der Geschichte ist es, der Tradition der Unterdrückten habhaft zu werden*[52], die dann in der zweiten Hälfte des 20. Jahrhunderts auf vielfältige Weise sinnstiftend wirkte.

Gegen das Ende zu

Ich bin im Kreise gegangen, habe rückwärts erzählt mit der Vorstellung, der Mann, in dessen Körper das

Gift langsam seinen Tod herbeiführt, habe sich zurück-erinnert bis in seine Kindheit und von dort aus wieder vorwärts durch sein ganzes weiteres Leben.

Wir sind ihm begegnet als einem Mann, der in Armut und Einsamkeit mit unerschütterlichem Eifer am *Passagen-Werk* arbeitet ... der als Emigrant in Paris lebt ... der 1939 nach Ausbruch des Zweiten Weltkrieges zunächst im Lager Clos St. Joseph interniert wird ... der nach seiner Entlassung nach Lourdes flüchtet und dann nach Marseille geht ... der auf Max Hork-heimer, Theodor W. Adorno und das »Institut für Sozialforschung« hofft, auf die Männer und Frauen, die bemüht sind, ihm ein Einreisevisum in die USA zu beschaffen ... der in Marseille wie andere auch die abenteuerlichsten Pläne erwägt, um Frankreich zu verlassen ... der an die französisch-spanische Grenze in den Pyrenäen reist, mit der schweren Aktenmappe sich auf dem Ziegenpfad über die Berge schleppt ... Und dann der Augenblick, da die Flüchtlinge schon in Sicherheit sind und er sich sagen kann: Nun ist es geschafft! ... der Augenblick auf der Polizeistation in Spanien, in dem Aufatmen in schiere Verzweiflung umschlägt. – Wen wundert es nach alldem, dass Benjamin, an diesem Punkt angekommen, endgültig die Schinderei des Lebens leid ist?

V. Nachspiele

Eine Nacht und einen Tag?

Über das Todesdatum Walter Benjamins gibt es keine letzte Sicherheit. Am glaubwürdigsten klingen die Auskünfte der Augenzeugen, und das sind Frau Gurland und ihr Sohn Joseph, die beiden Personen, mit denen er, geführt von Lisa Fittko, über die »schwarze Grenze« zwischen Frankreich und Spanien gegangen ist. Joseph Gurland erfährt am Morgen des 26. September 1940 von seiner Mutter, Walter Benjamin habe versucht, Selbstmord zu begehen. Er kann Benjamins lauten Atem durch die verschlossene Zimmertür hören. Frau Gurland ist den ganzen Tag bei dem Sterbenden. Der herbeigerufene Arzt stellt ein Rezept aus, das Joseph Gurland in der Apotheke besorgt. Nach diesen Angaben stirbt Benjamin am 26. September gegen 22 Uhr.[1] Am Morgen dieses Tages hat er noch seiner Reisebegleiterin Henny Gurland eine Karte übergeben, mit der Bitte, ihren Inhalt Adorno mitzuteilen. Sie ist auf Französisch abgefasst. Übersetzt lautet die Nachricht:

In einer aussichtslosen Lage habe ich keine andere Wahl, als Schluß zu machen. In einem kleinen Dorf in den Pyrenäen, in dem mich niemand kennt, wird mein Leben sich vollenden. Ich bitte Sie, meine Gedanken meinem Freunde Adorno mitzuteilen, ihm die Lage, in die ich mich versetzt sehe, zu erklären. Es bleibt mir nicht genügend Zeit, alle Briefe zu schreiben, die ich gern noch geschrieben hätte.[2]

»Schweinebande«

Wir erinnern uns: In Marseille ist Benjamin Hannah Arendt begegnet. Ihr hat er dort eine Ausfertigung einer ihm wichtigen Arbeit anvertraut.

Hannah Arendt überbringt die ihr ausgehändigte Version des Manuskriptes *Zum Begriff der Geschichte* Adorno in Amerika. Allerdings widerwillig. An ihren Mann schreibt sie: »Ich nehme an, daß die Schweinebande das Manuskript einfach unterschlagen wird. Die werden sich rächen, wie sich Benji im Grund durch Schreiben dieser Sache gerächt hat.«[3]

Später, 1968, wird sie in einem Essayband[4] eine wunderbare Metapher für das Leben Benjamins finden: »Dies Denken, genährt aus dem Heute, arbeitet mit den ›Denkbruchstücken‹, die es der Vergangenheit entreißen und um sich versammeln kann. Dem Perlentaucher gleich, der sich auf den Grund des Meeres begibt, nicht um den Meeresboden auszuschachten und ans Tageslicht zu fördern, sondern um in der Tiefe das Reiche und Seltsame, Perlen und Korallen, herauszustechen und als Fragment an die Oberfläche des Tages zu retten, tauchte er in Tiefen der Vergangenheit, aber nicht um sie so, wie sie war, zu beleben und zur Erneuerung abgelebter Zeiten beizutragen. Was dies Denken leitet, ist die Überzeugung, daß zwar das Lebendige dem Ruin der Zeit verfällt, daß aber der Verwesungsprozeß gleichzeitig ein Kristallisationsprozeß ist; daß in der ›Meereshut‹ – dem selbst nicht-historischen Element, dem alles geschichtlich Gewordene verfallen soll – neue kristallisierte Formen und Gestalten entstehen, die, gegen die Elemente, gefeit, überdauern und nur auf den Perlentaucher warten, der sie zu Tage bringt; als ›Denkbruchstücke‹, als Fragmente oder auch als die immer währenden ›Urphänomene‹«.

Port-Bou 1940

Am 27. Juli 1979 erscheint in der katalanischen Zeitung *Punt Diari* mit Redaktionssitz in Gerona ein Artikel des Journalisten Charles S. Costa[5], der freilich über die genauen Umstände von Benjamins Tod kaum Neuigkeiten enthält. Anschaulich aber beschreibt der Bericht die Atmosphäre in jener Stadt, in der Benjamin sich das Leben genommen hat.

»Port-Bou, am Meer gelegen und am besten mit dem Zug zu erreichen, ist ein Städtchen, in dem eine leicht geheimnisvolle Stimmung herrscht. Die Atmosphäre von Schmuggel, Flucht, langem Warten und finsteren Tragödien scheint in der Luft zu liegen. Eine Atmosphäre, die an Algeciras oder Tanger denken lässt, an Orte, die nichts mit den reinen Verwaltungsstädten gemein haben, welche 1939 im franquistischen Spanien so zahlreich waren. Während damals wenige Kilometer entfernt senegalesische Soldaten damit beschäftigt waren, Republikaner in den Konzentrationslagern von Sant Ceriá und Argelès zu internieren, brauchte man einen Passierschein, um, zum Beispiel von Barcelona aus, nach Port-Bou zu gelangen. Nach Ankunft der Deutschen und der Installierung der Pétain-Regierung in Vichy, kaum ein Jahr nach der Niederlage der spanischen Republikaner, bestand kein Zweifel mehr daran, dass der Achse Hitler-Mussolini-Tojo noch ein vierter Staatsmann angehörte, auch wenn Spanien offiziell nicht am Zweiten Weltkrieg teilnahm. ›Ja, die Deutschen schlenderten in ihren Uniformen hier herum. Sie kamen zum Einkaufen und um sich die Zeit zu vertreiben. Sie waren gute Kunden‹, erzählte Senora Agustina auf dem Marktplatz von Port-Bou. ›Damals schwiegen die Leute, weil sie nichts anderes tun konnten. Die spanische Polizei arbeitete mit den Deutschen zusammen. Man lebte unter der ständigen Bedrohung, dass sie einen aus dem Dorf wegbringen würden, wenn man ihnen nicht gefiel‹, bestätigt Senora Martinech, die Inhaberin der einzigen Buchhandlung des Ortes. Sie fügte hinzu: ›Es gab hier einen Herrn, der der Vertreter der Gestapo in Port-Bou zu sein schien.

Er hatte hier ein Büro, von dem niemand wusste, womit sie sich dort beschäftigten. Er war immer sehr höflich und er war mit einer blonden Frau verheiratet‹.

Über diese Geschichte sprachen wir mit Senor Jaume Calsina, der bei der mysteriösen Firma als Fahrer angestellt war. ›Ich bemerkte überhaupt nichts Besonderes. Ich machte nichts anderes, als die beiden Deutschen Johann Maincke und Wilhelm Kirsch herumzufahren. Der offizielle Name der Firma war Industriefinanzgesellschaft und ihr Büro war am Marktplatz. Sie gaben mir Arbeit und ich war 22 Monate bei ihnen beschäftigt, so lange, bis die Deutschen den Krieg verloren und weggingen. Ich fuhr sie fast jeden Tag nach Sète, Marseille oder Perpinyá. Die Grenze passierten wir immer, ohne angehalten zu werden. Ich weiß nicht genau, was sie machten, aber alle sagen, sie betrieben Spionage und kontrollierten die Leute. Dort, wo wir hinfuhren, sprachen sie immer Deutsch, was ich nicht verstand. Andererseits gefiel es ihnen nicht, wenn ich mit französischen Freunden sprach. Dann machten sie mir Vorwürfe, vor allem Kirsch, der ein sehr strenger und sehr kräftiger Mann war. Während ich auf sie wartete, schlief ich meist ein, denn nachts ging ich hier in Port-Bou fischen, um meine Familie ernähren zu können‹.

Offenbar gab es zwei dieser Gestapo-Büros. Eins war am Marktplatz, in einem Gebäude, in dem sich heute ein Zollbüro befindet, und ein Zweites auf der

Rambla. Dort war später der Laden *La Gaviota*, der vor Jahren geschlossen wurde. Heute stehen die Räume leer. Von hier aus muss die Ankunft Walter Benjamins observiert worden sein.«

Eine Hotelrechnung

Die Hotelrechnung[6] aus Port-Bou auf den Namen Benjamin Walter ist vorhanden. Sie lautet auf 166.05 pts. Berechnet werden vier Übernachtungen à 20 pts, 5 Zitronenlimonaden, vier Telefongespräche sowie Kosten für die Desinfektion des Zimmers und der Bettwäsche.

Fakt ist, dass Walter Benjamin in der Nacht eine Überdosis Morphiumtabletten genommen hat. Es ist ein Arzt gerufen worden, der eine Gehirnblutung diagnostiziert hat. Offensichtlich eine bewusste Fehldiagnose, um dem Hotel, den Flüchtlingen und der Polizei Schwierigkeiten, die sich bei der Feststellung eines Selbstmordes ergeben hätten, zu ersparen.

Frau Gurland hat die ihr von Benjamin vor seinem Tod übergebene Nachricht für Adorno vernichtet, wohl aus Sicherheitsgründen. Den Text hat sie Adorno mündlich mitgeteilt.

Unter falschem Namen wird Walter Benjamin – man hält den Nachnamen für den Vornamen – auf dem katholischen Teil des Friedhofes in der Grabnische 563 beigesetzt.

Wohl unter dem Eindruck von Walter Benjamins Selbstmord gestattet man Henny Gurland, ihrem Sohn und jener Gruppe Frauen, die kurz vor ihnen in Port-Bou eingetroffen waren, in Spanien zu bleiben beziehungsweise die Weiterreise nach Portugal anzutreten.

Die bewusste Aktentasche samt ihrem Inhalt wird noch im Sterberegister von Port-Bou erwähnt, ist aber seither verschwunden.

Zu den Vermutungen über den Inhalt der Aktentasche lässt sich Folgendes sagen: Schon in dem Polizeibericht vom 30. Oktober 1940, den Max Horkheimer, unmittelbar nachdem er von Benjamins Tod gehört hatte, von den lokalen Behörden anforderte, ist die Rede von deren Inhalt: »Mr. Walters Besitz bestand aus einer Tasche, wie sie von Geschäftsleuten benutzt wird, einer Männeruhr, einer Tabakpfeife, sechs Fotografien, einer Röntgen-Aufnahme, einer Brille, mehreren Briefen und anderen Papieren unbekannten Inhalts.« Rolf Tiedemann, der Herausgeber des *Passagen-Werkes* und Verfasser zahlreicher Essays über Benjamin, geht davon aus, dass es sich um einen Text auf wenigen Blättern handelte. In diesem Fall liegt die Vermutung nahe, es könnten die *Thesen zur Geschichte* gewesen sein. Andererseits steht das im Widerspruch zu Lisa Fittkos Angabe, die Tasche sei schwer gewesen. Trifft diese Erinnerung zu, so könnten sich darin eventuell auch Kopien der Exzerpte des *Passagen-Werkes* befunden haben.

In das Reich der Legende ist die Vermutung von Stephen Schwartz (»The Mysterious Death of Walter Benjamin«, *The Weekly Standard* vom 11. Juni 2001) zu verweisen. Schwartz mutmaßt, Benjamin habe keinen Selbstmord begangen, sondern sei von Agenten Stalins ermordet worden.

Heute erinnert ein Denkmal des israelischen Bildhauers Dani Karavan in Port-Bou nicht nur an Walter Benjamins Leben und Sterben, sondern auch an die aussichtslose Lage vieler politischer Flüchtlinge damals wie heute.

Das Monument in Form einer Passage[7] beginnt in einem tunnelartigen Korridor, welcher zum Meer hinab führt und durch eine Glasscheibe begrenzt wird, die zwar den Blick auf das Meer, nicht aber den Weg freigibt. Ihre Inschrift lautet: *Schwerer ist es, das Gedächtnis der Namenlosen zu ehren als das der Berühmten. Dem Gedächtnis der Namenlosen ist die historische Konstruktion gewidmet.*

VI. Benjamins Aktualität

Abschließend soll versucht werden, die wichtigsten Themen, mit denen sich Walter Benjamin auseinander setzte, noch einmal zusammenzufassen und damit auch ihre Aktualität zu begründen.

Nach einer systematischen Kritik der modernen Zeit wird man bei ihm vergebens suchen – eine Enttäuschung für all jene, die auf eine umfassende Welt- und Sinndeutung aus sind. Die Originalität und der Reiz seines Denkens liegen in der Aufschließung des Fragmentarischen, das für Benjamin eine signifikante Eigenschaft der modernen Welt darstellt.

In seinem Denken bricht er mit einer Vielzahl von überkommenen Gewohnheiten bürgerlicher Ästhetik – dem festgeschriebenen, autoritär vertretenen Standpunkt, der Vorstellung vom Genie, von poetischer Inspiration und der aus sich selbst wirkenden Kreativität. Andererseits verfällt er nicht in eine Position orthodoxer marxistischer Kulturbetrachtung, bei der Kunst entweder als Ausdruck bürgerlicher Ideologie oder als Infusion zur Stärkung des proletarischen Bewusstseins verstanden wird. Er vermag aufzuspüren, welche ökonomischen, ideologischen und historischen Bedingungen, die sich in den Kulturgütern ausdrücken, Veränderungen unserer Lebenswelt herbeiführen.

Eine Geschichte der Unterdrückten

Zentrales Thema bei Benjamin ist die Geschichte und die in den *Thesen* getroffene Feststellung, dass Geschichte immer nach den Vorstellungen und den Interessen derer, die in der Vergangenheit die Sieger waren und somit in der Gegenwart die Macht haben, entworfen und überliefert worden ist, und dass dies unter dem betrügerischen Vorzeichen des Fortschritts geschah. Diesen Prozess möchte Benjamin umkehren. Für ihn hat der kulturkritisch denkende Historiker die Pflicht, die Vergangenheit der Armen, Unterdrückten, der Benachteiligten, als da sind Frauen, Arbeiter, verfolgte ethnische Minderheiten und durch den Kolonialismus enteignete Naturvölker, »das Leiden der vergessenen Toten« darzustellen. Und zwar im Hinblick auf das Hier und Heute.

»Benjamins Thesen«, schreibt Graeme Gilloch, »wollen als ein letzter Weckruf verstanden sein, um die Toten wieder präsent werden zu lassen, ein Alarmruf für jene, die träumen, ein Ruf zu den Waffen, eine Aufforderung, die Vergangenheit neu zu bedenken, um so Gegenwart und Zukunft anders zu prägen.«[1]

Wichtigstes Erkenntnisfeld bei der Suche nach dem tatsächlichen Verlauf der Geschichte ist das Nachleben der Gegenstände, das Aufspüren für die Ursachen ihres Verfalls und die Rekonstruktion dieses Prozesses. Benjamin selbst versteht sich als »ästhetischer Ingenieur«, der seine Aufgabe darin sieht, den kritischen Zustand der Gegenwart aus ebendiesem Prozess herauszulesen. Wann immer er sich mit Vergangenem befasst, geschieht das nie museal, sondern immer mit dem Ziel, Erkenntnisse über die geschichtliche Situation der Gegenwart und die Entwicklung in der Zukunft zu gewinnen.

Dabei spielt die Erfahrung der großen historischen Katastrophen in der ersten Hälfte des 20. Jahrhunderts als Anstoß und Aufforderung zu dieser Art der Reflexion die entscheidende Rolle: der Erste Weltkrieg, die Russische Revolution, das Aufkommen des Faschismus, Rassenhass, der Zustand des Exils, der Stalinismus, der Zweite Weltkrieg.

Die kulturelle Krise seiner Zeit ist für Benjamin nicht Grund zu sentimentaler Klage, er sieht in ihr vielmehr eine Chance zur Veränderung, die genutzt werden sollte.

Die in der bürgerlichen Gesellschaft vorhandenen Widersprüche sind zur Explosion gelangt. Der Kritiker sieht gewissermaßen die übrig gebliebenen Trümmer und bestimmt, was für einen Wiederaufbau nach einem neuen Muster noch brauchbar ist. Er stellt die historische Entwicklung und die Vorherrschaft des Konsumkapitalismus dar, dessen Eindringen in alle Bereiche menschlicher Existenz, und zwar oft an zunächst unwichtig erscheinenden Gegenständen, sozialen Typen, Gesten, Verhaltensweisen, Moden.

Die großen Städte

Benjamin erkennt die rasch anwachsende, sich räumlich ausdehnende und einer ständigen Veränderung unterliegende Großstadtwelt als einen der Brennpunkte kapitalistischer Dominanz. Die Beschäftigung beispielsweise mit der Großstadtarchitektur wird zum Gegenstand, um daraus die phantastischen und mythologischen Züge der Moderne abzulesen; die Mode wird von ihm als Naturgeschichte der Warenwelt untersucht.

Bei der Beobachtung des Lebens in den Metropolen stößt Benjamin auf Zustände, die zwangsläufig mit dem Großstadtleben verbunden sind: den Schock, die Beschleunigung, die übermäßige Stimulation der Menschen durch die Außenwelt und durch die Medien, die Fragmentierung des Lebens, die Desorientierung, die Betäubung, die Anonymität und Entpersönlichung. Alles Vorgänge, die sich in unserer modernen Gesellschaft noch verschärft haben.

Die Fragmentierung der Welt und die neuen Medien

Die Aufspaltung der Welt in Fragmente hat zur Folge, dass man zum Verständnis des Weltzustandes nur durch Untersuchung des Fragmentierten kommt. Die Fragmentierung hat aber auch Konsequenzen für die Art der künstlerischen Darstellung, die als Mosaik oder als Montage erfolgen müsste.

Eng verbunden mit Benjamins Nachdenken über die moderne Großstadt, die Metropolis als Ort der Moderne, ist seine Analyse der neuen Medien und ihrer Benutzung. Ein Versprechen der neuen Massenmedien, so Graeme Gilloch in seinem Buch über das Denken Benjamins, sei es gewesen, den Massen Formen der Kultur zugänglich zu machen, durch die sie ihre eigene Situation und ihre Interessen besser zu erkennen in der Lage sein würden. Dieser revolutionäre pädagogische Ansatz sei damit durchkreuzt worden, dass der Kapitalismus die neuen Medien als illusionäres Spektakel, sentimentale Kompensation und harmlose Unterhaltung in seinen Dienst genommen habe.

Nicht nur auf diesem Sektor hat sich Benjamin mit dem Begriff des Fortschritts kritisch auseinander gesetzt und diesen als eine der Mythen der Moderne entlarvt. Die Aufklärung, so sein Urteil, habe sich selbst betrogen. Sie habe im Kapitalismus ihr Versprechen auf die Aufhebung der Unmündigkeit des Menschen und seine Befreiung von Aberglauben und Furcht nicht nur nicht eingelöst, sondern in sein Gegenteil verkehrt. In der Moderne sei ein kalt berechnender Mechanismus entstanden, bei dem alles auf Gewinnmaximierung hin ausgerichtet sei. Benjamins kritische Haltung gegenüber dem Fortschritt schließt die gefährliche Ausbeutung der Natur mit ein.

Das Individuum in der Moderne

Angesichts seiner oftmals schwierigen materiellen Lage sah Benjamin sich veranlasst, über die Position eines Menschen mit seinen beruflichen Tätigkeiten kritisch nachzudenken. Die Bezeichnung »freier Schriftsteller« ist für ihn eine Fiktion. Jede Verklärung des Intellektuellen erscheint ihm unrealistisch, eine Illusion. Schriftsteller, Künstler gehörten zu den Heimatlosen, Ausgestoßenen. Sie sind »geistige Lumpensammler«. Er ist sich also seiner verarmten, isolierten, vereinsamten, der Hoffnungslosigkeit preisgegebenen Rolle als Individuum in der Gesellschaft klar bewusst. Er selbst versteht sich einerseits als kritischer Wächter einer »gefallenen« Menschheit. Melancholie ist ein Zustand, den er bei sich selbst vorfindet, der aber schon im Barock und später im Werk des französischen Lyrikers Baudelaire von ihm aufgespürt und genau betrachtet wird.

Andererseits sieht er sich als »intellektueller Arbeiter« zu einer ganz bestimmten Verhaltensweise aufgerufen, nämlich das revolutionäre Bewusstsein derer, die derselben sozialen Gruppe wie er angehören, zu fördern. Dieser intellektuelle Typus ließe sich als ein »brütender ästhetisch-polytechnischer Ingenieur« bezeichnen. Vorgebildet sehen könnte man diesen Typus im Flaneur im Paris des 19. Jahrhunderts, wenn man ihn so wie Michael Opitz charakterisiert: »Der Flaneur ist eingeweiht in die Kunst, Spuren zu lesen, nicht umsonst spricht man von ihm als letztem Mohikaner, der in der Stadtwildnis auf unbekannten Pfaden einer Fährte folgt. Die besondere Begabung des Flaneurs, aus den kaum beachteten und überwiegend vergessenen Zeugnissen des Vergangenen eine Geschichte herauszulesen, lässt ihn als grandiosen Konstrukteur erscheinen. Ihm nämlich ist jede Spur verlässlicher Hinweis darauf, dass alles, Dinge wie Personen, seinen Abdruck in der Geschichte hinterlassen hat.«[2] Dies ist nahezu ein Steckbrief der inneren Haltung Walter Benjamins.

Mit seiner »bewusstmachenden Kritik« (Jürgen Habermas) wird er zu einem Prototyp des modernen Denkers überhaupt. Dies begründet, jenseits von aller modischen Aneignung, seine Bedeutung für Gegenwart und Zukunft.

Zeittafel

1892   Am 15. Juli in Berlin, Magdeburger Platz 4, als Sohn von Emil (1856–1926) und Pauline Benjamin, geb. Schönflies (1869–1930) geboren

1901   Aufgenommen in die Sexta der Kaiser-Friedrich-Schule in Berlin

1905   Landerziehungsheim Haubinda

1907   Benjamin kehrt an die Kaiser-Friedrich-Schule zurück

1912–14 Abitur; im April 1912: Beginn des Studiums in Freiburg i.Br.; Wintersemester in Berlin; Sommersemester wieder in Freiburg i.Br.; Freundschaft mit Fritz Heinle (1894–1914); Präsident der Freien Studentenschaft in Berlin; 1913 lernt er Gershom Scholem kennen

1914   Ausbruch des Ersten Weltkrieges. Selbstmord von Fritz Heinle

1915–17 Studium in München, Begegnung mit Rainer Maria Rilke

1917   Heiratet am 11. April Dora Pollak (geb. Kellner)

1917/18 Studium in Bern

1918   Geburt des Sohnes Stefan Rafael (gest. am 6. Februar 1972 in London)

1919–20 Promotion mit der Schrift: *Der Begriff der Kunstkritik in der deutschen Romantik*; Rückkehr nach Berlin

1921   Zunehmende Konflikte in der Ehe mit Dora. Sie verliebt sich in Ernst Schoen, er in Jula Cohn. *Die Aufgabe des Übersetzers*

1921–22 *Goethes Wahlverwandtschaften*

1923   Er lernt Theodor W. Adorno und Siegfried Kracauer kennen.

1925   Aufenthalt auf Capri, in Pisa und Neapel. Bekanntschaft mit Asja Lacis
        Trauerspielbuch (*Ursprung des deutschen Trauerspiels*)

12. Mai: Antrag auf Habilitation in Frankfurt/Main. Die Fakultät fordert ihn auf, das Habilitationsgesuch zurückzuziehen. Dies geschieht am 27. Juli

1926 März bis Oktober in Paris. Proust-Übersetzung zusammen mit Franz Hessel. Mitarbeiter an der *Frankfurter Zeitung* und der *Literarischen Welt*

1926–27 Dezember–Januar: Moskaureise. Wiedersehen mit Asja Lacis

1927 Treffen mit Scholem in Paris. Pläne einer Übersiedlung nach Palästina. Beginn der Arbeiten am *Passagen-Werk*. Haschischexperimente.

1928 *Einbahnstraße* und *Ursprung des deutschen Trauerspiels* erscheinen bei Rowohlt

1929 Begegnung mit Bertolt Brecht. Asja Lacis in Berlin. Rundfunkarbeit

1930 Scheidung von Dora Pollak. Pläne zur Zeitschrift *Krise und Kritik* mit Bertolt Brecht. Nordlandreise

1931 Januar in Paris, dann wieder Berlin. Im Mai in Südfrankreich. August: tiefe Depression, Selbstmordabsichten. Im Oktober wieder in Berlin

1932 April–Juli auf Ibiza. Im Juli in Nizza. Selbstmordabsichten. *Berliner Chronik*

1933 März: Reise ins Exil nach Paris. Von April bis September erneut auf Ibiza. Beginn der Arbeit für das »Institut für Sozialforschung«

1934 Paris. Anschließend Besuch bei Brecht in Dänemark. Von Anfang November bis Ende Februar 1935 in San Remo bei seiner ehemaligen Frau
Franz Kafka, Zur zehnten Wiederkehr seines Todestages

1935 Wiederaufnahme der Arbeit am *Passagen-Werk*. Im April einige Zeit in Nizza. Von November bis Dezember in San Remo, von dort Reise nach Venedig und Ravenna
Das Kunstwerk im Zeitalter seiner technischen Reproduzierbarkeit

1936 Arbeit am *Baudelaire*-Text. August bis Ende September bei Brecht in Dänemark. Ab Ende September in San Remo. Dann Paris

Briefanthologie *Deutsche Menschen*

1937   In Paris, Rue Bénard. Juni–August in San Remo. Treffen mit Theodor W. Adorno, dann wieder in Paris

1938   15. Januar: Benjamin bezieht sein letztes Domizil in Paris in der Rue Dombasle 10. Von Juni bis Oktober wieder bei Brecht (Skovsbostrand) in Dänemark
Das Paris des Seconde Empire bei Charles Baudelaire

1939   4. Februar: Er wird aus Deutschland ausgebürgert. Internierung im Lager Clos St. Joseph, Nevers bis November
Einige Motive bei Baudelaire
Passagen-Werk

1940   Rückkehr nach Paris. Vorübergehender Aufenthalt in der Provinz aus Furcht vor Bombenangriffen.
Thesen über den Begriff der Geschichte
Mitte Juni flieht Benjamin vor den anrückenden deutschen Truppen zunächst nach Lourdes, dann nach Marseille. Am 25. September trifft er zu Fuß in Port-Bou, Spanien, ein und soll nach Frankreich zurückgeschickt werden. Über die näheren Umstände und die Zeit seines Todes liegen widersprüchliche Angaben vor.

Bibliographie

Die Literatur, die in den letzten Jahrzehnten über Walter Benjamin erschienen ist, lässt sich kaum noch überblicken. Ich habe im Folgenden nur jene Bücher aufgenommen, die ich für meine Arbeit benutzt habe.

Werke

GS = Walter Benjamin: Gesammelte Schriften, Suhrkamp Verlag, Frankfurt/Main, Bd. I–VII

GB = Walter Benjamin: Briefe, Bd. I–VI

Walter Benjamin: *Über Haschisch,* hrsg. von T. Rexroth, Frankfurt/Main 1972, ursprünglich veröffentlicht in der Zeitschrift »Uhu«, November 1930

Deutsche Menschen, eine Folge von Briefen, Auswahl und Einleitung von Detlef Holz, 2. Auflage, Luzern 1937

Biographien

Gershom Scholem: *Walter Benjamin – die Geschichte einer Freundschaft*, Frankfurt/Main 1975

Werner Fuld: *Walter Benjamin – Zwischen den Stühlen*, München-Wien 1979

Momme Brodersen: *Spinne im eigenen Netz – Walter Benjamin Leben und Werk*, Bühl-Moos 1990

Bernd Witte: *Walter Benjamin*, Reinbek 1985

Willem van Rijen u. Herman van Doorn: *Aufenthalte und Passagen – Leben und Werk Walter Benjamins – eine Chronik*, Frankfurt/Main 2001

Zu Person und Werk

Aber ein Sturm weht vom Paradiese her – Texte zu Walter Benjamin, hrsg. von Michael Opitz und Erdmut Wizisla, Leipzig 1992

Theodor W. Adorno: *Über Walter Benjamin,* Frankfurt/Main 1970

Hannah Arendt: *Benjamin, Brecht,* München 1971

Wolfgang Bock: *Walter Benjamin – Die Rettung der Nacht, Sterne, Melancholie und Messianismus,* Bielefeld 2000

Susan Buck-Morss: *Dialektik des Sehens – Walter Benjamin und das Passagen-Werk,* Frankfurt/Main 1993

Lisa Fittko: *Mein Weg über die Pyrenäen,* München 1985

Graeme Gilloch: *Walter Benjamin – Critical Constellations,* Cambridge 2002

Alexander Honold: *Der Leser Walter Benjamin, Bruchstücke einer deutschen Literaturgeschichte,* Berlin 2000

Ralf Konersmann: *Erstarrte Unruhe – Walter Benjamins Begriff der Geschichte,* Frankfurt/Main 1991

Hans Mayer: *Der Zeitgenosse Walter Benjamin,* Frankfurt/Main 1992

Marbacher Magazin, 55/1999: Walter Benjamin, Eine Ausstellung des Theodor W. Adorno Archivs, Frankfurt/Main in Verbindung mit dem Deutschen Literaturarchiv Marbach am Neckar

Pierre Missac: *Walter Benjamins Passage,* Frankfurt/Main 1991

Stéphane Mosès: *Der Engel der Geschichte – Franz Rosenzweig, Walter Benjamin, Gershom Scholem,* Frankfurt/Main 1994

Jay Parini: *Dunkle Passagen, ein Walter-Benjamin-Roman,* München 1997

Helmut Salzinger: *Swinging Benjamin,* Erweiterte Neuausgabe, Hamburg 1990

Marleen Stoessel: *Aura – das vergessene Menschliche. Zur Sprache und Erfahrung bei Walter Benjamin,* Edition Akzente, München 1983

Werkbund-Archiv: *Bucklicht Männlein und Engel der Geschichte – Walter Benjamin, Theoretiker der Moderne,* Berlin 1990

Rolf Wiggershaus: *Die Frankfurter Schule – Geschichte, theoretische Entwicklung, politische Bedeutung,* München 1988

Zur Aktualität Walter Benjamins, mit Texten von Walter Benjamin und Bertolt Brecht. Interpretationen von Jürgen Habermas, Gershom Scholem und anderen, Frankfurt/Main 1972

Danksagung

Der Autor dankt Frau Dr. Brigitte Dörrlamm für das Gegenlesen des Manuskriptes und zahlreiche Anregungen.
Ferner dankt er Dr. Friedbert Stohner, der seine Absicht, eine Benjamin-Biographie zu schreiben, förderte.
Und er dankt seinem Lektor Frank Griesheimer für dessen Unterstützung und dessen Rat bei der Verwirklichung des Projektes einer Benjamin-Biographie.

Limburg/Lahn, Oktober 2003

Quellenverzeichnis

Prolog

1 GS I/2, S. 696
2 Theodor W. Adorno: *Über Walter Benjamin,* Bibliothek Suhrkamp, Umschlagseite 4
3 Walter Benjamin: *Einbahnstraße,* Bibliothek Suhrkamp, Suhrkamp Verlag, Frankfurt/Main 1955, S. 57
4 Ebd., S. 67
5 Ebd., S. 58
6 Ebd., S. 59
7 Ebd., S. 46
8 T. W. Adorno: *Über Walter Benjamin,* a.a.O., S. 34

I. Bis über die Grenze

1 *Einbahnstraße,* S. 69
2 In Gurs wurden in den Jahren 1939–1944 rund 60000 Menschen gefangen gehalten, zum größten Teil Juden verschiedener Nationalität. Schon nach dem Waffenstillstand im Juni 1940 war die Internierung von ausländischen Juden unter der Vichy-Regierung »legal«.
3 Nach dem Krieg gelangte es an Theodor W. Adorno in Amerika, kam dann nach Frankfurt/Main, schließlich zu Gershom Scholem, dem es Benjamin in einem Ende Juli 1932 niedergeschriebenen Testament vermacht hatte. Es befindet sich jetzt im Jüdischen Museum in Jerusalem.
4 GB, VI, S. 475
5 Marbacher Magazin 55/1990, S. 320
6 Alfred Kantorowicz: *Exil in Frankreich –Merkwürdigkeiten und Denkwürdigkeiten,* Fischer Taschenbuch, Frankfurt/Main 1986, S. 156 f.
7 Gershom Scholem: *Walter Benjamin – Die Geschichte einer Freundschaft,* Bibliothek Suhrkamp, Frankfurt/Main 1975, S. 279
8 Zu Grunde liegt die Schilderung der Ereignisse, die Lisa Fittko in ihrem Erinnerungsbuch *Mein Weg über die Pyrenäen,* Ravensburger Taschenbuch, Ravensburg 1992, gegeben hat.

9 Was sich in der später verschwundenen Aktentasche tatsächlich befand, ließ sich nicht ermitteln. Vielleicht waren es Notizen zu *Über den Begriff der Geschichte,* vielleicht eine Kopie dieses Textes. Es könnte sich aber auch um Teile des *Passagen*-Fragments gehandelt haben. Von *Über den Begriff der Geschichte* hatte Benjamin eine Ausfertigung bei Hannah Arendt in Marseille zurückgelassen, die dann in die USA gelangte. Jene Teile des *Passagen-Werkes,* die sich erhalten haben, hatte Benjamin 1940 mit anderen Manuskripten vor seiner Flucht aus Paris Georges Bataille anvertraut, der die Texte in der Bibliothèque Nationale versteckte. Sie wurden dann 1982 als fünfter Band der Gesammelten Schriften veröffentlicht.

II. Die langen Stunden vor dem Nichts

1 Marbacher Magazin, 55/1990, S. 317
2 GS II/2, S. 458
3 GB VI, S. 110
4 Ebd.
5 GB VI, S. 112
6 GB VI, S. 323
7 Walter Benjamin: *Ein Lesebuch,* edition Suhrkamp, Suhrkamp Verlag, Frankfurt/Main 1996, S. 677
8 GS V, S. 249
9 GS V/1, S. 262
10 GS V, S. 249
11 GS V, S. 1030
12 Nach den von Gershom Scholem angeregten Aufzeichnungen Max Arons. Marbacher Magazin, 55/1990, S. 292 ff.
13 Erforschungen der Schrift, Texte aus dem gottesdienstlichen Vortrag im Anschluss an die Thoralesung in der alten Synagoge und die daraus hervorgegangene Literatur.
14 Dokumentiert ist dieser Dialog durch Lisa Fittko in ihrem Bericht *Mein Weg über die Pyrenäen,* Otto Maier Verlag, Ravensburg 1992, S. 139
15 Hans Sahl, geb. 1902 in Dresden. Romanschriftsteller, Kritiker, Übersetzer, Lyriker, ging 1933 nach Prag ins Exil, 1934 nach Zürich, dann nach Paris, kam 1941 nach New York und war dort nach dem Zweiten Weltkrieg Korrespondent mehrerer deutschsprachiger Tageszeitungen.

16 Unter anderem von Marleen Stoessel: *Aura – Das vergessene Menschliche, Zur Sprache und Erfahrung bei Walter Benjamin,* Carl Hanser Verlag, München 1983
17 GS 1/2, S. 691 ff.
18 Ebd., S. 699
19 GB VI, S. 435

III. Die Zeit davor

1 Zitiert nach »Marbacher Magazin«, 55/1990, S. 320
2 Moritz Schoenflies: *Aufzeichnungen zur Familiengeschichte,* gebundenes Manuskript, 1875. In: »Marbacher Magazin«, 55/1990, S. 10
3 Ebd.
4 Gershom Scholem in: *Zur Aktualität Walter Benjamins,* hrsg. von Siegfried Unseld, Suhrkamp Verlag, Frankfurt/Main 1972, S. 128
5 Ebd., S. 100 ff.
6 Ebd., S. 113
7 GS VII, S. 386
8 Gershom Scholem: *Deutsche und Juden.* Zitiert nach: *Die jüdische Welt von gestern, Text- und Bildzeugnisse aus Mitteleuropa 1860–1938,* hrsg. von Rachel Salamander, Deutscher Taschenbuchverlag, München 1998, S. 129
9 Momme Brodersen: *Spinne im eigenen Netz – Walter Benjamin Leben und Werk,* Elster Verlag, Bühl-Moos 1990, S. 53
10 *Einbahnstraße,* S. 13
11 *Ebd.*
12 GS IV/1, S. 287
13 GS VI, S. 499
14 GS IV, S. 254
15 GS VI, S. 511
16 Ebd.
17 GS IV/1, S. 247
18 Zit. n. *Berliner Kindheit,* Fassung letzter Hand, GS VI/1, S. 430
19 Die gewöhnlich übliche Schreibweise wäre (Robert Louis) Stevenson
20 Ebd., S. 278
21 GS VI, S. 512
22 GS VI, S. 195
23 Momme Brodersen, S. 33
24 GS VII/1, S. 15

25 Barbizon war eine Kolonie bildender Künstler bei Fontainebleau in Frankreich, in der sich die Landschaftsmalerei in freier Natur entwickelte.

26 Eine schwer entschlüsselbare Formulierung, die offenbar bedeuten soll, Grillparzer habe in der Art Goethes geschrieben, ohne ihm qualitativ gleichzukommen. (Statt mit dem Ochsen mit dem schwächeren Kalb zu pflügen.)

27 GS VI, S. 500

28 Momme Brodersen, S. 46

29 So in einem Brief an den Kommilitonen und Dichter Ludwig Strauß im Oktober 1912

30 Dreyfuß war ein französischer Offizier, der, vor allem wegen in der Gesellschaft weit verbreiteten Vorurteile gegenüber Juden, zu Unrecht der Spionage verdächtigt und zur Deportation auf die Teufelsinsel verurteilt wurde. Emile Zolas offener Brief *J'accuse* führte schließlich zu eine Revision des Verfahrens gegen Dreyfuß.

31 Zit. n. N.H. Braulich: *Max Reinhardt,* Berlin 1969, S. 135 f.

32 Blücher hatte den Spitznamen »Marschall Vorwärts«.

33 W. Mogge/J. Reulecke: *Hoher Meißner 1913. Der Erste Freideutsche Jugendtag in Dokumenten, Deutungen und Bildern,* Köln 1988, S. 390 f.

34 Im Zweiten Weltkrieg tauchte es als Filmmusik in einem der Durchhaltefilme der Ufa mit dem Titel »Kadetten« wieder auf.

35 Momme Brodersen, S. 74

36 Walter A. Berendsohn: *Weimar 1914.* In »Göttinger Akademische Wochenschau«, S. 12

37 Frederik Hetmann: *Rosa L. Die Geschichte der Rosa Luxemburg und Ihrer Zeit,* Beltz und Gelberg, Weinheim 1976, S. 84

38 Werner Fuld: *Zwischen den Stühlen – Walter Benjamin,* Fischer Verlag, Frankfurt/Main 1981, S. 60

39 Ebd., S. 62

40 Rosa Luxemburg: *Gesammelte Werke,* Band 4, S. 51

41 Aufrufe und Reden deutscher Professoren im Ersten Weltkrieg, hrsg. v. K. Böhme, Stuttgart 1975, S. 49 f.

42 Ch. Wolff: *Innenwelt und Außenwelt,* München 1971, S. 207

43 Der Brief liegt im Archiv der deutschen Jugendbewegung, Burg Ludwigstein.

44 GB I, S. 263

45 W. Kraft: *Spiegelungen der Jugend,* Frankfurt/Main 1973, S. 71

46 Brief an Gershom Scholem vom 15.7.1941, Jewish National and University Library, Walter Benjamin Archiv.

47 Susan Sontag: *Im Zeichen des Saturn.* In: Peter Sillem, Hrsg., *Melancholie oder vom Glück, unglücklich zu sein,* München 1977, S. 222

48 Herbert William Belmore: *Some recollections of Walter Benjamin*. In: German Life & Letters, N.F. 28 /1974/75), H. 2 ('75), S. 123

49 Siehe dazu auch Stéphane Mosès: *Der Engel der Geschichte – Franz Rosenzweig, Walter Benjamin, Gershom Scholem,* Jüdischer Verlag, Frankfurt/Main 1992, S. 26

50 Gershom Scholem: *Walter Benjamin,* S. 152

51 GS IV/1, S. 97

52 Siehe dazu Rolf Wiggershaus: *Die Frankfurter Schule – Geschichte – Theoretische Entwicklung – Politische Bedeutung,* dtv München 1988, S. 102

53 Siehe dazu: GS II, S. 160, 164

54 Gershom Scholem: *Walter Benjamin,* S. 77

55 GS VII/1, S. 15 ff.

56 Gershom Scholem: *Walter Benjamin,* S. 39

57 Ebd., S. 38 ff.

58 Ebd., S. 34

59 Ebd., S. 71

60 Ebd.

61 GB I, S. 344

62 Von Janet Benjamin hat 1985 das Institut für Jugendbuchforschung an der Johann-Wolfgang-Goethe-Universität Frankfurt die Sammlung (204 Titel) erworben.

63 GS VII/I, S. 250 ff.

64 GS IV/1, 2, S. 610 ff.

65 Ebd., S. 609

66 GS IV/I, S. 113

67 GS VII/I, S. 250 ff.

68 Ebd., S. 252

69 Ebd., S. 256

70 GW IV/1, 2, S. 613

71 Zitiert nach Bernd Witte: *Walter Benjamin,* Rowohlt Verlag, Reinbek bei Hamburg 1985, S. 37

72 Gershom Scholem, S. 72 f.

73 GS I/I, S. 8

74 Willem van Rijen und Herman van Doorn: *Aufenthalte und Passagen – Leben und Werk Walter Benjamins, eine Chronik,* Suhrkamp Verlag, Frankfurt/Main 2001, S. 51

75 Theodor W. Adorno: *Charakteristik Walter Benjamins,* in: »Prismen, Kulturkritik und Gesellschaft«, Frankfurt/Main 1955, 1966, S. 301

76 GS II, S. 203

77 Charlotte Wolff: *Augenblicke verändern uns mehr als die Zeit, eine Autobiographie,* Weinheim/Basel 1992, S. 80

78 GS VII, S. 66 f.

287

79 GB II/1, S. 241

80 GS I/1, S. 125

81 GS VI, S. 218

82 Siehe zu dieser Interpretation: Greame Golloch: *Walter Benjamin – Critical Constellations,* Cambridge 2002, S. 53

83 GS I/1, S. 173

84 Momme Brodersen, S. 143

85 GB II, S. 409

86 In: Charles Baudelaire: *Tableaux Parisiens,* Deutsche Übertragung und mit einem Vorwort über die Aufgabe des Übersetzers, Heidelberg 1923

87 Asja Lacis: *Revolutionär von Beruf.* Berichte über proletarisches Theater, über Meyerhold, Brecht, Benjamin und Piscator, hrsg. von Hildegartd Brenner, München 1971, S. 41

88 Georg Lukács: *Geschichte und Klassenbewusstsein,* Sammlung Luchterhand, Neuwied-Berlin 1970, S. 171

89 Ernst Krenek: *Im Atem der Zeit, Erinnerungen an die Moderne,* Hamburg 1968, S. 729 f.

90 Asja Lacis: *Revolutionär von Beruf,* S. 43 f.

91 Susan Sontag: *Im Zeichen des Saturn,* S. 219

92 Melancholos, griech.: mit schwarzer Galle bestrichen

93 Walter Benjamin: *Ursprung des deutschen Trauerspiels,* Suhrkamp Verlag, Frankfurt 1963, S. 154

94 Ebd., S. 171

95 GS I/1, S. 319

96 Susan Sontag: *Im Zeichen des Saturn,* S. 214

97 Ralph Hammerthaler: *Im Spiegel der Melancholie,* Süddeutsche Zeitung vom 13./14. Januar 2001

98 GB II, S. 510

99 GB II, S. 511

100 GB III, S. 331

101 GS IV/I, S. 85

102 Ebd., S. 113

103 T. W. Adorno: *Minima Moralia, Reflexionen aus dem beschädigten Leben,* Suhrkamp Verlag, Berlin u. Frankfurt/Main 1951

104 Gershom Scholem, *Freundschaft,* S. 202

105 Ebd., S. 160

106 In: Marbacher Magazin 55/1990, S. 203

107 Werner Fuld: *Walter Benjamin, Zwischen den Stühlen,* S. 203

108 Susan Buck-Morss: *Dialektik des Sehens – Walter Benjamin und das Passagen-Werk,* Suhrkamp Verlag, Frankfurt/Main, S. 49

109 Gemeint ist ein amerikanischer Autor, der über die Oktoberrevolution berichtete.
110 GS VI, S. 409
111 GB III, S. 222
112 So ein Leitartikel von Benjamin in der Zeitschrift »Literarische Welt« vom 11. März 1927
113 GS VI, S. 427
114 Theodor W. Adorno: *Gesammelte Schriften, Bd. I: Philosophische Frühschriften,* Frankfurt/Main 1990, S. 357
115 Rolf Wiggershaus: *Die Frankfurter Schule,* S. 79
116 Ebd., S. 65
117 GB III, S. 522
118 GS VI, S. 619
119 GS II/1, S. 506
120 Gershom Scholem, *Walter Benjamin,* S. 1689
121 Ebd., S. 174
122 GB III, S. 502
123 Willy Haas in: »Die Welt« vom 9.10.1955
124 *Der Stratege im Literaturkampf.* In: *Links hatte noch alles sich zu enträtseln. Walter Benjamin im Kontext,* hrsg. von Burkhardt Lindner, Frankfurt/Main 1978, S. 20
125 Rolf Wiggershaus: *Die Frankfurter Schule,* S. 102
126 GS IV/I, S. 108
127 Erich Kästner: *Fabian,* Ullstein Taschenbuch 102, S. 37 f. Es ist das Verdienst von Werner Fuld in seiner Biographie *Walter* Benjamin – *Zwischen den Stühlen* auf diese Parallelen zwischen dem Leben Benjamins und der Person in dem Roman Kästners hingewiesen zu haben.
128 So der Titel einer Hauptseminararbeit von Brigitte Dörrlamm, 1998 bei Prof. Dr. Horst Fritz an der Universität Mainz
129 GS II/2, S. 438 ff. Er erschien ursprünglich im Oktoberheft der Zeitschrift »Orient und Occident«, das im Juni 1937 ausgeliefert wurde.
130 GS II/2, S. 445 f.
131 Helmut Salzinger, *Swinging Benjamin,* Erweiterte Neuausgabe, Hamburg 1990, S. 113
132 GS VII/1, S. 126
133 GB IV, Brief an Gershom Scholem vom 17. April 1931, S. 26
134 GS VII/1, S. 316 f.
135 Gershom Scholem, S. 77
136 GS IV/1, S. 19

137 Süddeutsche Zeitung, Peter Stephan Jungk: Gespräch im Gebirg, 3./4. August 2002
138 Helmut Salzinger: *Swinging Benjamin*, S. 106
139 GS II, S. 296f.
140 *Bucklicht Männlein und Engel der Geschichte, Walter Benjamin – Theoretiker der Moderne,* Katalog des Werkbund-Archivs im Martin-Gropius-Bau Berlin 1990/91, S. 21
141 GS VI, S. 558f.
142 Ursprünglich in der Zeitschrift »Uhu« im November 1930 veröffentlicht. Dann auch in Walter Benjamin: *Haschisch.* hrsg. von T. Rexroth, Frankfurt/Main, 1972
143 Der romantische Dichter E.T.A. Hoffmann pflegte dort mit dem Schauspieler Ludwig Devrient zu trinken. Die Weinstube ist auch in Jacques Offenbachs Oper *Hoffmanns Erzählungen* Ort der Rahmenhandlung
144 GS II/2, S. 620
145 Gershom Scholem, S. 228

IV. Die dunkle Nacht des Exils

1 GB IV, S. 169
2 GS VI, S. 448
3 GB IV, S. 279
4 Ich bin in der Interpretation der beiden Texte *Agesilaus Santander* den Ausführungen Gershom Scholems in seinem Aufsatz *Walter Benjamin und sein Engel* in: *Zur Aktualität Walter Benjamins,* S. 87 gefolgt.
5 Ebd., S. 108
6 Walter Benjamin: *Über Haschisch. Novellistisches, Berichte, Materialien,* S. 69
7 Zitiert nach Momme Brodersen: *Spinne im Netz,* S. 246
8 GS IV/1, S. 151
9 Einband der Erstausgabe *Deutsche Menschen,* 1936
10 GS IV/1, S. 151
11 GS IV/1, S. 160
12 In Wahrheit Bericht seiner Fußwanderung von Leipzig an die Südspitze Siziliens. Buchtitel: *Spaziergang nach Syrakus im Jahre 1802,* veröffentlicht 1803.
13 Offizier in Lessings Theaterstück *Minna von Barnhelm.*
14 GS IV/1, S. 168

15 GG IV/1, S. 219

16 GS IV/1, S. 214f.

17 Momme Brodersen: *Spinne im Netz,* S. 244

18 Als im November 2002 28 handschriftliche Blätter des Manuskriptes aus dem Besitz von Benjamins Sohn Stefan im Auktionshaus Hauswedell & Nolte in Hamburg versteigert werden sollten, teilte die Kulturbehörde der Freien und Hansestadt Hamburg mit, dass eine Ausfuhr des Manuskriptes nach dem Gesetz zum Schutz deutschen Kulturgutes untersagt ist.

19 GS VII/1, S. 385

20 GB IV, S. 300

21 Das Institut wurde 1933 von Frankfurt nach Genf und von dort 1934 nach New York verlegt. Unter der Bezeichnung »Institute of Social Research« war es dort der Columbia-Universität angeschlossen.

22 Benjamins Ansichtskartensammlung: Svendborg. Zitiert nach Momme Brodersen, S. 232

23 GS VI, S. 433

24 Ebd.

25 GS II/2, S. 416

26 GS II/2, S. 432

27 GS II/2, S. 414

28 GS III, S. 543

29 GS II, S. 383

30 Theodor W. Adorno: *Über Walter Benjamin,* S. 26

31 Ebd.

32 GS V/I, S. 46

33 GS V/I, S. 50

34 GS V/1, S. 45

35 Gershom Scholem: *Jüdische Mystik,* Suhrkamp Verlag, Frankfurt/Main 1980, S. 30

36 Louis Aragon: *Le Paysan de Paris,* Paris 1924, zitiert nach der Übersetzung von R. Wittkopf, München 1969, S. 18 und 28

37 Louis Aragon: *Le Passage de l'Opéra,* zitiert nach: *Bucklicht Männlein und Engel der Geschichte. Walter Benjamin Theoretiker der Moderne,* Werkbund Archiv 1990/91, S. 71

38 GS V, S. 570f.

39 GS V, S. 55

40 Zitiert in GS V, S. 555

41 Susan Buck-Morss: *Dialektik des Sehens – Walter Benjamin und das Passagen-Werk,* Frankfurt/Main 1993, S. 303

42 GS V/1 und V/2

43 T.W. Adorno: *Über Walter Benjamin*, S. 26

44 GS I/2, S. 693

45 GS I/2, S. 697

46 GS I/3, S. 1252

47 Gershom Scholem: *Walter Benjamin und seine Engel*, in: *Zur Aktualität Walter Benjamins*, S. 134

48 Rolf Tiedemann: *Dialektik im Stillstand, Versuche zum Spätwerk Walter Benjamins*, Suhrkamp Verlag, Frankfurt/Main 1983, S. 103

49 Bertolt Brecht: *Arbeitsjournal*, Band I, S. 16

50 GS I/1, S. 201

51 GS V, S. 588 und GS I, S. 1235

52 GS I/3, S. 1236

V. Nachspiele

1 Siehe dazu auch die Dokumente in GS V, S. 1184 ff.

2 GB VI, S. 483

3 Zitiert nach Tim B. Müller: *Lob der Entfremdung, Adornos Vorlesungen vereinigten Geschichte und Philosophie*, in: Süddeutsche Zeitung Nr. 155 vom 8. Juli 2002

4 *Men in Dark Times*, New York 1968. Deutsch in: Hannah Arendt: *Benjamin, Brecht*, Piper 1971, zitiert nach Serie Piper 1986, S. 62

5 Marbacher Magazin 55/1990, S. 349ff.

6 Abgebildet in: *Aufenthalte und Passagen, Leben und Werk Walter Benjamins – Eine Chronik*, von Willem Reijen und Herman van Doorn, S. 224

7 Die Beschreibung folgt der Darstellung im Internet unter www.OSZ-verkehr.de/projekt/europa/exilwege.html

VI. Benjamins Aktualität

1 Graeme Gilloch: *Walter Benjamin, Critical Constellation*, Cambridge 2002, S. 247

2 Michael Opitz: *Lesen und Flanieren*, in: *Aber ein Sturm weht vom Paradiese her – Texte zu Walter Benjamin*, Leipzig 1992, S. 162

Bildnachweis

(1) Aus: Prof. Dr. sc Hilde Benjamin, *Georg Benjamin*, Leipzig 1977; (2) Jan-Peter Tripp, Deutsches Literaturarchiv Marbach; (3, 4, 6 o.) The Jewish National and University Library, Jerusalem; (5) Archiv Asja Lacis; (6 u.) Privatarchiv Max Horkheimer; (7) Erica Loos, Deutsches Literaturarchiv Marbach; (8) R. Dieckhoff, Köln

**Biographien von
Frederik Hetmann**

Bettina und Achim
Die Geschichte einer Liebe
Beltz & Gelberg Taschenbuch
200 Seiten (732)
ISBN 3 407 78732 4

Dichter leben (Band 1)
Eine Literaturgeschichte in Geschichten
Von Grimmelshausen bis Fontane
Beltz & Gelberg Taschenbuch
288 Seiten (504)
ISBN 3 407 75504 X

Dichter leben (Band 2)
Eine Literaturgeschichte in Geschichten
Von Rilke bis Grass
Beltz & Gelberg Taschenbuch
296 Seiten (505)
ISBN 3 407 75505 8

www.beltz.de
Beltz & Gelberg, Postfach 10 01 54, 69441 Weinheim

**Biographien von
Frederik Hetmann**

»Old Shatterhand, das bin ich«
Die Lebensgeschichte des Karl May
320 Seiten mit Fotos,
gebunden mit Schutzumschlag
ISBN 3 407 80872 0
Beltz & Gelberg Taschenbuch
ISBN 3 407 78880-0

So leicht verletzbar unser Herz
Die Lebensgeschichte der
Syliva Plath
112 Seiten mit Fotos
Broschur
ISBN 3 407 80746 5

Schlafe, meine Rose
Die Lebensgeschichte der
Elisabeth Langgässer
216 Seiten mit Fotos,
gebunden mit Schutzumschlag
ISBN 3 407 80856 9

www.beltz.de
Beltz & Gelberg, Postfach 10 01 54, 69441 Weinheim